岳麓書社

读名著　选岳麓

古典名著普及文库

韓非子

张觉 尤婷婷 杨晶 导读 注译

岳麓書社·长沙

图书在版编目(CIP)数据

韩非子/张觉,尤婷婷,杨晶导读注译.—长沙:岳麓书社,2020.9

(古典名著普及文库)

ISBN 978-7-5538-1345-5

Ⅰ.①韩…　Ⅱ.①张…②尤…③杨…　Ⅲ.①法家②《韩非子》—注释③《韩非子》—译文　Ⅳ.①B226.51

中国版本图书馆CIP数据核字(2020)第119476号

HANFEIZI

韩非子

导读注译:张　觉　尤婷婷　杨　晶

责任编辑:刘书乔

责任校对:舒　舍

封面设计:罗志义

岳麓书社出版发行

地址:湖南省长沙市爱民路47号

直销电话:0731-88804152　0731-88885616

邮编:410006

版次:2020年9月第1版

印次:2020年9月第1次印刷

开本:890mm×1240mm　1/32

印张:11

字数:307千字

书号:ISBN 978-7-5538-1345-5

定价:32.00元

承印:湖南凌宇纸品有限公司

如有印装质量问题,请与本社印务部联系

电话:0731-88884129

出版说明

中国古典名著是中华优秀传统文化的重要载体，今天人们要学习传统文化，如果说有所谓捷径可寻，那恐怕就是直接阅读古典名著了。长期以来，为大众读者出版古典名著的普及读物一直是本社的重要使命。约三十年前，我们便出版了“古典名著普及文库”，收书五十余种，七十余册，蔚为大观。这套书命名为“普及”，首先是因为采用了简体字横排的排版方式。当时的古典名著图书，以未经整理的影印本和繁体竖排本居多，大众读者阅读有障碍，故本文库的推出，确有普及之效。其次，我们提出要让读者“以最少的钱买最好的书”，定价远低于当时同类型品种。基于此，这套“普及文库”迅速流向读者的书架，销量极大，功在普及不浅。

当年这套书，所收各书都是文言文全本，无注释，不翻译，对于今天的大众读者来说，已经很难起到普及作用了。而且，读者如果仅仅出于品鉴、入门的需要，也无须通读大部头的全本古籍。因而，我们推出这套全新的“古典名著普及文库”，在选目上广泛听取国内名校学者们的建议，收录经、史、子、集四部之中第一流的名著一百余种，邀请学有专攻的学者精心注释、翻译，并加以导读。篇幅大的经典，精选菁华，篇幅适中的出版全本，个别篇幅小的，则将主题相近的品种合刊为一册。

我们希望有更多的人能够买得起、读得懂中国的古典名著，接受中华优秀传统文化的滋养。这一套轻松好读又严谨可靠的普及文库，便是我们努力实践这一理念的结果。

前言

中国传统文化具有经久不衰的强大生命力，它将永远引发人们的浓厚兴趣，而时下更受到人们的高度重视。但令人遗憾的是，谈论中国传统文化的学者，往往只大谈儒家思想，而不谈法家思想；往往大谈孔、孟，而不谈韩非。其实，只要稍稍对中国的历史有研究的人都会发现，儒家思想虽为中国历代统治者所宗奉，但韩非的一整套君主专制主义的政治策略始终是历代君主独裁政治的理论基础。只是韩非的某些术治理论过于卑鄙与刻露，因此历代统治者大多只是私下运用它罢了。应该说，阳儒阴法才真正是中国传统文化的基调。抛弃了韩非思想而侈谈中国传统文化，不但不能精辟地解释中国的历史，而且也不能深刻地了解中国的现在。更何况韩非提倡严格的法治，这虽然因为限制了各级官吏的谋私活动、妨碍了君主的为所欲为而受到历代统治者的贬抑，但它也正是中国传统思想中值得弘扬的宝贵遗产。因此，深入地读一下《韩非子》，无疑是十分必要的。

一、韩非与《韩非子》

韩非（约前 295—前 233），是战国后期韩国的宗族公子，故以韩为氏。据《史记·韩世家》记载，韩哀侯二年（前 375），韩国灭掉郑国而将国都从阳翟（在今河南禹州）迁往郑（今河南新郑）。据此，韩非当出生在新郑。

当时的韩国在七国中最为弱小，韩非身为韩国宗族，虽天生口吃，却善于写作。他目睹韩国的削弱，曾多次向韩王上书劝谏，但都未被听用，于是他针对时弊，总结了历史上的经验教训，写成了《孤愤》《五蠹》等十多万字的文章，将自己的满腔热血和愤懑化成了千古不朽的光辉篇章。同时，他为了谋求强国方略，曾在荀况入楚后就学于荀况。他的同学李斯看见他的文章，自愧不如。当时，士人来去很自由，所以李斯在荀况那里学成了帝王之术后离开故土入秦，但韩非仍报效宗国。不过，他直到韩王安即位后才被重视。韩王安二年（前 237），曾与韩非研究削弱秦国的策略。韩王安五年（前 234），秦王政看见了《孤愤》《五蠹》等文章，深有感慨地说："嗟乎！寡人得见此人与之游，死不恨矣。"李斯说："此韩非之所著书也。"于是秦国猛攻韩国，韩王只得派韩非出使秦国。韩非到秦国后，上书秦王，主张保存韩国，当即遭到李斯的反对，所以秦王没有信任、使用他。更由于韩非在秦王面前说了姚贾的坏话，所以李斯与姚贾合谋陷害韩非，在秦王面前说他"终为韩，不为秦"，劝秦王"以过法诛之"。秦王听信了他们，就把韩非交给狱吏去惩治。于是李斯派人给韩非送去毒药，让他自杀。等到秦王反悔，派人去赦免韩非，韩非早已死在云阳（位于今陕西淳化西北）狱中了。

由上述种种可知，韩非首先是一个始终"为韩"的爱国者，而同时又是一个顺应历史潮流的政治理论家。他的学说受到了秦王政的赞赏，直接促成了秦王的反儒意识与君主专制主义的策略，为秦统一中国、建立大一统的专制主义的君主集权制国家提供了有力的理论根据。所以，韩非尽管被杀害了，但他的政治理论却并未因其人亡而泯灭。相反，连李斯也称他的学说为"圣人之论""圣人之术"(《史记·李斯列传》)，把它作为治秦的方略。可以说，他的思想直接促进了在中国延续达两千多年之久的君主专制制度的建立，把中国的历史推进到了一个崭新的阶段，并主宰了这一漫长历史阶段的意识形态。所以，他也被后人看作"当世之圣人"。当然，他那种为了民众的利益而不惜牺牲的思想境界，以及"远见而明察""强毅而劲直"

的性格特点，既使他不容于世而一生穷途，又使他发愤著书而光耀千古。这也往往是一个忠于谋国、拙于谋身者的归宿。

韩非的“书”在战国时就已经在流传了，但那时流传的不过是单篇的文章。至于《韩非子》的编订成集，我认为是秦灭韩后至李斯被杀前（即前230年至前208年）秦朝主管图书档案的御史编订的，而到汉朝文帝、武帝之时，它已广为流传了。当时它称为《韩子》，有十万余字，分为五十五篇，不分卷。魏晋以后，它被抄上了卷子，分二十卷。由于宋代开始人们尊称韩愈为“韩子”，为了避免混淆，有人就将它改称为《韩非子》。此后或称《韩子》或称《韩非子》就没有定准了。

现存的《韩非子》善本主要有：清代钱曾述古堂影宋抄本《韩非子》（今藏国家图书馆），张敦仁嘉庆乙丑年（1805）命人影抄的乾道本《韩非子》（今藏上海图书馆），吴鼒嘉庆二十三年（1818）仿宋刻本《乾道本韩非子廿卷》，上海涵芬楼影印的明正统十年（1445）所刻《道藏》中的《韩非子》，嘉靖戊午（1558）张鼎文校刻的《韩非子》，陈深万历七年（1579）刻成的《韩子迂评》，赵用贤万历十年（1582）所刻《韩非子》。

近代以来较有影响的《韩非子》校注本有：王先慎的《韩非子集解》（1896年刊），陈启天的《韩非子校释》（中华书局1940年版）和《增订韩非子校释》（台湾商务印书馆1969年版），陈奇猷的《韩非子集释》（中华书局1958年版）和《韩非子新校注》（上海古籍出版社2000年版），梁启雄的《韩子浅解》（中华书局1960年版），周勋初等的《韩非子校注》（江苏人民出版社1982年版），张觉的《韩非子全译》（贵州人民出版社1992年版）、《韩非子校疏》（上海古籍出版社2010年版）和《韩非子校疏析论》（知识产权出版社2011年第1版，2018年第3版）。

明代以后，不断有人认为《韩非子》中有伪作。我认为，《韩非子》中只有《存韩》后半篇是李斯的言论，其余除《初见秦》争论较大尚须谨慎对待外，一般的篇章，即使有个别词句有问题，我们都不宜否定它们是韩非之作。司马迁说韩非的著作有《孤愤》等十余万字，班固著录“《韩子》五十五篇”，都是可靠的。现今的本子，篇数、字数与他们的说法相合，应该就是秦汉时代的传本。

二、韩非思想概要

韩非的思想博大精深，它涉及政法、哲学、社会、财经、军事、教育、文艺等各个领域，但就其主体而论，则是他的政治思想。他一门心思地去研究君主如何在当时的社会条件下，运用种种手段去达到巩固统治、富国强兵的目的。所以，他的学说的主体，乃是一种纯粹的政治理论；他的著作《韩非子》，实际上就是一部政治学巨著。韩非的政治学说，就其性质来讲，是一种纯粹的君主独裁论，也就是古人称道的“帝王之学”。这种“帝王之学”的要点，便是法、术、势兼治的专制论。除了这三者之外，韩非也论述了一些君主应注意到的道德修养、政治策略等问题。

（一）韩非的法治思想

在韩非看来，只有实行法治，才能国治而兵强，“上尊而不侵”（《有度》）。据《难三》《定法》可知，韩非所说的法，首先是一种“编著之图籍”的成文法，不可任意变动。这与随心所欲的人治是截然不同的。其次，它又是“布之于百姓”的公布法，以免民众不知法而犯法。由此可见，它是臣民的行为准则，并不是民众的陷阱；是一种积极的防范措施，而不是一种消极的制裁手段。这些都是法制进步的表现。再次，它又是“著于官府”、行于臣民的“宪令”。可见，它是一种君主统治臣民的工具。这就是韩非之法的真正实质。

实行法治，必须制定法律。韩非认为，立法应考虑到如下几条原则：一是功利性，所立的法必须功多于害。二是适合时宜，即随着时势的变化，法制要相应地进行变革，这就是韩非的变法论。三是统一稳定，即法令一旦制定，就不能朝令夕改，否则民众将无所适从，同

时还会给奸臣造成可乘之机。四是适合人情，易知易行。五是简明而周详。六是厚赏重罚，重刑少赏。

至于执法，韩非的原则是：一、加强法制教育，即“以法为教”(《五蠹》)。二、法律面前人人平等，即“法不阿贵”，“刑过不避大臣，赏善不遗匹夫”(《有度》)，就是君主，也必须“守法责成以立功”(《外储说右下》)。韩非要求贵族与平民在法律上地位平等，要求君权受制于法律的权威，都是极可贵的法律思想，只是这种思想很难实行罢了。三、严格谨慎，既做到“信赏必罚”，又不能任意奖赏无功之人、肆意虐杀无罪之民。四、用道德的力量辅佐法制的实行，即“誉辅其赏，毁随其罚”(《五蠹》)。

要而言之，韩非的法治理论即《五蠹》中“明其法禁，必其赏罚”两句话。“明其法禁”，则有法可依；“必其赏罚”，即有法必依、违法必究。当然，其最终的目的，不过是为了“上尊而不侵”(《有度》)。

（二）韩非的术治学说

在韩非看来，君主即使依靠法治而使国家富强了，如果“无术以知奸，则以其富强也资人臣而已矣”(《定法》)，所以君主必须兼用术治。

韩非所谓的“术”，是指君主任免、考核、赏罚各级官吏的一系列统治手段。由于《难三》说“术者，藏之于胸中以偶众端而潜御群臣者也”，“术不欲见”，所以人们往往认为韩非提倡的术治，就是搞阴谋、耍权术。这种认识其实是不全面的。韩非提倡的术，实可分为两大类：一类从积极方面着眼，是用来加强君主统治的行政措施，包括考核和任用臣子的各种手段，即《定法》所说的“术者，因任而授官，循名而责实”，这种术很难说就是阴谋。另一类从消极方面着眼，用来防止君主统治权被削弱乃至被篡夺，它包括治臣止奸的各种手段，这才更多地带有阴谋权术的味道。总之，前者主要包括“循名而责实”的形名术和“因任而授官”的用人术，后者内容很丰富，姑且可归入治奸术一类。

韩非论述形名术的地方很多，所以司马迁《史记·老子韩非列传》说他“喜刑名法术之学”。“形名”之“名”，实际上是被作为一种变通的、不固定的“法”来看待的。君主循名责实，实际上也就是依“法”责实。所以，韩非的形名术并不像孔子那样只要求“正名”，而主要在于“正实”，即以“名”为标准来责求“实”与“名”相符。这种形名术具体地落实起来，主要是用臣下的言论去衡量他所做的事及所取得的功效，用臣下的职位去追究他的职权与实绩。从《二柄》中的论述来看，韩非的形名术是很苛刻的。吹牛固然要遭殃，但说话留有余地也不行；失责固然要受罚，但越俎代庖而立功也不行。不过，这种形名术虽然苛刻，但它可以督责臣下忠于职守、讲真话、办实事，而且，它注重实绩，也给赏罚提供了较为客观公正的依据。

关于用人术，韩非的论述也不少。他把“任人以事”提到了“存亡治乱之机”的高度（《八说》），认为君主的根本任务是“治吏不治民”（《外储说右下》）。至于君主用人的原则，一是要任用德才兼备的人；二是要不显露出好恶，不听毁誉，以法择人，量功授官；三是要专职专任，以便使群臣集中精力做好本职工作；四是逐级提拔；五是君主必须独掌用人大权。

至于治奸术，韩非的论述十分丰富。其中有众端参观、挟知而问、倒言反事、审察利害、奖励告奸、因人以知人等察奸术，还有各种各样对症下药的止奸术。这些治奸术，大多是在研讨如何玩弄政治权谋。有些政治手段，其实是不择手段。对种种政治权谋作如此深入的研讨，并进行如此赤裸裸的描述，在古今中外的典籍中是十分罕见的。生活在民主时代的人们，恐怕没有一个不被这些论述所惊呆。其实，这些手段对于洞察专制统治的韩非来说，是不足为奇的。他之所以如此不厌其烦地反复申述这些卑鄙肮脏的东西，原因就在于那个社会就是一个卑鄙肮脏的社会，如果不了解如何用各种卑鄙肮脏的手段来对付各种卑鄙肮脏的东西，那就会被卑鄙肮脏所吞噬。有人因为韩非写下了这些东西而将韩非大贬一通，实在是不公允的。思想应是现实的反映。韩非敢于正视残酷的政风人情而将种种丑恶的现实揭露于光天化日之下，至少比那种掩盖现实、粉饰太平的无行作风要高超一些。平心而论，他揭示的种种奸臣和奸术往往具有相当程度的认识价值，如《备内》中对后妃夫人使用“鸩毒扼昧”来杀害君主、尊贵大臣“犯法为逆以成大奸”的剖析即如此。

（三）韩非的势治理论

“势”，又被称为“权势”“威势”“势重”，它是指一种具有绝对权威的强制力，也就是指至高无上的君主统治权，包括用人之权、赏罚之权等。韩非认为，战国时代是一个“争于气力”的时代，“民者固服于势，寡能怀于义”(《五蠹》)，只有统治权掌握在手，才是真正的统治者，才能统驭民众，为了治国安身，君主必须牢牢掌握权势，否则就是“亡国”(《有度》)。

韩非势治理论的要点，一是认为君主不可以把权势借给臣子使用；二是认为君主不可以与臣子共同使用权势；三是要君主运用法术赏罚来巩固权势；四是要君主保持自己的独尊地位，不能使臣子太贵重，以防大臣篡权，这也就是要竭力维护森严的封建等级制度。

（四）韩非政治思想评价

上面分述了韩非的法治、术治、势治要点，但这并不意味着这三者可以互相割裂开来。在韩非看来，它们都是不可或缺的“帝王之具”(《定法》)，必须兼而用之，以巩固君主的专制统治，进而达到“臣有其劳，君有其成功”的目的（《主道》)，造成一种“强不陵弱，众不暴寡，耆老得遂，幼孤得长，边境不侵，君臣相亲，父子相保，而无死亡系虏之患”的政治局面（《奸劫弑臣》)，这便是韩非的政治理想。他的君主专制思想的最现实的目的，就是要“超五帝侔三王”(《五蠹》)，建立大一统的君主独裁的帝国政治，这在当时是符合历史要求的。当然，如果从当今世界政治制度发展的总趋势来看，民主政治才是进步的，这种君主独裁的帝国政治显然是落后乃至反动的。

不过，从历史唯物主义的观点看问题，我们显然不应该以今律古，以此来苛责韩非。

毋庸讳言，韩非的思想也是有缺陷的。他的思想宗旨是为了君主，其尊君抑民，可谓登峰造极。在他的思想里，没有一点点民主的影子。要说人权、人格，只有君主才有，其他人只有为君主效劳卖命的义务，一切人格、个性都必须熔铸到君主的欲望之中。在他的眼里，一切人都成了政治斗争的工具。“上下一日百战”(《扬榷》)，便是他宗奉的观念。他的这种斗争哲学一经提倡，阴险残酷的政治斗争就会愈演愈烈。他只看见“当今争于气力”(《五蠹》)，只迷信权势和实力，而看不见正义的力量终将战胜强权的历史趋势。他急功近利，主张取消一切不能立刻生效的活动。他排斥百家，禁绝学术自由。这些思想都不无偏颇。

韩非的思想尽管有偏颇之处，但正如班固《汉书·艺文志》所说，子书往往是“各引一端，崇其所善”。韩非有时为了强调自己的政治主张，往往用引向极端的办法来增强人们的注意力。例如，他为了强调法治，就主张排斥一切学术文化，只要“以法为教”“以吏为师”(《五蠹》)；为了宣扬人性自利的人性观，他便大肆渲染父子、夫妻之间钩心斗角的情形，认为“父母之于子也，犹用计算之心以相待也”(《六反》)，“后妃、夫人、適子为太子者，或有欲其君之蚤死者”(《备内》)；为了强调他“循名而责实”的考核办法，便主张“言小而功大者”也要罚(《二柄》)，如此等等。这些偏激之处，既是短处，又是长处。子书正是靠这种偏激之辞才形成了它们的鲜明特点。明白了这一点，我们就能较为正确地看待他的主张了。

总之，一种学术思想的历史地位及其理论价值，最终还得看它对历史和现实的作用和影响而定。可以说，中国古代其他各家的学术思想的实际政治效应还没有超过韩非的。蒲阪圆《增读韩非子·题辞》说：“诸子中，唯韩非书最切世用。”此可谓韩子知音。即使在今天，对于韩非思想中那唯物的宇宙观，发展的历史观，重视功利的社会观，以及在此基础上产生的某些政治观，诸如以法治国的法治思想、“事异则备变”(《五蠹》) 的改革思想、富国强兵的治国思想，都还是值得我们借鉴的。

三、关于本书的编撰

我从 1985 年开始撰写有关《韩非子》的书，最早出版的虽然是《韩非子导读》(巴蜀书社 1990 年 1 月版)，但那是巴蜀书社与陈奇猷先生签约后转由我撰写的书稿。至于最早与我合作出版《韩非子》的是岳麓书社，1988 年 10 月梅季坤先生来函让我点校“古典名著普及文库”中的《韩非子》(由于篇幅不大，后来又让我加入《荀子》，最后又改为《商君书 · 韩非子》，1990 年 5 月由岳麓书社出版)，乃是我独立与出版社合作的开端。截至 2018 年底，我的《韩非子》著作已出版 16 种。这次奉献给读者的《韩非子》，是新版“古典名著普及文库”中的一种，它不但与 30 年前“古典名著普及文库”中的《韩非子》不同，也与我其他的《韩非子》著作不同。

《韩非子》是一部政治学巨著，但绝不是单纯的思想传声筒，作者那深刻宏富的思想往往是通过优美的文学语言来表达的，而其观点又往往用史实进行论证，所以它还具有较高的文学价值和珍贵的史料价值。但是，由于其篇幅甚巨，考虑到普通读者的阅读需求，我们不可能将其全本译注纳入新版的“古典名著普及文库”中，而只能根据新的体例选取反映韩非政治思想的精华以飨读者。同时，为了节省篇幅，既不出校记，注释也力求简省。读者若想了解本书原文的依据和注释的出处，或想进一步全面深入地了解乃至研究《韩非子》，可参阅知识产权出版社 2018 年出版的《韩非子校疏析论》第 3 版 (2004 年度国家社会科学基金项目“《韩非子》微观研究”的最终成果)，因为本书是在该书的基础上编撰而成的。当然，本书虽然是选本，但选入之篇则保持完整而不再删节，以免任意割裂之弊。总之，《韩非子》中的主要政治理论文章已基本选入本书，所以本书可以视为韩非政治思想的荟萃本，希望读者能喜欢此书。

由于我忙于从事国家社会科学基金项目《〈潜夫论〉汇校集注》（批准号：17BZW014）、《韩非子书录考论》（批准号：18FTQ008）的研究工作，所以本书《爱臣》至《大体》由上海健康医学院教师尤婷婷编著，《难三》至《制分》由上海理工大学教师杨晶编著，然后再由我修改定稿。书中不当之处，恳请读者不吝赐教，以便再版时修正，从而使本书在古典名著的普及方面发挥更好的作用。

岳麓书社梅季坤先生于1990年5月给我出版了《商君书·韩非子》，曾德明先生于2006年5月给我出版了《韩非子校注》，如今陈文韬先生又将于2020年给我出版这本体例一新的《韩非子》，我想这不仅仅是一种缘分，而更见证了我们的深厚情谊。在此，请允许我对他们的热情支持以及责任编辑刘书乔先生的辛苦付出致以衷心的谢意。

张觉

2019年12月9日于北京密云溪翁山庄

目 录

爱 臣

导读

爱臣，就是宠爱臣下。此篇题只是取文章开头两个字而已，文章的主旨是反对君主宠爱臣下，提醒君主注意收权。它是一篇论述治臣要领的短文。

韩非在文中首先分析了过分宠爱臣下对国家和君主所造成的危害——将使"主道衰亡"。从而指出了君主应该牢记的政治原则：防止臣下发展势力，时刻保持自己的独尊地位和至高无上的权势。接着韩非又总结了历史上君臣易位的原因，提出了一系列治理臣下、防范臣子犯上作乱的政治措施：用法律来规范他们，用刑罚来制服他们，防止他们借用封邑形成威势，不准他们拥有私人武装，不准他们利用自己的财富收买人心；文官不准在家里会见臣属而结党营私，武将不准与外国勾结以增强其势力；臣子外出，不得成群结队、携带武器。这些无疑都是韩非认真总结了君主被弑、臣子夺取君权的历史教训后得出的经验之谈。

原文

爱臣太亲，必危其身；人臣太贵，必易主位；主妾无等，必危嫡子；兄弟不服，必危社稷。臣闻：千乘之君无备，必有百乘之臣在其侧，以徙其民

译文

君主宠爱臣下过分亲近，一定会危害到君主本人；大臣过分尊贵，一定会改变君主的地位；王后和妃子如果不分等级，一定会危害到王后所生的儿子；国君的兄弟如果不服从国君，一定会危害到国家。我听说：拥有千辆兵车的国君，如果没有防备，就一定有拥有百辆兵车的大臣在他的身旁，来夺走他的民众而颠

而倾其国；万乘之君无备，必有千乘之家在其侧，以徙其威而倾其国。[1]是以奸臣蕃息，主道衰亡。是故诸侯之博大，天子之害也；群臣之太富，君主之败也。将相之管主而隆家，此君人者所外也。万物莫如身之至贵也，位之至尊也，主威之重，主势之隆也。此四美者，不求诸外，不请于人，议[2]之而得之矣。故曰：人主不能用其富，则终于外也。此君人者之所识[3]也。

覆他的国家；拥有万辆兵车的国君，如果没有防备，就一定有拥有千辆兵车的大夫在他的身旁，来夺走他的威势而颠覆他的国家。因此奸臣繁殖滋长起来，君主的一切就衰亡了。所以诸侯的领地广阔、兵力强大，是天子的祸害；大臣们过分富裕，是君主的失败。大将、宰相控制了君主而使大臣的私门兴盛起来，这是君主应该摒除的事情。世间各种事物之中，没有什么能比得上君主身体的极端宝贵、君主地位的极端尊严、君主威势的极端重要、君主权力的至高无上。这四种美好的东西，不必从自身之外去寻觅，不必向别人去求取，君主只要合理地使用它们就能得到它们了。所以说：君主如果不会使用他的这些财富，那么结果就会被奸臣排斥在外。这是当君主的所要牢记的。

注释

1 **国、家**：诸侯统治的地方叫“国”，卿大夫统治的地方叫“家”。

2 **议**：通“义”，合宜，符合一定的规矩。

3 **识**(zhì)：记住。

原文

昔者纣之亡，周之卑，皆从诸侯之博大也；[1]晋之分也[2]，齐之夺也[3]，皆以群臣之太富也。夫燕、

译文

从前商纣王的灭亡，周王朝的衰微，都是由于诸侯的强大；晋国被瓜分，齐国被篡夺，都是因为大臣们过分富裕。那燕国、宋国的臣子劫杀他们的君主的原因，都是这一类。所以从时间久远可以对照商王朝、周王朝，从时间较近

宋之所以弑其君者[4]，皆以[5]类也。故上比之殷、周，中比之燕、宋，莫不从此术也。是故明君之蓄[6]其臣也，尽之以法，质之以备[7]。故不赦死，不宥刑。赦死宥刑，是谓威淫，社稷将危，国家偏威[8]。是故大臣之禄虽大，不得借威城市[9]；党与虽众，不得臣士卒。故人臣处国无私朝，居军无私交，其府库不得私贷于家。此明君之所以禁其邪。是故不得四从[10]，不载奇兵；非传非遽[11]，载奇兵革，罪死不赦。此明君之所以备不虞[12]者也。

可以对照燕国、宋国，没有什么臣子不是靠这种手段来篡夺君主权位的。所以明智的君主豢养他的臣子，用法律来规范他们的一切，用各种措施来督责他们。所以不赦免死罪，不减轻刑罚。赦免死罪减轻刑罚，这叫作君主威势的失散，这样，国家政权将遭到危害，国家的辅佐大臣会从旁取得威势。所以大臣的俸禄即使很丰厚，也不能让他们凭借受封的城市来形成威势；他们的党羽即使很多，也不能让他们将士兵变成自己的臣属。所以臣子在朝廷任职时不准有私下的朝会，在军队任职时不准有私下的外交，他们财库中的钱财不准私自借给私人。这是明智的君主用来禁止大臣犯上作恶的办法。所以大臣外出，不得乘坐四匹马拉的车子并跟着随从的车，不得在车上携带出人意料的兵器；如果不是传递紧急公文的马车，装载了出人意料的兵器和铠甲，就判处死刑而不予赦免。这是明智的君主用来防备意外的办法。

注释

1 **纣之亡，周之卑：**商纣王的灭亡是由于诸侯西伯姬昌(周文王)的强大。当时西伯为商纣王的三公之一，但已有很大的势力，三分天下有其二，因此其子周武王姬发即位后，便攻灭了商纣王而建立了周王朝。周朝的衰微也是由于诸侯的强大，到战国时期，周天子实际上已经不能控制天下。周天子赧王即位后迁都于西周国(在今河南洛阳西)。公元前

256年为秦国所灭。从:以,由。

2 **晋之分也:**晋国是周武王之子叔虞的封国,姬姓,为春秋时大国之一。晋景公十二年(前588)设置六卿。公元前514年,赵氏、韩氏、魏氏、知氏、范氏、中行(háng)氏等六卿以国法诛灭晋国的宗族,夺取了姬氏宗族的封地,各任命自己的儿子为大夫,晋国已名存实亡。此后范昭子、中行文子败而奔齐,赵、韩、魏三家又灭知氏。周安王二十六年(前376),魏武侯、韩哀侯、赵敬侯灭晋侯而三分其地,史称"三家分晋"。

3 **齐之夺也:**齐国是周武王封给姜太公吕尚的,后为吕尚后代世袭,故为吕氏之国。春秋初齐桓公曾为霸主。公元前481年,田常杀死了齐简公吕壬而拥立齐平公,自己任相国,于是齐国的政权完全为田氏控制。公元前386年,田常的曾孙田和被周安王立为诸侯,便把齐康公吕贷迁往海边,吕氏从此断绝了君位继承权,吕氏之齐就此灭亡,齐国为田氏所有,史称田齐。

4 **燕宋之所以弑**(shì)**其君者:**古代把臣杀君、子杀父叫作"弑"。公元前318年,燕王子哙(kuài)把君位让给相国子之。公元前315年,太子平等起兵攻打子之。公元前314年,齐宣王乘机攻占燕国,子哙和子之被杀。公元前370年,宋国司城(国内掌管土木建筑工程的最高长官)子罕(戴氏,名皇喜,字子罕)杀了宋桓侯,夺取了宋国的政权。

5 **以:**此。

6 **蓄:**通"畜"。

7 **质:**指督责。 **备:**措施,指术治的手段。

8 **偏威:**指君权移于臣下。

9 **借威城市:**借威于城市,从占有的城市中借得威势。

10 **四:**通"驷",此用作动词,指乘驷。 **从:**随从的车。

11 **传**(zhuàn)**:**指驿站的车马。 **遽**(jù)**:**送信的快车或快马。

12 **虞:**预料。

主　道

导读

主道，即君主的统治术。文章全面论述了君主统治臣民的基本原则。

在文章中，韩非扬弃了老子的哲学思想，把老子哲学思想中最为核心的"道""虚静"等思想改造成了法家的政治思想原则，用来指导君主的统治。

首先，韩非主张君主应该掌握反映社会规律的"道"，应该虚静无为，"有智而不以虑""有行而不以贤""有勇而不以怒"，应该利用臣下的智慧、才能和勇力。这样，就可以达到"臣有其劳，君有其成功"的目的。同时，君主不能暴露自己的欲望和见解，以免臣下算计自己。这无疑是对道家神秘莫测的道术思想的一种发展和利用。

其次，韩非认为君主应该使用"形名术"对臣下加以严格的考核，实行严格的赏罚，即君主"虚静以待"，使"有言者自为名，有事者自为形"，然后"君以其言授其事，事以责其功"，"功当其事，事当其言，则赏；功不当其事，事不当其言，则诛"。在这里，韩非特别强调了严格的赏罚制度，主张"诚有功，则虽疏贱必赏；诚有过，则虽近爱必诛"。这种思想与儒家"刑不上大夫"的观念相比，无疑具有进步性。

最后，韩非强调了君主独裁的重要性。他认为君主应该牢牢掌握国家大权，不能让臣下"闭其主""制财利""擅行令""行义""树人"，否则，君主就有被弑的危险。

原文

道[1]者，万物之始，是非之纪

译文

道，是产生天地万物的本原，是判定是非的准则。因此英明的君主遵循这个本原来了解万物的

也。是以明君守始以知万物之源，治纪以知善败之端。故虚静以待令[2]，令名自命也，令事自定也。虚则知实之情，静则知动者正。有言者自为名，有事者自为形；形名参同[3]，君乃无事焉，归之其情[4]。故曰：君无见其所欲，君见其所欲，臣自将雕琢；君无见其意，君见其意，臣将自表异。故曰：去好去恶，臣乃见素[5]；去旧[6]去智，臣乃自备。故有智而不以虑，使万物[7]知其处；有行而不以贤[8]，观臣下之所因；有勇而不以怒[9]，使群臣尽其武。是故去智而有明，去贤而有功，去勇而有强。群臣守职，百官有常；因能而使之，是

根源，研究这个准则来了解善恶成败的起因。所以君主要用虚无安静的态度来对待一切，使名称根据它所反映的内容自己来给自己命名，使事情按照它所具有的性质自己来确定自己的内容。内心虚无而没有成见，就能了解事实的真相；安静不急躁，就能了解行动的规律。让进言的人自己来发表言论，君主不要事先规定怎么说；让办事的人自己去做事，君主不要事先规定他怎么做；君主只要拿臣下做的事和他发表的言论互相对比验证，看是否互相契合，在这方面君主用不着做其他的事，臣下就会说真话、做实事了。所以说：君主不要表现出自己的欲望，君主显露出自己的欲望，臣下便将粉饰自己的言行来迎合君主的欲望；君主不要表现出自己的想法，君主泄露了自己的想法，臣下将利用君主的想法而独自表现出异常的才能。所以说：君主不流露出自己的爱好，不显示出自己的厌恶，臣下就会表现出真情；君主不用自己的心机，不用自己的智慧，臣下就会自己防范自己。所以君主有了智慧也不用它来谋划事情，而是一切依法办事，使众人都明了自己的地位和职分；君主有了德才也不用它来做事，而是用它来观察臣下立身行事的依据；君主有了勇力也不用来逞强，而是让群臣使尽他们的勇力。所以君主不用自己的智慧，一切依法办事，就有了明智；不用自己的德才，使臣下各尽其能，就有了治国的功绩；不用自己的勇力，用群臣的勇力，

谓习[10]常。故曰：寂乎其无位而处，漻[11]乎莫得其所。明君无为[12]于上，群臣竦[13]惧乎下。明君之道：使智者尽其虑，而君因以断事，故君不穷于智；贤者敕其材[14]，君因而任之，故君不穷于能；有功则君有其贤，有过则臣任其罪，故君不穷于名。是故不贤而为贤者师，不智而为智者正。臣有其劳，君有其成功，此之谓贤主之经也。

就有了国家的强大。群臣都坚守自己的岗位，各尽职责，百官的行动都有常规；君主根据各人的才能来使用他们，这叫作遵循常规。所以说：多么的寂静啊，君主没有把自己放置在尊贵的君位上；多么的空廓啊，臣下没有一个能知道君主的处所。英明的君主在上面无所作为，群臣便在下面提心吊胆了。英明君主的统治方法是：使聪明的人绞尽他们的脑汁来出谋划策，而君主便根据他们的考虑来决断事情，所以君主在智慧方面不会枯竭；使贤能的人锻炼自己的才干，君主便根据他们的才能来任用他们，所以君主在才能方面也不会穷尽；如果有了功劳，因为是君主决断和用人所取得的，所以君主就有了贤能的名声，一旦有了失误，由于是臣下出的主意，是臣下干的，所以臣下就得承担失误的罪名，所以君主在名誉方面也不会不如意。所以没有才能的君主却可以做能人的老师，不聪明的君主却可以做聪明人的君长。臣下承担劳苦，君主享受成功，这是贤明的君主永远遵守的法则。

注释

1 **道：**指天地万物的普遍法则。下文四个“道”则指君主的统治术。

2 **令：**衍文。

3 **形名参同：**即所谓的“形名术”。形，情形，指事情。名，名称，指言论。参，验证。同，会合，对比，看是否相同。

4 **之：**指臣下发表的意见与所做的事情。 **情：**真实。

5 **素：**通“愫”，真情。

6 **旧:**故,巧。
7 **万物:**众人,指群臣。
8 **有行而不以贤:**这句应该理解为“有贤而不以行”。
9 **怒:**勉力,尽力。
10 **习:**通“袭”,沿袭。
11 **漻:**空廓,没有形体。
12 **无为:**无所作为,指排除故意的人为因素(如个人的智巧和主观成见等),不强行做人为努力。具体而言,其哲学上的含义是指,一切行动顺应自然,不主观地去干违反客观规律的事;其政治学上的含义是指,一切依法办事,不用智慧去干扰法治,君主不暴露自己的才能、好恶以免让臣下有所凭借而影响了正常的统治。
13 **竦**(sǒng):通“悚”,恐惧。
14 **贤者:**承上省去了“使”字。 **敕:**通“饬”,整治。

原文

道在不可见,用在不可知。虚静无事,以暗见疵;见而[1]不见,闻而不闻,知而不知。知其言以往,勿变勿更,以参合[2]阅焉。官有一人,勿令通言,则万物皆尽。函其迹,匿其端,下不能原;去其智,绝其能,下不能意。保吾所

译文

君主的统治术在于隐蔽,使臣下无法测度;术的运用在于变幻莫测,使臣下不能了解。君主应该毫无成见、平心静气、无所作为,从暗地里来观察臣下的过错;看见了好像没看见,听见了好像没听见,知道了好像不知道。了解了臣下的意见以后,不要去改变它,不要去更改它,而是用对照验证的形名术去考察它。每个官职只配置一个人,不要让他们互相通气,那么一切事情都会暴露无遗。君主掩盖起自己的行踪,隐藏起自己的念头,臣下就无法推测了;去除自己的智慧,抛弃自己的才能,臣下就不能揣测了。君主应该记住自己以往所听到的臣子的言论去考核、检验它们,谨慎地抓住自己的权柄而牢固地掌握它。君主应该抛弃

以往而稽同之，谨执其柄而固握之。绝其能望[3]，破其意，毋使人欲之。不谨其闭，不固其门，虎乃将存。不慎其事，不掩其情，贼乃将生。弑其主，代其所，人莫不与[4]，故谓之虎。处其主之侧，为奸臣，闻其主之忒[5]，故谓之贼。散其党，收其余，闭其门，夺其辅，国乃无虎。大不可量，深不可测，同合刑[6]名，审验法式，擅为者诛，国乃无贼。是故人主有五壅：臣闭其主曰壅，臣制财利曰壅，臣擅行令曰壅，臣得行义曰壅，臣得树人曰壅。臣闭其主，则主失位；臣制财利，则主失德；臣擅行令，则主失制[7]；臣得行义，则主失明[8]；臣得

自己的才能，来破除臣下对自己的测度，不要使别人来图谋自己。君主如果不谨慎地搞好自己的防守，不加固自己的大门，杀君篡权的老虎就将存在。不谨慎地处理自己的政事，不掩盖、隐藏自己的真情，乱贼就将产生。他们杀掉自己的君主，取代君主的地位，而人们没有一个不顺从的，所以我把他们叫作“老虎”。他们待在自己君主的身边，做奸臣，偷偷地窥测君主的过失，所以我把他们叫作乱贼。解散他们的朋党，收拾他们的残渣余孽，封闭他们的家门，夺取他们的帮凶，国家就没有“老虎”了。君主的统治术，大得不可以度量，深得不可以探测，考核形和名是否相合，审查和检验法规的实施情况，擅自胡作非为的就给予惩罚，国家就没有乱贼了。所以，君主有五种被蒙蔽的情况：臣下遮蔽他们的君主而不让他们的君主听政叫作君主被蒙蔽，臣下控制了国家的财富和利益叫作君主被蒙蔽，臣下擅自发号施令叫作君主被蒙蔽，臣下可以施行仁义给人好处叫作君主被蒙蔽，臣下可以扶植人叫作君主被蒙蔽。臣下遮蔽了他的君主而不让君主处理政务，那么君主就会失去尊贵的地位；臣下控制了国家的财富和利益，那么君主就失去了能使人感恩戴德的奖赏大权；臣下擅自发号施令，那么君主就失去了用来控制臣民的命令；臣下能施行仁义给人好处，那么君主就失去了民众；臣下能扶植人，那么君主就失去了党羽。处理国家政事、使用国家财富、发

树人，则主失党。此人主之所以独擅也，非人臣之所以得操也。

布命令、给人好处、提拔官员的权力，都是君主应该独揽的，而不是臣下可以把持的。

注释

1 **而**：如，好像。

2 **参合**：即上文的“参同”。

3 **望**：衍文。

4 **与**：结交，亲附。

5 **闻**：当作“间”（jiàn），窥伺，侦察。 **忒**（tè）：差错，过失。

6 **刑**：通“形”。

7 **制**：诏，君主的命令。

8 **明**：当作“萌”，萌，通“氓”，民众。

原文

人主之道，静退以为宝。不自操事而知拙与巧，不自计虑而知福与咎。是以不言而善应，不约而善增。言已应，则执其契；事已增，则操其符。符契之所合，赏罚之所生也。故群臣陈其言，君以其言授其事，事以责其功。功当其事，事

译文

君主的统治原则，以安静退让为贵。君主不亲自操劳事务而能知道臣下的事情办得笨拙还是办得巧妙，不亲自谋划而能知道臣下的计谋会得福还是会得祸。因此，君主虽然不说话，但臣下却能提出很好的意见来报答君主；君主虽然对臣下做的事情不作硬性规定，但臣下却能用很好的技能来增加做事的功效。臣下的言论已经汇报上来了，君主就把它当作券契握在手中；臣下做的事已经增加了功效，君主就把它当作信符拿在手里。信符和券契对合验证的结果，就是赏罚产生的依据。所以群臣陈述自己的意见，君主根据他们的意见分别给他们事做，然后根据他们的职事来责求他们的成绩。如果

当其言,则赏;功不当其事,事不当其言,则诛。明君之道,臣不得陈言而不当。是故明君之行赏也,暧[1]乎如时雨,百姓利其泽;其行罚也,畏[2]乎如雷霆,神圣不能解也。故明君无偷赏,无赦罚。赏偷,则功臣墯其业;赦罚,则奸臣易为非。是故诚有功,则虽疏贱必赏;诚有过,则虽近爱必诛。疏贱必赏,近爱必诛,则疏贱者不怠,而近爱者不骄也。

取得的成绩和他的职事相当,完成职事的情况和他的话相符合,就给予奖赏;如果取得的成绩和他的职事不相当,完成职事的情况和他的话不相符合,就加以惩处。英明君主的统治原则是,臣下不可以陈述了意见而做不到。所以,英明的君主施行奖赏,充沛得啊就像那及时雨,百姓都贪图他的恩惠;英明的君主执行刑罚,威严得啊就像那雷霆,就是君主本人也不能解除它。所以英明的君主没有随随便便不合法度的奖赏,没有可以赦免的刑罚。奖赏如果苟且随便,那么就是有功之臣也懒得去干自己的事业;刑罚如果可以赦免,那么奸臣就会轻易地为非作歹。所以,如果确实有功劳,那么即使是疏远、卑贱的人也一定给予奖赏;确实有过错,那么即使是君主亲近喜爱的人也一定加以惩处。君主对疏远、卑贱的人也一定给予奖赏,对亲近、喜爱的人也一定加以惩处,那么疏远、卑贱的人做事就不会懈怠,而君主亲近、喜爱的人也不会骄横放纵了。

注释

1 **暧**(ài):浓云遮盖后昏暗的样子,这里形容雨水的充沛,比喻奖赏的优厚。

2 **畏**:通“威”。

有度

导读

有度，即有法度。文章系统地阐述了韩非的法治思想。

韩非认为，以法治国，对外关系到本国的国际地位，“奉法者强，则国强”；对内关系到君主统治地位的巩固，“法审，则上尊而不侵”。

文章阐明了韩非法治思想的主要内容。君主推行法治，首先在于“使法量功”，“使法择人”，即要根据法令来考核、提拔官员。其次在于以法制臣，“使其群臣不游意于法之外，不为惠于法之内，动无非法”。所以，在韩非的心目中，贤臣必须是“无有二心”“顺上之为，从主之法，虚心以待令而无是非”的驯服工具，法治的最高境界是“贵贱不相逾，愚智提衡而立”。可见，维护森严的等级制度这一早期统治阶级的重要思想，同样为韩非所继承，并成为其法治思想的核心。

为了实现法治的预期目标，韩非提出了刑法的实施原则。首先，君主必须独操刑罚大权，“威不贷错，制不共门”。这样，就能保证法治为君主服务的功利性。其次，君主必须严格执行刑法，“法不阿贵”，“法之所加，智者弗能辞，勇者弗敢争。刑过不避大臣，赏善不遗匹夫”。这与儒家“刑不上大夫”的观念相比，无疑是一个极大的进步。

原文

国无常强，无常弱。奉法者强，则国强；奉法者弱，则国弱。荆庄王[1]并国二十六，

译文

国家没有永久不变的强盛，也没有永久不变的衰弱。奉行法度的君主强劲有力，坚决实行法治，那么国家就强盛；奉行法度的君主软弱无力，实行法治不坚决，那么国家就衰

开地三千里；庄王之氓社稷[2]也，而荆以亡[3]。齐桓公[4]并国三十，启地三千里；桓公之氓社稷也，而齐以亡。燕襄王[5]以河为境，以蓟[6]为国，袭涿、方城[7]，残齐，平中山，有燕者重，无燕者轻；襄王之氓社稷也，而燕以亡。魏安釐王[8]攻赵救燕，取地河东；攻尽陶、魏[9]之地；加兵于齐，私平陆[10]之都；攻韩拔管[11]，胜于淇下；睢阳[12]之事，荆军老而走；蔡、召陵之事[13]，荆军破：兵四布于天下，威行于冠带之国，安釐死而魏以亡。故有荆庄、齐桓公，则荆、齐可以霸；有燕襄、魏安釐，则燕、魏可以强。今皆亡国者，其群臣官吏皆务所以乱而不务所以治也。其国乱弱矣，又皆释国法而私其外，则是负薪而救

弱。楚庄王吞并了二十六个国家，开拓了几千里疆土；但当楚庄王丢下国家身亡以后，楚国便因此而衰微了。齐桓公吞并了三十个国家，扩展了几千里领土；但当齐桓公丢下国家死了以后，齐国便因此而衰微了。燕昭襄王把黄河作为自己的国界，把蓟作为自己的国都，又把涿和方城作为国都的外围屏障，攻破了齐国，平定了中山国，当时得到燕国支持的国家就被人重视，没有得到燕国支持的国家就被人看不起；但当燕昭襄王丢下国家死了以后，燕国便因此而衰微了。魏安釐王攻打燕国，援救赵国，在黄河以东夺取了土地；全部攻占了定陶、卫国的领土；又对齐国用兵，把平陆这座大城市占为已有；又攻打韩国夺取管地，在淇水边大获全胜；在睢阳发生的魏、楚战事中，楚军被拖垮而逃跑了；在上蔡和召陵的战役中，楚军被魏国摧毁了：在那个时候，魏国的军队遍布天下，在衣冠楚楚的礼仪之邦耀武扬威，但安釐王一死，魏国便因此而衰微了。所以，有了楚庄王、齐桓公，楚国、齐国就可以称霸；有了燕昭襄王、魏安釐王，燕国、魏国就可以强盛。现在这些国家都衰微了，就是因为这些国家的群臣百官都一心去干那些使国家混乱的勾当而不去做使国家安定太平的事务。这些国家已经混乱衰弱了，他们却又都丢掉了国法，在国法的规定之外营私舞弊，这实在是背着柴草去救火，国家的

火也，乱弱甚矣！

混乱衰弱就更加厉害了！

注释

1 **荆庄王**：楚庄王，春秋时楚国君主，为春秋五霸之一。

2 **氓社稷**：失去社稷，指死亡。氓，通“亡”。

3 **亡**：指君主权势衰微，不能控制国家大权。

4 **齐桓公**：春秋时齐国国君，公元前685—前643年在位。他依靠管仲的辅佐，成为春秋五霸中的第一个霸主。管仲死后，他重用了投其所好的竖刁、易牙、开方等人，公元前643年因竖刁等人作乱而饿死。

5 **燕襄王**：即燕昭王，战国时燕国国君，公元前311—前279年在位。

6 **蓟**(jì)：燕国国都，在今北京西南。

7 **涿**：战国时燕国邑名，在今河北涿州。 **方城**：燕国邑名，在今河北固安西南。

8 **魏安釐**(xī)**王**：战国时魏国君主，公元前276—前243年在位。

9 **陶**：当时为秦穰侯魏冉的封邑，在今山东定陶西北。 **魏**：当作“卫”。公元前253年，卫怀君背离魏国而和秦国连横，被魏击败。魏杀怀君，立卫嗣君之弟卫元君，从此卫便成了魏国的附庸，实际上已被魏所灭。

10 **平陆**：战国时齐国五都之一，在今山东汶上西北。

11 **管**：韩国地名，在今河南郑州东北。

12 **睢阳**：邑名，在今河南商丘睢阳城南。

13 **蔡**：指上蔡，楚国地名，在今河南上蔡西南。 **召**(shào)**陵**：楚国地名，在今河南漯河召陵。

原文

故当今之时，能去私曲就公法者，民安而国治；能去私行行公法者，则兵强而敌弱。故

译文

所以在现在这个时代，能够除去臣下谋取私利的歪门邪道而实施国法的国家，民众就安定，国家就太平；能够除去臣下谋取私利的行为而实行国法的国家，兵力就强大，

审得失有法度之制者加以群臣之上，则主不可欺以诈伪；审得失有权衡之称者以听远事[1]，则主不可欺以天下之轻重。今若以誉进能，则臣离上而下比周；若以党举官，则民务交而不求用于法。故官之失能者其国乱。以誉为赏、以毁为罚也，则好赏恶罚之人，释公行[2]，行私术，比周以相为也。忘主外交，以进其与，则其下所以为上者薄也。交众、与多，外内朋党，虽有大过，其蔽多矣。故忠臣危死于非罪，奸邪之臣安利于无功。忠臣之所以危死而不以其罪，则良臣伏矣；奸邪之臣安利不以功，则奸臣进矣。此亡之本也。若是，则群臣废

而敌人相对变得弱小了。所以，审查是非得失时掌握了法度的规定的君主凌驾在群臣之上，那么君主就不可能被臣下用狡诈虚伪的手段来欺骗；审查是非得失时拥有了由秤锤秤杆组成的秤这种工具的君主来听取远方的事情，那么君主就不可能被臣下用天下的轻重来欺骗了。现在如果根据声誉来提拔人才，那么臣下就会背离君主而在下面紧密勾结互相吹捧；如果根据朋党关系来推举官吏，那么臣民就会致力于勾结拉拢而不再在法律的规定内凭功劳求得任用。所以任命官吏不拿才能作为标准而只根据声誉和朋党关系，国家就会混乱。如果拿赞颂的好话作为奖赏的依据，拿诋毁的坏话作为惩罚的依据，那么喜欢奖赏、厌恶惩罚的人，就会抛弃国家的法度，玩弄阴谋手段，抱成一团来互相帮助吹捧。他们不顾君主的利益而在朝廷外面私下结交，进用他们的党羽，那么这些下层官吏替君主着想和尽力的地方也就少了。这些人结交广泛、党羽众多，在朝廷内外结成私党，即使犯了大罪，为他们掩盖罪责的人也多得很。所以忠臣在无罪的情况下也免不了危难与死亡，而奸臣在无功的情况下却得到平安与利益。忠臣遭受危难和死亡的原因并不是因为他们有罪，那么贤良的臣子就会潜伏退隐了；行奸作恶的臣子平安得利并不是因为有功，那么奸臣就会钻进来了。这是国家衰亡的根本原因啊。像这样，那么群臣就会废弃法治而玩弄自己的

法而行私重[3]、轻公法矣。数至能人之门,不壹至主之廷;百虑私家之便,不壹图主之国。属数虽多,非所尊君也;百官虽具,非所以任国也。然则主有人主之名,而实托于群臣之家也。故臣曰:亡国之廷无人焉。廷无人者,非朝廷之衰也:家务相益,不务厚国;大臣务相尊,而不务尊君;小臣奉禄养交,不以官为事。此其所以然者,由主之不上断于法,而信下为之也。故明主使法择人,不自举也;使法量功,不自度[4]也。能者不可弊[5],败者不可饰,誉者不能进,非者弗能退,则君臣之间明辩[6]而易治,故主雠[7]法则可也。

权势、轻视国法了。他们屡次奔走于红人的门下,一次也不到君主的朝廷上;百般考虑私家的利益,一点也不为君主的国家着想。这样的下属数量即使很多,也不是使君主尊贵的人;各种官员虽然都具备了,也不是用来担当国家大事的人。这样,君主虽然有了君主的名义,而实际上却依附于群臣的私门。所以我说:丧失了国家政权的朝廷上没有臣子。所谓朝廷上没有臣子,并不是说朝廷衰落,臣子缺乏,而是指臣下致力于相互帮忙来发家致富,却不努力使国家富裕;大臣致力于互相推崇,而不努力使君主尊贵;小臣拿了俸禄去供养私下结交的党徒,而不把公职当回事。这样的状况之所以会形成,是由于君主不在上面依法裁决事情,而任凭臣下去处理它们。所以英明的君主用法制来选择人才,不凭自己的感觉来提拔;用法制来衡量功劳,不凭自己的主观意识来估量。这样,有才能的人就不会被埋没,败坏事情的人就不能文过饰非,徒有虚名的人就不能当官晋升,有功劳而被毁谤的人就不会被降职或罢官,可见,一切依法办事,那么君臣双方都能明确地辨别功过是非,而国家也就容易治理了,所以君主使用法制就可以了。

注释

1 **权衡**:秤,比喻法度。权,秤锤。衡,秤杆。 **称**(chèng):同“秤”。

2 **行**:道,指法度。

3 **重**:权力。

4 **度**(duó):估量。

5 **弊**:通"蔽",遮盖。

6 **辩**:通"辨",辨别。

7 **雠**:用。

原文

贤者之为人臣,北面委质,无有二心,朝廷不敢辞贱,军旅不敢辞难,顺上之为,从主之法,虚心以待令而无是非也。故有口不以私言,有目不以私视,而上尽制之。为人臣者,譬之若手,上以修头,下以修足;清暖寒热,不得不救入;镆铘傅体[1],不敢弗搏。无私贤哲之臣,无私事[2]能之士。故民不越乡而交,无百里之戚。贵贱不相逾,愚智提衡而立[3],治之至也。

译文

有德有才的人做臣子,在朝廷上向北把自己的身体托付给君主使用,一心一意为君主效劳,在朝廷上不敢推辞卑贱的官职,在军队里不敢逃避危险的战役,听从君主的指使,服从君主的法令,排除自己的成见和私心杂念来等待君主的命令而不加然否。所以臣子有了嘴巴而不为私人辩说,有了眼睛而不为私人察看,嘴巴、眼睛完全由君主来控制。做臣子的,就好像手一样,上面用它来修饰头,下面用它来料理脚;身体受到冷热侵袭,不能不援助插手;锋利的宝剑逼近身体,不能不搏斗。君主不偏袒贤能聪明的臣子,不偏爱使用才能为君主卖力的人士。所以臣民不到外乡结私交,没有百里以外的亲戚。官职高的和官职低的都恪守自己的职责而不越俎代庖,愚笨的和聪明的都依法受赏罚而相互平等地生活着,这是政治的最高境界啊。现在那种轻视爵位俸禄,随便离开本国逃亡到外国去另行选择自己的君主的行为,我不认为是清廉。欺诈地进说而违反了国法,违背君主的意图而强行劝谏,我不认为是忠诚。施行恩惠给人好处,收买民心来形成自

今夫轻爵禄，易去亡以择其主，臣不谓廉。诈说逆法，倍[4]主强谏，臣不谓忠。行惠施利，收下为名，臣不谓仁。离俗隐居，而以作非上[5]，臣不谓义。外使诸侯，内耗其国，伺其危崄之陂[6]，以恐其主曰："交非我不亲，怨非我不解。"而主乃信之，以国听之，卑主之名以显其身，毁国之厚以利其家，臣不谓智。此数物者，险世之说也，而先王之法所简也。先王之法曰："臣毋或作威，毋或作利，从王之指[7]；无或作恶，从王之路。"古者世治之民，奉公法，废私术，专意一行，具[8]以待任。

己的声望，我不认为是仁爱。避世隐居，用欺骗性的言论诽谤君主，我不认为是节义。对外出使到其他诸侯国和他们勾结，对内耗费自己国家的资财，趁国家危险的时候，就来恐吓他们的君主说："和外国的结交没有我就不能够亲近，外国的怨恨没有我就不能够解除。"而君主竟然相信了他，把整个国家都拿来听任他处理，结果贬低了君主的名望而使他自己显赫，毁掉了国家的财富而使他私人得利，这种行为，我不认为是明智。清廉、忠诚、仁爱、节义、明智这几种名目，是流行于乱世的说法，是古代圣明帝王的法令所怠慢、摒弃的。古代圣明帝王的法令说："臣下不能私下大兴刑罚来建立自己的威势，不能私下施行奖赏施舍来收买民心，要顺从君主的旨意；不能为非作歹，要遵循君主的法度。"古代太平盛世的民众，奉公守法，抛弃了谋取私利的手段，把自己的思想和行动都集中起来，全部用来听候君主的任用。

注释

1 **镆铘：**宝剑名，泛指利剑。 **傅：**通"附"，靠近。

2 **事：**使用。

3 **提衡：**拿着秤，引申为保持平衡。 **立：**存在，生存。

4 **倍：**通"背"。

5 **作：**当作"诈"。 **非：**通"诽"。

6 **伺：**窥测。 **陂**(bēi)**：**边际。

7 **指**:通“旨”。

8 **具**:通“俱”。

原文

夫为人主而身察百官,则日不足,力不给。且上用目,则下饰观;上用耳,则下饰声;上用虑,则下繁辞。先王以三者为不足,故舍己能而因法数、审赏罚。先王之所守要,故法省而不侵。独制四海之内,聪智不得用其诈,险躁不得关其佞[1],奸邪无所依。远在千里外,不敢易其辞;势在郎中[2],不敢蔽善饰非;朝廷群下,直凑单微,不敢相逾越。故治不足而日有余,上之任势使然也。

译文

做君主如果亲自去考察百官,那么时间就会不够,精力就会不足。而且,君主如果用眼睛去观察,那么臣下便会把外观乔装打扮一番,使君主看不到真相;君主如果用耳朵去探听,那么臣下就会花言巧语,使君主听不出其中的诡诈;君主如果动脑筋去思索,那么臣下就会把话说得头绪纷繁,使君主拿不定主意。古代的圣明帝王认为君主只用眼睛、耳朵、脑子这三样东西是不够的,所以不靠自己的才能而依靠法术和严明的赏罚。古代的圣明帝王所掌握的法术、赏罚是十分关键的,所以法令简省而君权不受侵害,独自控制着国内的一切,聪明有才智的人不能玩弄他们的诈骗术,能说会道、喋喋不休的人不能施展他们谄媚的口才,奸诈邪恶的人没有什么可以凭借的东西。臣下出使远在千里之外,也不敢改变君主的嘱托而随便乱说;位居郎中,也不敢隐瞒好人好事,掩饰坏人坏事;中央统治机构中的群臣百官,都直接聚集各自微薄的力量给君主,不敢互相逾越职守。所以君主要治理的事少得不够做而时间绰绰有余,这是君主运用权势依靠法术、赏罚才使它这样的啊。

注释

1 **险**:通“憸”,能说会道。 **躁**:通“噪(譟)”,多言。 **关**:措置。 **佞**:善辩,巧言谄媚。

2 **郎中:**君主的侍从官,主管谋议和警卫工作。

原文

夫人臣之侵其主也,如地形焉,即渐以往,使人主失端,东西易面而不自知,故先王立司南以端朝夕。故明主使其群臣不游意于法之外,不为惠于法之内,动无非法。法,所以凌过游外私也[1];严刑,所以遂令惩下也。威不贷错[2],制不共门。威、制共,则众邪彰矣;法不信,则君行[3]危矣;刑不断,则邪不胜矣。故曰:巧匠目意中绳,然必先以规矩为度;上智捷举中事,必以先王之法为比。故绳直而枉木斫,准夷而高科削[4],权衡县而重益轻[5],斗石设而多益少。

译文

臣下侵害他的君主,就像地形迷惑人走路那样,逐渐地变化下去,使君主迷失方向,东西方位调了个头自己还不知道,所以古代的圣明帝王设置了指南的仪器来正确地判断东方和西方。所以英明的君主使他的群臣不在法律的规定之外打主意,也不在法律的规定之内私下施行恩惠去收买民心,一举一动没有不合法的。法是用来打击违法行为和摒弃私人行为的工具,严厉的刑罚是用来贯彻法令、惩罚臣下的工具。威势不能由君臣两方面来施行,权力不能出自君臣两个门户,君主必须独揽大权。威势和权力由君臣双方共有,那么奸臣们就会明目张胆地活动了;执行法令不讲信用,那么君主就要危险了;执行刑罚不坚决果断,那么邪恶的东西就多得不堪承受了。所以说:有技术的木匠能用眼睛来测度合乎笔直的墨线,但他必定首先把圆规和角尺当作标准;智慧高的人靠他的敏捷聪慧来办事就能符合事理,但他必定把古代圣明帝王的法度当作参照。所以墨线拉直了,弯曲的木头就可以被砍削;水准仪放平了,凸出的木节就可以被削平;秤悬挂起来了,就可以减去重的、增加轻的来使秤杆平衡;斗、石设置了,就可以减去多的增加少的来使斗和石满平。所以用法律来治理国家,不过是合法的就

故以法治国，举措而已矣。法[6]不阿贵，绳不挠曲[7]。法之所加，智者弗能辞，勇者弗敢争。刑过不避大臣，赏善不遗匹夫。故矫上之失，诘下之邪，治乱决缪[8]，绌羡齐非[9]，一民之轨，莫如法。属[10]官威民，退淫殆，止诈伪，莫如刑。刑重，则不敢以贵易贱；法审，则上尊而不侵。上尊而不侵，则主强而守要，故先王贵之而传之。人主释法用私，则上下不别矣。

推行，不合法的就弃置不做罢了。法律不偏袒权贵，法律的准绳不屈从于邪恶就像墨线不迁就弯曲的木料那样。受法律制裁的人，即使是有才智的人也不能用言辞来辩解，即使是勇敢的人也不敢用武力来抗争。惩罚罪过不回避权贵大臣，奖赏善行不遗漏普通民众。所以纠正君主的过失，追究臣下的邪恶，治理混乱，解决纠纷，去掉贪欲，整治错误，统一人民的行为规范，没有什么能及得上法律。激励官吏，威慑民众，消除淫乱危险，制止欺诈虚伪，没有什么能及得上刑罚。刑罚严厉，那么大臣就不敢凭高贵的地位去轻视那些地位低下的人；法律严明，那么君主就受到尊重而不被侵害。君主受到尊重而不被侵害，是因为君主强劲有力而把握住了赏罚、法制这个治国的关键，所以古代的圣明帝王看重刑罚、法制而把它们传了下来。如果君主放弃了法制而任用臣下，那么君臣之间就没有区别了。

注释

1 **凌：**侵凌，打击。 **过游：**越轨放纵，指违法行为。 **外：**摒弃。

2 **贷：**"贰" 的误字。 **错：**通 "措"，施行。

3 **行：**将。

4 **夷：**平。 **科：**通 "瘣"，木节。

5 **权衡：**秤。 **县：**同 "悬"。

6 **阿**(ē)**：**偏袒，曲从。

7 **绳：**墨线，喻指法律的准绳。 **挠：**屈服。

8 **缪**(liǎo)**：**通 "缭"，缠结，比喻纠纷。

9 **绌:**通“黜”,削减,除去。 **羡:**羡慕,贪欲。

10 **属:**“厉(厲)”字之误。厉(厲),通“励”。

二 柄

导读

二柄,即两种权柄,指杀戮、赏赐之权。

韩非首先指出,好利恶害是人之常情,君主掌握了刑赏大权,就可以使“群臣畏其威而归其利”,所以君主必须牢牢掌握刑赏大权,“使赏罚之威利出于己”。如果君主“释其刑德而使臣用之”,那么,“一国之人皆畏其臣而易其君,归其臣而去其君”,结果“君反制于臣矣”。

接着,韩非主张用“审合刑名”的方法来验证臣下的言行,以此来获得赏罚的依据,再进行赏罚。也就是先让臣下说出自己的主张,然后“以其言授之事,专以其事责其功。功当其事,事当其言,则赏;功不当其事,事不当其言,则罚”。

最后,韩非指出,君主要了解“群臣之情”,必须“掩其情”,“匿其端”,不暴露自己的爱憎之情,使他们无法“饰行以要君欲”。这样,就能使“群臣见素”,君主也就不会被蒙蔽,也就可以准确地进行赏罚了。

原文

明主之所导[1]制其臣者,二柄而已矣。二柄者,刑、德也。何谓“刑”“德”?曰:杀戮之谓“刑”,庆赏之

译文

英明的君主用来控制臣下的手段,不过是两种权柄罢了。这两种权柄,就是“刑”和“德”。什么叫作“刑”“德”呢?就是:杀戮的权力叫作“刑”,奖赏的权力叫作“德”。做臣下的害怕杀头惩罚而贪图奖励赏赐,所以,君主如果亲

谓“德”。为人臣者畏诛罚而利庆赏，故人主自用其刑德，则群臣畏其威而归其利矣。故[2]世之奸臣则不然，所恶，则能得之其主而罪之；所爱，则能得之其主而赏之。今人主非使赏罚之威利出于己也，听其臣而行其赏罚，则一国之人皆畏其臣而易其君，归其臣而去其君矣。此人主失刑德之患也。夫虎之所以能服狗者，爪牙也，使虎释其爪牙而使狗用之，则虎反服于狗矣。人主者，以刑德制臣者也。今君人者释其刑德而使臣用之，则君反制于臣矣。故田常[3]上请爵禄而行之群臣，下大斗斛而施于百姓，此简公[4]失德而田常用之也，故简公见弑。子罕谓宋君曰[5]：“夫庆赏赐予者，民之所喜也，君自行之；杀戮刑罚者，民之所恶

自使用刑赏的大权，那么群臣就害怕君主用刑罚的威势而追求君主行赏的好处了。但是当代的奸臣却不是这样，对他所憎恶的人，就能从他的君主那里取得刑赏大权来惩治他们；对他所喜欢的人，就能从他的君主那里取得刑赏大权来奖赏他们。现在君主如果不是使赏罚的威势和好处出于自己，而听任他的臣下去行使自己的赏罚大权，那么全国的民众就都害怕他的臣子而看轻他们的君主，归附他的臣子而背离他们的君主了。这是君主失去刑赏大权的祸害啊。老虎之所以能够制服狗，是因为它的脚爪和牙齿，假使老虎去掉了它的脚爪和牙齿而让狗来使用它们，那么老虎反而要被狗制服了。君主，是依靠刑赏大权来控制臣下的。现在君主如果抛弃了自己的刑赏大权而让臣下去使用它们，那么君主反而要被臣下控制了。过去田常在朝廷向君主求取爵位、俸禄而把它们赐给群臣，在民间加大斗、斛来把粮食施舍给百姓，这是齐简公丧失了奖赏大权而田常使用了它们，所以齐简公被杀掉了。子罕对宋桓侯说：“奖赏恩赐这种事，是民众所喜欢的，请您自己去施行它们吧；杀戮刑罚这种事，是民众所憎恶的，请让我来承担它们吧。”于是宋桓侯失去了用刑的权力而子罕使用了它，所以宋桓侯被劫持了。田常单单用了奖赏的权力，简公就被杀

也，臣请当之。”于是宋君失刑而子罕用之，故宋君见劫。田常徒用德，而简公弑；子罕徒用刑，而宋君劫。故今世为人臣者兼刑德而用之，则是世主之危甚于简公、宋君也，故劫杀拥[6]蔽之。主非[7]失刑德而使臣用之，而不危亡者，则未尝有也。

掉了；子罕单单用了刑罚的权力，宋桓侯就被劫持了。所以，当今社会上做臣子的兼并了刑罚和奖赏两种大权来使用它们，那么当今君主的危险就比齐简公、宋桓侯更厉害了，所以现在的臣子劫持、杀害、隔绝、蒙蔽他们的君主。君主同时失去了刑罚和奖赏两种大权而让臣下去使用它们，却又不危险灭亡的，那是从来没有过的啊。

注释

1 **导：**当为“道”，由。

2 **故：**通“顾”，可是。

3 **田常：**春秋时齐国的大臣，他于公元前481年杀死齐简公，拥立齐平公，任相国，控制了齐国的政权。

4 **简公：**吕氏，名壬，公元前485年齐悼公被杀，他被立为齐国国君。公元前481年，他不听大夫田鞅的劝谏，结果被田常所杀。

5 **子罕：**戴氏，名皇喜，字子罕。他曾任宋国司城（国内掌管土木建筑工程的最高长官），在公元前370年杀了宋桓侯，夺取了宋国的政权。 **宋君：**指宋桓侯，子姓，名兵，又称“辟公”，或作“璧兵”。

6 **拥：**壅塞。

7 **非：**“兼”的坏字。

原文

人主将欲禁奸，则审合刑名者[1]，言异事也。为人臣者陈而言，君以其言授

译文

君主将要禁止奸邪，就得审查、考核实际情形是否与名称相合，这也就是看臣下的言论是否同于他们所做的事。让做臣子的陈述他的意见，君主便根据他的意见交给他职事，然后专门

之事，专以其事责其功。功当其事，事当其言，则赏；功不当其事，事不当其言，则罚。故群臣其言大而功小者则罚，非罚小功也，罚功不当名也；群臣其言小而功大者亦罚，非不说[2]于大功也，以为不当名也害甚于有大功，故罚。昔者韩昭侯[3]醉而寝，典冠者见君之寒也，故加衣于君之上。觉寝而说，问左右曰："谁加衣者？"左右对曰："典冠。"君因兼罪典衣与典冠。其罪典衣，以为失其事也；其罪典冠，以为越其职也。非不恶寒也，以为侵官之害甚于寒。故明主之畜臣，臣不得越官而有功，不得陈言而不当。越官则死，不当则罪。守业其官，所言者贞[4]也，则群臣不得朋党相为矣。

根据他的职事来责求他的成绩。如果取得的成绩和他的职事相当，完成职事的情况和他的话相符合，就给予奖赏；如果取得的功绩和他的职事不相当，完成职事的情况和他的话不相符合，就加以惩罚。所以，群臣之中那些话说大了而功绩小的就要惩罚，这不是惩罚他取得的功绩小，而是惩罚他取得的功绩与他的言论不相当；群臣之中那些话说小了而功绩大的也要惩罚，这并不是不喜欢大功，而是认为功绩与言论不相当的危害超过了他所取得的大功，所以要惩罚。从前韩昭侯喝醉了酒睡着了，掌管君主帽子的侍从看见君主受寒了，所以把衣服盖在君主的身上。韩昭侯睡醒后很高兴，问身边的侍从说："盖衣服的是谁？"身边的侍从回答说："是掌管帽了的侍从。"韩昭侯因而同时惩处了掌管衣服的侍从和掌管帽子的侍从。他惩处掌管衣服的侍从，是认为他没有尽到应尽的职责；他惩处掌管帽子的侍从，是认为他超越了（他的）职责范围。韩昭侯并不是不怕着凉，而是认为侵犯他人职权的危害比着凉更厉害。所以英明的君主畜养、驾驭臣下时，臣下不得超越职权去立功，也不可以说话与做事不相当。超越了职权就处死，言行不一致就治罪。各个臣子都在自己的职权范围内恪守职责而不越职去争功，所说的话与所做的事相当，那么群臣就不能拉帮结派、互相帮助、狼狈为奸了。

注释

1 **刑**:通“形”,情形,指事情。 **名**:名称,指言论。

2 **说**:通“悦”。下一“说”字同。

3 **韩昭侯**:战国时韩国国君。

4 **贞**:当,指符合(事实)。

原文

人主有二患:任贤,则臣将乘于贤以劫其君;妄举,则事沮不胜。故人主好贤,则群臣饰行以要[1]君欲,则是群臣之情不效;群臣之情不效,则人主无以异其臣矣。故越王[2]好勇而民多轻死;楚灵王[3]好细腰而国中多饿人;齐桓公妒外而好内,故竖刁[4]自宫以治内;桓公好味,易牙[5]蒸其首子而进之;燕子哙[6]好贤,故子之明不受国。故君见[7]恶,则群臣匿端;君见好,则群臣诬能。人主欲见,则群臣之情态得

译文

君主有两种忧患:任用贤能的人,那么臣下将会凭借自己的才干来劫持他的君主;胡乱地提拔官吏,那么事情就会败坏得不可收拾。所以君主喜爱贤能的人,那么群臣就粉饰自己的行为来迎合君主的欲望,这样,群臣的实情就不会显露出来了;群臣的实情不显露出来,那么君主也就没有办法来识别臣子的真假好坏了。过去越王勾践喜爱勇敢,民众中就涌现出很多不怕死的人;楚灵王喜欢细腰,国内就有很多为了使自己的腰变细而饿坏了的人;齐桓公忌妒外朝的卿大夫而爱好后宫的女色,所以竖刁自己把睾丸割掉来治理后宫的事务;齐桓公爱好美味的食物,易牙就把自己刚出生的长子蒸熟了进献给桓公;燕王子哙爱好贤名,所以子之表面上不肯接受王位。所以君主对什么事流露出自己的厌恶,那么群臣就会把君主所厌恶的事情隐瞒起来;君主表现出自己的爱好,那么群臣就会冒充有这方面的才能。君主的欲望表现出来,那么群臣在表现自己的情态时就得到了凭借。所以,子之,是依靠了子

其资矣。故子之，托于贤以夺其君者也；竖刁、易牙，因君之欲以侵其君者也。其卒，子哙以乱死，桓公虫流出户而不葬。此其故何也？人君以情借臣之患也。人臣之情，非必能爱其君也，为重利之故也。今人主不掩其情，不匿其端，而使人臣有缘以侵其主，则群臣为子之、田常不难矣。故曰："去好去恶，群臣见素[8]。"群臣见素，则大君不蔽矣。

哙爱好贤名来篡夺君位的；竖刁、易牙，是依从了君主的欲望来侵害君主的。结果，子哙因为战乱而死了，齐桓公尸体上的蛆虫爬出了门他也得不到安葬。这其中的缘故是什么呢？就是君主把自己的内情给了臣子而招致的祸害啊。臣子的内心，不一定会爱他的君主，而是因为看重利益的缘故才装出忠爱君主的样子。现在君主不掩盖自己的实情，不隐藏自己的念头，而使臣下有所凭借来侵害他们的君主，那么群臣成为子之、田常那样的人就很容易了。所以说："君主不表现出自己的爱好，不流露出自己的厌恶，群臣便会露出实情。"群臣露出实情，那么君主就不会被蒙蔽了。

注释

1 **要**(yāo)**：**迎合。

2 **越王：**指勾践，春秋末年越国君主。

3 **楚灵王：**春秋时楚国国君，公元前540—前529年在位。

4 **竖刁：**齐桓公宠爱的家臣，名刁。竖，年轻的家臣。

5 **易牙：**齐桓公宠信的近臣。

6 **子哙**(kuài)**：**战国时燕国国君，公元前318年，他把君位让给相国子之。公元前315年，太子平等起兵攻打子之。公元前314年，齐宣王乘机攻占燕国，他和子之都被杀。

7 **见**(xiàn)**：**同"现"。

8 **素：**通"愫"，真情。

扬 榷

导读

扬榷，是大纲的意思。文章从哲学的高度利用和改造了道家学说，全面地阐明了君主统治臣民的一系列带有纲领性质的政治原则。这些原则主要有：

一、"道不同于万物"，所以"君不同于群臣"；"道无双"，所以"明君贵独道之容"。君主必须树立独一无二、至高无上的权威，如果"一家二贵"便会"事乃无功"。这种等级观念与独裁思想，构成了我国历代君主专制制度的两大理论支柱。

二、韩非主张君主独裁，并不是要君主亲自操持各种事务、日理万机，因为"虚静无为，道之情也"，所以君主必须"无为而改之"，即无为而治。其无为而治的要点，一是"各处其宜"，即君主"在中央"执"要"，使"四方来效"；二是"虚以静后"，即君主"虚而待之"，使"彼自以之"；三是"去智与巧"，"去喜去恶"，即君主必须装作"甚醉"而"惛惛"，因为"主上不神，下将有因"。

三、"用一之道，以名为首"，所以君主必须掌握"形名参同"之术。只有让臣下"以名祷"，而"君操其名，臣效其形"，然后"周合刑名"，才能使臣民"守职"，最后达到"上下和调"的境界。当然，这种形名术的推行，也应以"虚静"为原则，即首先得"使名自命，令事自定"，然后"因而任之"。为了便于"形名参同"，韩非主张"官置一人；不使自恣"。

四、由于"上下一日百战"，"奸邪满侧"，所以君主必须实行法治，"自执其度量"，"以割其下"，"适其赐"而"必尽其罚"。同时，为了防止臣下扩大势力，君主应"不大其都"，"不贵其臣"。为了防止臣民比周而"同欺其上"，君主必须"伐其聚"，"披其木"。

原文

天有大命，人有大命。夫香美脆味[1]，厚酒肥肉，甘口而疾[2]形；曼理皓齿，说情而损精[3]。故去甚去泰，身乃无害。权不欲见[4]，素[5]无为也。事在四方，要[6]在中央。圣人执要，四方来效。虚而待之，彼自以之。四海既藏，道阴见阳[7]。左右既立，开门而当[8]。勿变勿易，与二[9]俱行。行之不已，是谓履理也[10]。

译文

自然界有它的客观规律，人类也有它的客观规律。芳香、甜美、柔嫩的食物，醇厚的酒，肥嫩的肉，虽然可口，但如果食用不当，就会吃坏身体；皮肤纹理细腻嫩滑、牙齿洁白可爱的美女，虽然使人性情畅快，但如果沉溺过度，就会损伤精力。所以去掉过度的淫乐、过分的吃喝，身体才不会受到损害。君主治理臣下的权谋不要显露出来，而应该任其自然、无所作为。具体的事务分配给各地，主要的大权集中在中央。圣明的君主掌握住了关键的大权，四面八方的臣民就会来效劳了。君主虚静无为地对待他们，他们自然会使出自己的才能。天下已经藏在胸中，就可以从暗处来观察暴露在自己面前的一切了。辅佐大臣已经确立，君主就广开门路来听取群臣的意见。听取了意见以后，不去改变它，不去更动它，而将听取意见和形名参验的方法一起推行。实行这种办法永不停止，这就可以叫作遵循事理来办事了。

注释

1 **脆**：柔软，娇嫩。 **味**：食物。

2 **疾**：使动用法，使……生病。

3 **说**：通“悦”。 **情**：情欲。

4 **见**(xiàn)：同“现”。

5 **素**：朴素，指不加修饰，任其自然。

6 **要**：机要大权，指国家政权。

7 **道**：由。 **阴**：暗。 **阳**：明。

8 **当**：承受。

9 二:指“形”与“名”,意为使用形名参验之法。

10 **履**:履行,实践。 **理**:事理,指具体事物的规律,这里指统治臣下的规律。

原文

夫物者有所宜,材者有所施,各处其宜,故上下无为[1]。使鸡司夜,令狸执鼠,皆用其能,上乃无事。上有所长,事乃不方。矜而好能,下之所欺;辩惠好生[2],下因其材。上下易用,国故不治。

译文

万物都有它们适宜的位置,才能都有施展的地方,各人都处在自己合宜的位置上,所以君臣上下都无所作为。使公鸡掌管夜里的时间来报晓,叫猫捕捉老鼠,如果都像这样来使用臣下的才能,君主就没有什么事了。君主有了特长来加以施展,办事就会不得法。君主如果自高自大而喜欢逞能,就会成为臣下欺骗的对象;君主如果有了口才智慧而好发议论来卖弄自己的小聪明,臣下就会利用君主的才能。君臣上下颠倒了各自的效用,国家就不能治理好。

注释

1 **上下无为**:君臣上下都按照法令的规定在适合于自己才能的岗位上行事,不去违背法制,所以说君臣上下都无为。

2 **惠**:通“慧”。 **生**:发。

原文

用一[1]之道,以名为首。名正物定,名倚物徙。故圣人执一以静,使名自命,令事自定。不见其采[2],下故素正[3]。因而

译文

运用道的方法是,把确定名称摆在首位。名称端正了,那么它所反映的事物内容也就确定了;名称出了偏差,那么它所反映的事物内容也就走样了。所以圣明的君主用虚静的态度来掌握道,使名称根据它所反映的内容自己来给自己命名,使事物按照它所具有的性质自己来确定自己的内容。君主不表现出自己的智能,臣下也就老实纯正了。接

任之,使自事之;因而予之,彼将自举之;正与处之[4],使皆自定之,上以名[5]举之。不知其名,复修其形[6]。形名参同,用其所生。二者诚信,下乃贡情。

着便根据他们表现出来的才能去任用他们,使他们自己去从事各自的工作;接着再根据他们的职务分配事情,他们就会自己去操办这些事情了;端正了名分来安置臣下,使他们都根据自己的名分来确定自己的职责,君主就根据臣下对其职责的承诺来提拔他们。由于不知道他们的承诺是否得当,就应去考查研究他们做的事情。君主拿臣下做的事情和他们的承诺互相对比验证,看是否互相契合,然后利用这种验证所产生的结果作为依据来进行赏罚。赏和罚这两种事如果确实讲信用,那么臣下就会向君主献出忠诚。

注释

1 **一:**指道。

2 **见:**同“现”。 **采:**文采,指智能。

3 **故:**乃。 **素:**通“愫”,实情。

4 **正:**指正名。 **与:**以。

5 **名:**指臣子的言论。

6 **修:**治。 **形:**情形,指事情。

原文

谨修所事,待命于天[1],毋失其要,乃为圣人。圣人之道,去智与巧。智巧不去,难以为常。民人用之,其身多殃;主上

译文

谨慎地处理好自己所从事的参验形名、信赏必罚等大事,遵循自然的规律,不要失去关键的国家大权,才能成为圣明的君主。圣明君主的治国原则是,不用智谋和巧诈。如果智谋和巧诈不去掉,就难以使自己的治国方法成为治国的常规。老百姓如果使用智谋和巧诈,那么他们自身就会多灾多难;君主如果使用智谋和巧诈,他的国家就会危险灭亡。君主治国,要遵循自然界的普遍规律,然后回过头来寻求

用之，其国危亡。因天之道，反形之理[2]，督参鞠之[3]，终则有[4]始。虚以静后[5]，未尝用己。凡上之患，必同其端；信而勿同，万民一从。

事物的具体规律和治民之道，再用自然的普遍规律来考察、检验、彻底摸透具体规律和治民之道，这样终而复始，反复无穷。明君治国，内心虚无而安静退让，从来不用自己的智慧和才能。大凡君主的祸患在于，坚决地赞同臣下的一面之词；即使相信臣下发表的某些言论也不要去赞同，那么民众就会一致服从君主了。

注释

1 **待**：依靠，引申为遵循。 **命**：指规律。 **天**：指自然。

2 **反**：回复。 **形之理**：在政治领域，事物的具体规律指治理臣民的规律。

3 **督**：考察。 **参**：检验。 **鞠**：通"鞫"，寻根究底。

4 **有**：通"又"。

5 **以**：而。 **后**：退。

原文

夫道者，弘大而无形；德[1]者，核理而普至。至于群生，斟酌[2]用之，万物皆盛[3]，而不与其宁[4]。道者，下周[5]于事，因稽而命[6]，与时生死[7]。参名异事，通一同情。故曰：道不同于万物，德不同于阴

译文

道，广大而又没有形状；德，合于具体事物的规律而又普遍地存在着。至于芸芸众生，都或多或少地汲取并利用了道，万物都依靠道形成，可是道并不随着万物的止息而止息。道，在天下普遍地存在于各种事物之中，因而它和各种事物的具体规律都相当，所以它随着时间的变化而使各种事物一会儿生一会儿死。用名称来考察，那么各种事物是不同的；但用道来贯通，那么各种事物的实质都是相同的。所以说：道和它所生成的万物不同，德和它所包含的阴阳不同，衡器和它所测量的轻重不同，

阳[8],衡不同于轻重,绳不同于出入,和不同于燥湿[9],君不同于群臣。凡此六者,道之出也。道无双,故曰“一”。是故明君贵独道之容。君臣不同道,下以名祷[10],君操其名,臣效其形,形名参同,上下和调[11]也。

墨线和它所要矫正的弯曲不同,和这种调正声音的乐器与它所要调正的影响声音的干燥潮湿不同,君主和他所控制的群臣不同。所有这六种情况,都是道衍生出来的。道是独一无二的,所以叫作“一”。因此英明的君主崇尚独一无二的道的法则。君主和臣子的办事原则是不同的,臣下用自己的承诺去向君主求赏,君主所做的是掌握好臣下的承诺,臣下所做的是贡献出自己的实绩,实绩和其承诺经过检验相符合了,君臣上下的关系就和谐融洽了。

注释

1 **德:**古代哲学概念,与“道”相对,指具体事物内在的本质属性。

2 **斟酌:**酒倒得少叫斟,倒得多叫酌,此指每个人从道吸取的有多有少,从而形成了才智、能力的高低不同。

3 **盛:**通“成”。

4 **宁:**安宁,止息。

5 **周:**遍。

6 **稽:**合,相当。 **而:**其。 **命:**指规律。

7 **生死:**使动用法,指道使各种事物或生或死。

8 **阴阳:**我国古代两个相对的哲学概念。老子和韩非所谓的“阴阳”,并不是直接构成“道”的因素,而是构成具体的万事万物的一对矛盾的物质基础。由此发挥,则世界上的一切,如天与地、日与月、昼与夜、火与水、热与寒、夏与冬、清与浊、明与暗、动与静、上与下、外与内、男与女、背与腹、气与血、六腑与五脏等,就都分属于阴阳了。不但宇宙间的一切事物都由阴阳所构成,而且各种事物的变化也是由于阴阳的相对变化造成的。

9 **和**:小笙,一种用来调整声律的乐器。**燥湿**:影响乐器发音的干燥和潮湿。

10 **祷**:祷告,祈求,此指求赏,即承诺自己能做到某事以求得爵位、俸禄之类的奖赏。

11 **上下和调**:臣子之实绩(“形”)和其承诺(“名”)相合,则臣下对奖赏的追求可得到满足,君主立功成名的理想也得以实现,上下各得其所,故其关系也就和谐融洽了。

原文

凡听之道,以其所出,反以为之入[1]。故审名以定位,明分以辩类[2]。听言之道,溶[3]若甚醉。唇乎齿乎,吾不为始乎;齿乎唇乎,愈惛惛[4]乎。彼自离之,吾因以知之;是非辐凑,上不与构[5]。虚静无为,道之情也;叁伍比物[6],事之形也。叁之以比物,伍之以合虚。根干不革[7],则动泄[8]不失矣。动之溶之,无为而改之。喜之,则多事;恶之,则生怨。故

译文

大凡听取意见的方法是,根据臣下所发表出来的意见,反过来把它作为检验臣下实绩的标准。所以君主审查臣下的言论来确定他们的职位,明确臣下的职责来区别他们所要做的事情。听取意见的方法是,闲散放松像喝得酩酊大醉似的。臣下摇唇鼓舌啊、咬文嚼字啊,我先不开口;臣下咬文嚼字啊、摇唇鼓舌啊,我要更加糊里糊涂。他们自己分析自己的意见,我因而从中了解到他们的底细;正确的意见和错误的意见都像车轮上的辐条聚集在车毂上那样集中到君主这里,君主却不要和他们纠缠在一起。虚无安静、无所作为,是由道的本质所决定的;把各方面的事物放在一起比较验证,是由事物的实际情形所决定的。用排比具体事物的方法来验证一切,用会合抽象概念的方法来考核一切。如果国家的法制这个根本十分巩固,那么君主无论是行动还是歇息都不会有什么过失了。君主无论是行动还是闲着,都以无为的原则来改变臣民的思想面貌。君主如果喜欢臣子,他们就会讨好君主而多事;君主如果厌恶臣子,他们就会对君主产生怨恨。所以君主要去掉

去喜去恶，虚心以为道舍。上不与共之，民乃宠之；上不与义[9]之，使独为之。上固闭内扃[10]，从室视庭，咫尺[11]已具，皆之[12]其处。以[13]赏者赏，以刑者刑；因其所为，各以自成。善恶必及，孰敢不信？规矩既设，三隅乃列。

喜爱，去掉厌恶，使内心虚无以便作为容纳道的处所。君主不和臣下共同使用权力，民众就会爱戴君主；君主不要和臣下商议事情，而要使他们独自去办事。君主要像紧紧地关闭内室的门似地深藏心机，要像从内室来观察厅堂那样从暗处来观察明处，咫尺似的法度已经具备，那么长短是非等就都呈现在君主的视野中了。使该赏的都得到奖赏，使该罚的都受到惩罚；赏和罚都依据臣下的所作所为，每个人得到的赏罚都是由他们自己造成的。善恶一定会得到相应的赏罚，谁还敢不忠诚老实呢？只要法度已经设立，那么其他方面就都可以安排好了。

注释

1 **以为之入**：以所发表的意见作为其复核标准。入，入口，指检验臣下实绩的关口。

2 **辩**：通"辨"。 **类**：事。

3 **溶**：水很大的样子，引申指闲散的样子。

4 **愪愪**：糊涂。愪，同"惛"。

5 **构**：结。

6 **参伍**：即"三"与"五"，泛指多而错杂，引申指将多方面的情况放在一起加以比照检验。 **比物**：并列事物作比较。比，并列，排比。

7 **根干**：树根和树干，比喻国法。 **革**：改变。

8 **泄**：歇，止。

9 **义**：通"议"。

10 **扃**(jiōng)：门，此犹言城府，比喻心机。

11 **咫尺**：度量长短的工具，比喻法度。咫，八寸，相当于今制市尺六寸二分二厘。

12 **之**：到。

13 **以**:使。

原文

主上不神,下将有因[1];其事不当,下考[2]其常。若天若地,是谓累解[3];若地若天,孰疏孰亲?能象天地,是谓圣人。欲治其内,置而勿亲;欲治其外,官置一人;不使自恣,安得移并?大臣之门,唯恐多人。凡治之极,下不能得。周合刑名[4],民乃守职;去此更求,是谓大惑。猾民愈众,奸邪满侧。故曰:毋富人而贷焉,毋贵人而逼焉,毋专信一人而失其都国焉;腓大于股,难以趣走[5]。主失其神,虎随其后。主上不知,虎将为[6]狗。主不蚤[7]止,狗益无已。虎成其

译文

君主不能做到神秘莫测,臣下就会有机可乘;君主处事不当,臣下就会将君主的不当行为变成自己行动的常规。君主像上天、大地那样虚静无为,这叫作忧患被去除了;像大地、上天那样虚静无为,还会对谁疏远、对谁亲近呢?能够像天地那样虚静无为,这样的人就可以称为圣人了。想要治理好朝廷内的事,那就设置近臣而不要去亲近他们;想要治理好朝廷外的事,那就应当每个官职只设置一个官员;不让臣下擅自为所欲为,哪能再有动用、吞并他人职权的事呢?大臣的门下,只怕会聚过多的人。大凡政治的最高境界是,臣下不能得到不应该得到的东西。把形和名合在一起加以对比验证,臣民就会安守本职;丢掉了这种法术而另找办法,这就叫作最大的迷惑。这样,狡猾的百姓就会越来越多,奸邪的臣子就会布满在君主的身旁。所以说:不要使别人过分富裕而使自己去向他借贷,不要使别人地位太尊贵而使自己受到他的威逼,不要专门信任一个人而使自己丧失了都城和国家。小腿比大腿大,就难以疾走快跑。君主如果丢掉了神秘莫测的道术而可以被测知,篡权杀君的老虎就会跟在他的后面。君主如果还不知道,老虎就会有走狗了。君主如果不及早制止,走狗就会增加不停。老虎形成团

群，以弑其母[8]。为主而无臣，奚国之有？主施其法，大虎将怯；主施其刑，大虎自宁。法刑狗[9]信，虎化为人，复反[10]其真。

伙，就会来杀掉君主。做了君主而没有忠于自己的臣子，还能拥有什么国家呢？君主施行他的法令，大老虎就会害怕；君主施行刑罚，大老虎自会服帖。法令、刑罚如果确实执行了，老虎就会变成人，又恢复他做臣子的本色。

注释

1 **因**：凭借。

2 **考**：成。

3 **絫**(lèi)：忧患，指妨碍"道"的主观因素。 **解**：解除。

4 **周**：合。 **刑**：通"形"，指职权。 **名**：指职位。

5 **趣**：通"趋"，快走。 **走**：跑。

6 **为**：有。

7 **蚤**：通"早"。

8 **母**：比喻君主。

9 **狗**：当作"苟"。

10 **反**：通"返"。

原文

欲为其国，必伐其聚；不伐其聚，彼将聚众。欲为其地，必适其赐；不适其赐，乱人求益。彼求我予，假[1]仇人斧；假之不可，彼将用之以伐我。黄

译文

想要治理好自己的国家，一定要铲除臣下的朋党；如果不铲除臣下的朋党，他们将聚集得越来越多。想要管理好自己的田地，一定要使自己的分封、赏赐恰如其分；如果不是按照法令适当地赏赐田地，那么乱臣贼子就会要求增加自己的封地。他们来求取，我就给他们，这就等于把斧头借给了仇人；把斧头借给仇人是不可以的，因为他们将会用它来砍我本人。黄帝有过样的话：

帝[2]有言，曰："上下一日百战。"下匿其私，用试其上；上操度量，以割其下。故度量之立，主之宝也；党与之具，臣之宝也。臣之所不弑其君者，党与不具也。故上失扶寸[3]，下得寻常[4]。有国之君，不大其都；有道之臣，不贵其家。有道之君，不贵其臣；贵之富之，备[5]将代之。备危恐殆[6]，急置太子，祸乃无从起。

"君主和臣下一天内有上百次的冲突。"臣下隐藏起自己的私心，用来试探自己的君主；君主掌握了法度，用来制裁自己的臣子。所以法度的设立，是君主的法宝；朋党的形成，是臣子的法宝。臣下不杀掉君主的原因，是朋党还没有形成。所以君主在执行法度时稍有失误，臣下就会从中获得数十倍的私利。掌握了国家政权的君主，不能让臣下封地的都城扩大；懂得治国原则的臣子，不让自己的家臣显贵。懂得治国原则的君主，不让自己的臣子显贵；因为使臣下高贵富裕，他们具备了条件就将取代君主。要防备国家危亡而害怕自身遭殃，就得赶快设立太子，这样，灾祸就无从发生了。

注释

1 **假：**借。

2 **黄帝：**传说中的远古帝王，约于公元前26世纪初在位。《商君书·画策》说他"内行刀锯（刑罚），外用甲兵"，是一个实行法治的帝王。

3 **扶寸：**古代长度单位，四指之宽为一扶，一指之宽为一寸。

4 **寻常：**古代长度单位，八尺为一寻，二寻为一常。

5 **备：**具备，指具备了贵与富。

6 **备：**防备。 **殆**（dài）**：**危险。

原文

内索出圉[1]，必身自执其度量。厚者亏[2]之，

译文

将人囚禁或把人放出监狱，君主一定要亲自掌握好法度。对于权势过大、俸禄过多的臣子要削减其权势、俸禄，对于权势太小、俸禄太少的臣子要

薄者靡[3]之。亏靡有量，毋使民比周[4]，同欺其上。亏之若月，靡之若热。简令谨诛，必尽其罚。

增加其权势、俸禄。削减和增加臣子的权势、俸禄都要有一定的法度，不要使他们与民众抱成一团，共同来欺骗他们的君主。削减臣子的权势、俸禄，要像月亮亏缺那样逐渐进行；增加臣子的权势、俸禄，要像加热物体那样逐渐加温。君主要简省律令，谨慎惩处，但一定要彻底实施他的刑罚。

毋弛而弓[5]，一栖两雄[6]。一栖两雄，其斗㘖㘖[7]。豺狼在牢[8]，其羊[9]不繁。一家二贵，事乃无功。夫妻持政，子无适从。

不要放松你的弓，否则，一个鸟窝里就会有势均力敌的两只雄鸟。一个鸟窝里有势均力敌的两只雄鸟，它们就会斗得你死我活。豺狼待在羊圈里，那羊圈里的羊就不会增多了。一个家庭有两个主管，做事就没有功效。夫妻共同当家，儿子就不知道去顺从谁了。

注释

1 **内(nà)索**：纳人于绳索，指逮捕犯人。内，通“纳”。**出圄**：出狱，即释放犯人。

2 **亏**：损。

3 **靡**：侈，多。

4 **比周**：勾结。

5 **而**：尔，你。 **弓**：比喻赏罚大权。

6 **栖**：禽鸟歇宿，比喻职位。 **雄**：雄鸟，比喻占据职位的当权者。

7 㘖㘖(yán yán)：猛烈争斗得声嘶力竭的样子。

8 **豺狼**：比喻凶残的官吏。 **牢**：养牲畜的圈。

9 **羊**：比喻民众。

原文

为人君者，数披其木[1]，毋使

译文

做君主的，要经常砍削权贵大臣这棵树，不要使这棵树的枝条茂密，势力强大；这棵树的枝条茂

木枝[2]扶疏；木枝扶疏，将塞公闾，私门将实，公庭将虚，主将壅围。数披其木，无使木枝外拒[3]；木枝外拒，将逼主处。数披其木，毋使枝大本[4]小；枝大本小，将不胜春风；不胜春风，枝将害心[5]。公子[6]既众，宗室[7]忧吟。止之之道，数披其木，毋使枝茂。木数披，党与乃离。掘其根本[8]，木乃不神。填其汹渊[9]，毋使水清[10]。探[11]其怀，夺之威。主上用之，若电若雷。

密，势力强大，将会堵住君主的宫门，大臣的门下将得到充实，君主的朝廷上将会空虚，君主将被壅蔽、围困。君主一定要经常砍削权贵大臣这棵树，不要使这棵树的枝条向外延伸，势力向外蔓延；这棵树的枝条向外延伸，势力向外蔓延，将会逼迫君主的住处。君主一定要经常砍削权贵大臣这棵树，不能使大臣的势力大而君主的势力小；大臣的势力大而君主的势力小，君主的权势将经受不了政治风波的袭击；君主的权势经受不了政治风波的袭击，大臣将会杀害君主。公子已经人多势众，那么嫡长子一系的家族就会忧虑而哀叹了。阻止祸患的办法，就是经常砍削权贵大臣这棵树，不能使大臣势力强大。权贵大臣这棵树经常被砍削，公子与大臣结成的朋党就会分崩离析。铲除了祸根，权贵大臣这棵树就没有了精神。捣毁那气势汹汹的贼窝，不要让祸水泛滥成灾。要摸清奸臣的胸怀，剥夺他们的权威。君主要使用自己的权势，果断得像闪电、雷击。

注释

1 **数**(shuò)**：**屡次。 **披：**砍削。 **木：**喻指权贵大臣。

2 **枝：**喻指权贵大臣的势力。

3 **外拒：**外推。

4 **本：**接近根部的树干，比喻君主的势力。

5 **心：**树干的中心，比喻全国的核心，即君主本身。

6 **公子：**君主的儿子，除太子外，都称公子，包括正妻生的次子及妾生的儿子。

7 **宗室:**古代宗法制中有大宗、小宗之别。嫡长子一系为大宗,其家称“宗室”,嫡长子又称为“宗子”“世子”,具有继位权;其余的儿子称“公子”,为小宗,除了宗子无后嗣而由弟弟继承其位(所谓“袭”)外,一般没有继位权。

8 **根本:**偏指“根”,即树根,喻指祸根。本,为连类而及之词,无实义。

9 **渊:**深潭,比喻奸党会聚之处。

10 **清:**激,奔腾,比喻奸党气焰嚣张。

11 **探:**探测。

八 奸

导读

八奸,就是八种奸术,指奸臣对君主的权力进行巧取豪夺的八种阴谋手段。它是一篇专门论述治奸术的文章。

要杜绝奸术,首先得了解形形色色的奸术。文章第一段便从现实中归纳出了八种奸术:“同床”——贿赂君主的妻妾来求得自己的私欲,“在旁”——利用君主的左右亲信来说情,“父兄”——利用宗族大臣来附议,“养殃”——用物质享乐来腐蚀君主,“民萌”——用小恩小惠来收买民心,“流行”——豢养能辩之人来制造舆论,“威强”——用暗杀来制造恐怖气氛,“四方”——投靠外国来威慑国君。接下来第二段便针对这八种奸术提出了相应的防范措施。最后一段,韩非提出了用“官职爵禄”来“进贤材劝有功”的政治主张,以便从根本上杜绝奸臣、奸术的发生,同时也揭露了当时严峻的政治现实,以便引起君主对治奸问题的高度重视。

原文

凡人臣之所道成奸[1]者有八术：

一曰在[2]“同床”。何谓“同床”？曰：贵夫人，爱孺子[3]，便僻[4]好色，此人主之所惑也。托于燕处之虞[5]，乘醉饱之时，而求其所欲，此必听之术也。为人臣者内事之以金玉，使惑其主，此之谓“同床”。

二曰“在旁”。何谓“在旁”？曰：优笑侏儒[6]，左右近习，此人主未命而唯唯，未使而诺诺，先意承旨，观貌察色以先主心者也。此皆俱进俱退、皆[7]应皆对、一辞同轨以移主心者也。为人臣者内事之以金玉玩好，

译文

大凡臣子用来使他们的罪恶、阴谋得逞的手段有八种：

第一叫作“同床”。什么叫作“同床”？就是：高贵的皇后夫人，得宠的姬妾妃子，善于逢迎谄媚的美女，这些都是君主所醉心的。让她们依靠君主退朝后和她们同居时的欢乐，趁君主酒醉饭饱的时候，来求取她们想要的东西，这是一种使君主一定能听从的手段。做臣子的在暗中用金玉珍宝来奉承、贿赂她们，让她们去蛊惑君主，这就叫作“同床”。

第二叫作“在旁”。什么叫作“在旁”？就是：供君主取乐能使人发笑的滑稽演员和矮人，君主身边的侍从和亲信，这些都是君主还没有下令就说“是是是”，还没有使唤他们就说“好好好”，在君主的意思还没有表达出来之前就能奉承君主的意图，能靠察颜观色来事先揣摩君主心意的人啊。这些又都是进一起进，退一起退，共同应诺，共同回答，靠统一口径和一致行动来改变君主主意的人啊。做臣子的在暗中用金银玉器、珍贵的玩物奉承、贿赂他们，在外面替他们干非法的事，然后让他们腐蚀、改造他们的君主，这就叫作“在旁”。

第三叫作“父兄”。什么叫作“父兄”？就是：君主的兄弟、儿子，是君主亲近宠爱的人；权贵大臣、朝廷上的官吏，是和君主一起谋划国家大事的人。这些都是竭尽全力一起议论而君主一定

外为之行不法，使之化其主，此之谓“在旁”。

三曰“父兄”。何谓“父兄”？曰：侧室公子[8]，人主之所亲爱也；大臣廷吏，人主之所与度计也。此皆尽力毕议、人主之所必听也。为人臣者事公子侧室以音声子女，收大臣廷吏以辞言，处约[9]言事，事成则进爵益禄，以劝其心，使犯其主，此之谓“父兄”。

四曰“养殃”。何谓“养殃”？曰：人主乐美宫室台池，好饰子女狗马以娱其心，此人主之殃也。为人臣者尽民力以美宫室台池，重赋敛以饰子女狗马，以娱其主而乱其心，从其所欲，而树私利其间，此谓“养殃”。

五曰“民萌”[10]。何谓“民萌”？曰：为人臣者散公财以说[11]民人，行小惠以取百姓，使

能听从的人。做臣子的用动听的音乐和美丽的少女来侍奉、讨好君主的儿子和兄弟，用花言巧语来笼络、收买权贵大臣和朝廷上的官吏，和他们订立盟约，叫他们按他的意图去给君主谋划事情，事情如果成功，就答应给他们晋级加薪，用这种方法来鼓他们的劲，使他们去干扰他们的君主，这就叫作“父兄”。

第四叫作“养殃”。什么叫作“养殃”？就是：君主喜欢修筑、美化宫殿房屋、亭台楼阁、池塘园林，爱好装饰、打扮少女和狗、马来寻欢作乐，这是君主的祸殃啊。做臣子的用尽民力来修筑、美化宫殿房屋、亭台楼阁、池塘园林，加重赋税来装饰、打扮少女和狗、马，以使使他们的君主寻欢作乐而神魂颠倒，他们顺从了君主的欲望而在修饰亭台楼阁和美女、狗、马的过程中大捞油水，这就叫作“养殃”。

第五叫作“民萌”。什么叫作“民萌”？就是：做臣子的挥霍公家的财物来讨好民众，施行小恩小惠来收买百姓，使朝廷和城市、乡村的人都称赞自己，用这种办法来蒙蔽他们的君主而使他们的欲望得逞，这就叫作“民萌”。

第六叫作“流行”。什么叫作“流行”？就是：君主本来就阻塞他的言路，很少去听取别人的议论，所以很容易被动听的游说

朝廷市井皆劝誉己，以塞其主而成其所欲，此之谓“民萌”。

六曰“流行”。何谓“流行”？曰：人主者，固壅其言谈，希[12]于听论议，易移以辩说。为人臣者求诸侯之辩士，养国中之能说者，使之以语其私——为巧文之言、流行之辞，示之以利势，惧之以患害，施属虚辞以坏其主[13]，此之谓“流行”。

七曰“威强”。何谓“威强”？曰：君人者，以群臣百姓为威强者也。群臣百姓之所善，则君善之；非群臣百姓之所善，则君不善之。为人臣者，聚带剑之客，养必死之士，以彰其威，明为己者必利，不为己者必死，以恐其群臣百姓而行其私，此之谓“威强”。

八曰“四方”。何谓“四方”？曰：君人者，国小则事大国，兵弱则畏强兵。大国之所索，小国必听；强兵之所加，弱兵必服。为人臣者，重

打动而改变主意。做臣子的就搜罗各国能言善辩的说客，收养国内能说会道的人，派他们为自己的私利去向君主进说——让他们设计巧妙的话语和流利圆通的言辞，用有利的形势来启发君主，用灾难祸害来恐吓君主，杜撰虚假的言辞来损害君主，这就叫作“流行”。

第七叫作“威强”。什么叫作“威强”？就是：统治民众的君主，是靠群臣百姓来形成强大的威势的。群臣百姓认为好的，君主就认为好；群臣百姓认为不好的，君主也就认为不好。做臣子的，聚集携带刀剑的侠客，豢养亡命之徒，借此来显示自己的威势，说明帮他的人一定会有好处，不帮他的人一定会被杀死，用这个来恐吓群臣百姓而谋求私利，这就叫作“威强”。

第八叫作“四方”。什么叫作“四方”？就是：当君主的，自己国家小就得侍奉大国，兵力弱小就害怕强大的军队。大国的勒索，小国一定会听从；劲旅压境，弱小的军队一定会屈服。做臣子的，加重赋税，耗尽国库，挖空自己的国家去侍奉大国，而利用大国的威势来勾引诱惑自己的君主，厉害的，还发动大国的军队聚集在边境上

赋敛，尽府库，虚其国以事大国，而用其威求诱其君，甚者举兵以聚边境而制敛于内，薄者数内大使以震其君，使之恐惧，此之谓“四方”。

凡此八者，人臣之所以道成奸，世主所以壅劫失其所有也，不可不察焉。

来挟持君主，轻一点的，便屡次招引大国的使者来恐吓自己的君主，使君主害怕，这就叫作“四方”。

大凡这八种方法，是臣子用来使他们的阴谋得逞的手段，也是当代君主受蒙蔽、胁迫以致丧失了自己所拥有的权势的原因，这是君主不可不仔细审察的啊。

注释

1 **成奸**：成就邪恶，使邪恶得逞。

2 **在**：衍文。

3 **孺子**：年轻美貌而地位又次于夫人的姬妾。

4 **便僻**(pián bì)：即“便嬖”，善于阿谀逢迎而得到君主宠爱的人。

5 **燕**：通“宴”，安逸，安闲。 **虞**：通“娱”。

6 **优**：俳优，以歌舞诙谐为业供人娱乐的艺人。 **侏儒**：供人取乐的矮人。

7 **皆**：通“偕”，与“俱”同义。

8 **侧室公子**：君主的家族中，除宗室(有继位权的嫡长子一系的家族)以外，都称为侧室。君主的儿子中，除太子以外，都称为“公子”。此“侧室公子”指君主的兄弟及没有继位权的儿子。

9 **处约**：订立盟约。处，定。

10 **民萌**：泛指民众。萌，通“氓”。

11 **说**：通“悦”。

12 **希**：后作“稀”，罕有。

13 **施**：设置，编造。 **属**(zhǔ)：连缀。

原文

明君之于内也，娱其色而不行其谒，不使私请。

其于左右也，使其身必责其言，不使益辞。

其于父兄大臣也，听其言也必使以罚任[1]于后，不令妄举。

其于观乐玩好也，必令之有所出，不使擅进、不使擅退、群臣虞其意[2]。

其于德施也，纵禁财、发坟仓、利于民者[3]，必出于君，不使人臣私其德。

其于说议也，称誉者所善，毁疵者所恶，必实其能，察其过，不使群臣相为语。

其于勇力之士也，军旅之功无逾赏，邑[4]斗之勇无赦罪，不使群臣行私财。

译文

英明的君主对于宫内的皇后、爱妃，玩弄她们的美色而不听从她们的请求，不让她们私下里有所于求。

英明的君主对于左右侍从，在使用他们的时候一定要严格督责他们的言论，不让他们夸大其词。

英明的君主对于叔伯、兄弟、权贵大臣，在听取他们的意见的时候，一定使他们对于后果承担法律责任，不让他们胡乱建议。

英明的君主对于观赏娱乐的珍贵玩物，一定让它们有正当的出处，不让大臣们擅自进献、擅自裁减，也不让大臣们来讨自己的欢心。

英明的君主对于恩惠的施行，诸如发放君主府库中的财物，动用国家粮仓中的粮食等有利于民众的事，一定出自君主的决定，不让臣下将这些恩德归于自己。

英明的君主对于臣下的进说议论，不论是赞誉的人所赞美的人，还是诋毁别人缺点的人所丑化的人，一定要去核实他们的才能，考察他们的错误，不让群臣互相吹捧或诽谤。

英明的君主对于勇敢强劲的斗士，对他们在军队作战中的功劳不破格奖赏，对他们在乡间私斗中的不法行为不赦免罪过，不让群臣利用个人的财富收买勇士来谋求私利。

英明的君主对于诸侯各国的要求与勒

其于诸侯之求索也，法则听之，不法则距之。[5]

索，合法的就听从他们，不合法的就拒绝他们。

注释

1 **任：**担保，承担责任。

2 **不使擅进、不使擅退、群臣虞其意：**当作“不使擅进擅退，不使群臣虞其意”。虞，通“娱”。

3 **禁：**皇宫。 **坟：**大。

4 **邑：**地点状语，在乡邑中。

5 **距：**通“拒”。此段以“明君之于”和“其于”（相当于“明君之于”）分别引出对八种奸术的防范措施。

原文

所谓亡君者，非莫有其国也，而有之者皆非己有也。令臣以外为制于内，则是君人者亡也。听大国为救亡也，而亡亟[1]于不听，故不听。群臣知不听，则不外[2]诸侯；诸侯之不听，则不受之臣诬其君[3]矣。

译文

被称为亡国之君的人，并非没有了他的国家，而是有了国家也不属于他自己掌管。让臣下利用外国的势力对国内实行控制，那么这个统治者就是亡国之君了。听从大国来挽救自己的灭亡，那灭亡比不听从更快，所以不应当听从大国。群臣知道君主不会听从大国，那就不会向外勾结诸侯了；诸侯不被听从，那就不会把那些听从大国能救亡的邪说付与这些臣子去欺骗他们的国君了。

注释

1 **亟(jí)：**急。

2 **外：**外交。

3 **不受之臣诬其君：**即“不授意于此臣以诬其君”。受，后作“授”。之，指听从大国可以救亡的说法。诬，欺骗。

原文

明主之为官职爵禄也，所以进贤材劝有功也。故曰：贤材者处厚禄，任大官；功大者有尊爵，受重赏。官贤者量其能，赋禄者称其功[1]。是以贤者不诬能[2]以事其主，有功者乐进其业，故事成功立。今则不然，不课[3]贤不肖、论有功劳，用诸侯之重[4]，听左右之谒，父兄大臣上请爵禄于上，而下卖之以收财利及以树私党。故财利多者买官以为贵，有左右之交者请谒以成重。功劳之臣不论，官职之迁失谬。是以吏偷官而外交[5]，弃事而财亲[6]。是以贤者懈怠而不劝，有功者隳而简其业[7]，此亡国之风也。

译文

英明的君主设置官职、爵位、俸禄，是要用它们来提拔有才能的人、勉励有功劳的人。所以说：有才能的人就应得到丰厚的俸禄，做大官；功劳大的人就应拥有尊贵的爵位，受重赏。使贤能的人当官时一定要衡量他的才能，授予俸禄时一定要衡量他的功劳。因此，有才能的人不去追求与自己的才能不相匹配的高官要职来为他们的君主服务，有功劳的人乐于向君主进献自己的功业，所以君主的事业能成就，功名能建立。现在却不是这样，君主不去考核官吏是否有德才，不去评定他们是否有功劳，而是任用各国诸侯器重的人，听从左右近臣的请求，于是叔伯、兄弟、权贵大臣在上面向君主求取爵位、俸禄，在下面又出卖它们来搜刮钱财货物并培植私党。所以财货多的人就靠买官而成了尊贵的人，同君主的左右近臣有交往的人就靠近臣的请求而成了有权势的人。有功劳的臣子得不到应有的评定，官职的升迁又失误错乱。因此官吏都敷衍塞责而与国外诸侯结交，以便让诸侯器重自己；又不顾自己的职事而只在财物上兜圈子，以便用它们去贿赂左右近臣。因此有才能的人便变得松懈、懒惰而不肯卖力，有功劳的人也懒散起来而抛弃了自己的事业，这是亡国的风气啊。

注释

1 **赋**:授予。 **称**:衡量。

2 **诬能**:自己没有才能而说成有才能,即以低能、小功去获取高官厚禄。诬,欺骗,不实事求是。

3 **课**:考核。

4 **重**:权势。

5 **偷**:苟且。 **官**:职位,职守。

6 **财**:用作状语,在财货方面。 **亲**:爱,贪图。

7 **隳**:通“惰”。 **简**:弃。

孤 愤

导读

孤愤,即孤独与愤慨。韩非以其孤独之感抒发了对现实的愤慨之情,反映了当时严峻的政治现实与法术之士的艰难处境。

韩非首先分析了法术之士与“当涂之人”尖锐对立的根本原因。由于法术之士“远见而明察”,“强毅而劲直”,将“烛重人之阴情”,“矫重人之奸行”,所以他们与掌握重权的“当涂之人”一定是不共戴天的仇敌。

接着,韩非揭示了当时严峻的政治现实:“当涂之人”手握大权,所以“外内为之用”而把君主给蒙蔽了,再加上他们善于“即主心、同乎好恶”,所以受到了君主的信任和重用。法术之士不但没有“信爱之亲、习故之泽”而“处势卑贱,无党孤特”,而且还要“以法术之言矫人主阿辟之心”,而君主又都“听左右近习之言”,结果法术之士“不僇于吏诛,必死于私剑”。由于“奸邪之臣”“朋党比周以弊主,言曲以便私”,因而获得了权臣的赏识和重用,结果使得“主上愈卑,私门益尊”,君主危在旦夕。这种极为尖锐激烈的政治斗争与严峻的政治现实，实是对政治黑暗时期的社会政治情况所作的典型概括。因此，本文不但对我们了解那个时代的历史状况具有极大的价值，而且对我们研究政治学也具有一定的借鉴意义。

最后，韩非把人臣的“大罪”归咎于君主的“大失”，并进一步从君臣之间的利害关系入手提醒君主：“臣主之利与相异者也。”所以，君主应该提防臣子“谲主便私”，以避免“主上卑而大臣重”的结局。

原文

智[1]术之士，必远见而明察，不明察，不能烛私；能法之士，必强毅而劲直，不劲直，不能矫奸。人臣循令而从事，案[2]法而治官，非谓重人也。重人也者，无令而擅为，亏法以利私，耗国以便家，力能得其君，此所为[3]重人也。智术之士明察，听用，且烛重人之阴情；能法之士劲直，听用，且矫重人之奸行。故智术能法之士用，则贵重之臣必在绳之外矣。是智法之士与当涂之人[4]，不可两存之仇也。

译文

懂得统治术的人，目光一定远大而且能明察秋毫，如果不能明察秋毫，那就不能洞察营私舞弊的阴谋诡计；能够执行法令的人，一定坚强果断而刚劲正直，如果不刚劲正直，那就不能纠正违法乱纪的罪恶活动。臣子遵照君主的命令来参与政事，按照法令来履行职责，这并不是我所说的权臣啊。权臣这种人，不顾君主的命令而擅自行动，破坏了国法来使自己得利，破费了国家财富来便利家邑，权势能够控制住君主，这才是我所说的权臣。懂得统治术的人能明察秋毫，如果被君主听信而任用，就将洞察权臣的阴谋；能够执行法令的人刚劲正直，如果被君主听信而任用，就将纠正权臣违法乱纪的罪恶活动。所以通晓统治术、能够执行法令的人如果被任用，那么这种地位高贵掌握大权的权臣一定是在法律的准绳之外要被铲除了。这样看来，精通统治术以及执行法令的法术之士与当道掌权的权臣，是不可能同时并存的仇敌啊。

注释

1 **智:**通“知”。

2 **案:**通“按”。

3 **为:**通“谓”。

4 **智法之士:**“智术能法之士”的省称,统指法术之士。 **当涂:**当道,掌权。涂,通“途”。

原文

当涂之人擅事要,则外内为之用矣。是以诸侯不因,则事不应,故敌国为之讼[1];百官不因,则业不进,故群臣为之用;郎中不因,则不得近主,故左右[2]为之匿;学士不因,则养禄薄礼卑,故学士为之谈也。此四助者,邪臣之所以自饰也。重人不能忠主而进其仇,人主不能越四助而烛察其臣,故人主愈弊[3]而大臣愈重。

译文

当今掌权的权臣独揽了处理国家政事的机要大权,那么国外的诸侯和国内的大臣都要为他效劳了。这是因为:各国诸侯如果不依靠他,那么到他的国家里办事就不会被答应,所以和他匹敌的国家都为他歌功颂德;群臣百官如果不依靠他,那么职务就得不到晋升,所以群臣百官都为他奔走效劳;服侍君主的郎中如果不依靠他,那么就不能够接近君主,现在依靠了他而当上了君主身边的侍从,所以那些君主身边的侍从也都为他隐瞒罪行;学者如果不依靠他,那么不但给养、薪俸微薄,而且在礼节上的待遇也低下,所以学者也都为他吹捧。诸侯、群臣、郎中、学者这四种帮凶,是奸邪的权臣用来粉饰自己的工具。权臣不能忠于君主而推荐自己的仇敌——法术之士,君主不能越过这四种帮凶来洞察他手下的权臣,所以君主受到的蒙蔽越来越深而权臣的权势越来越大。

注释

1 **敌国:**力量匹敌的国家,指诸侯。 **讼:**通“颂”。

2 **左右**:君主身边的侍从,此指郎中。

3 **弊**:通“蔽”。

原文

凡当涂者之于人主也,希不信爱也,又且习故。若夫即主心、同乎好恶,固其所自进也。官爵贵重,朋党又众,而一国为之讼。则法术之士欲干上者[1],非有所信爱之亲、习故之泽也,又将以法术之言矫人主阿辟之心[2],是与人主相反也。处势卑贱,无党孤特。夫以疏远与近爱信争,其数[3]不胜也;以新旅与习故争,其数不胜也;以反主意与同好争,其数不胜也;以轻贱与贵重争,其数不胜也;以一口与一国争,其数不胜也。

译文

凡是掌权的权臣在君主那里,是很少不被信任宠爱的,而且又是君主熟悉的故旧,至于迎合君主的心意、爱好和厌恶,本来就是他们用来进身的手段。他们官职重要权力大、爵位显贵地位高,党羽又多,因而全国都为他们说好话。而想求得君主任用的法术之士,既没有被信任宠爱的亲密关系,又没有熟悉的故旧那种恩泽,还将用法术的理论去矫正君主偏袒邪恶的思想,这是与君主互相反对的。他们所处的地位又十分低下,也没有党羽,孤独无依。拿关系疏远的人与关系亲近、受到宠爱信任的人相争,从情理上来说,是不会取胜的;拿新来的游子与熟悉的故旧相争,从情理上来说,是不会取胜的;拿违反君主心意的人与迎合君主爱好的人相争,从情理上来说,是不会取胜的;拿职务轻微、地位卑贱的人与地位高贵、官职重要的人相争,从情理上来说,是不会取胜的;拿孤立无援的一张嘴与全国都为他说好话的人相争,从情理上来说,是不会取胜的。法术之士处在这五种不能取胜的形势下,而且时间长得用年来计算也还不能够见到君主;而掌权的权臣凭借着这五种能取胜的条件,早晨、晚上每时每刻都能在君主面前单独劝说。所以

法术之士操五不胜之势，以岁数而又不得见；当涂之人乘五胜之资，而旦暮独说于前。故法术之士奚道得进，而人主奚时得悟乎？故资必不胜而势不两存，法术之士焉得不危？其可以罪过诬者，以公法而诛之；其不可被以罪过者，以私剑而穷之。是明法术而逆主上者，不僇[4]于吏诛，必死于私剑矣。朋党比周以弊主，言曲以便私者，必信于重人矣。故其可以功伐借者，以官爵贵之；其不可借以美名者，以外权重之。是以弊主上而趋于私门者，不显于官爵，必重于外权矣。今人主不合参验[5]而行诛，不待见功而爵禄，故法术之士安能蒙死亡而进其说？奸邪之臣安肯乘利而退其身？故主上愈卑，私门益尊。

法术之士靠什么门路才能够得到任用，而君主到什么时候才能够醒悟呢？所以，法术之士凭借的条件一定不能取胜而客观的形势又决定了他们不能与权臣同时并存，那么法术之士哪能不危险呢？他们之中可以用罪名来加以诬陷的，就凭借国家的法律来把他们杀掉；他们之中不能强加以罪名的，就用私门豢养的刺客来了结他们。这样看来，精通法术而违背君主心意的人，不被杀于官吏的惩处，就一定死于刺客的暗杀了。而那些拉帮结派紧密勾结来蒙蔽君主、花言巧语歪曲事实来使权臣得利的人，就一定会被权臣信任了。所以他们之中可以用功劳作为凭借的，就用封官加爵的办法来使他们显贵；其中不可以用美好的名声作为凭借的，就利用外国诸侯的势力来使他们担任重要的职务。因此，那些蒙蔽君主而投奔到权臣门下的人，不是因为封官晋爵而获得显贵，就必定由于外国诸侯的势力而得到了重用。现在君主不用事实来核验就行使刑罚，不等见到臣下的功劳就给予爵位、俸禄，所以法术之士怎么能冒着死亡的危险来进献他们的主张？奸诈邪恶的权臣又哪里肯处在有利的时机而罢手引退呢？所以君主的地位越来越低下，而权臣的地位越来越尊贵。

注释

1 **则:**而,可是。 **干:**求。

2 **阿**(ē)**:**偏袒。 **辟:**通“僻”,邪恶,指权臣的罪恶。

3 **数:**定数,常规,情理。

4 **僇:**通“戮”。

5 **合参验:**用事实来比较验证。这是韩非提倡的形名术。

原文

夫越虽国富兵强,中国之主皆知无益于己也,曰:“非吾所得制也。”今有国者虽地广人众,然而人主壅蔽,大臣专权,是国为越也。智[1]不类越,而不智不类其国,不察其类者也。人主所以谓齐亡者[2],非地与城亡也,吕氏弗制而田氏用之也;所以谓晋亡[3]者,亦非地与城亡也,姬氏不制而六卿专之也。今大臣执柄独断,而上弗知收,是人主不明也。与死人同病者,不可

译文

越国虽然国富兵强,中原各国的君主也都知道它对自己没有什么益处,他们都解释其中的缘由说:“那不是我所能控制得了的。”现在拥有国家的君主虽然其国家地大物博、人口众多,然而君主被蒙蔽,大臣独揽大权,这样的话,自己的国家也就成了越国了,它不再是君主所能控制得了的了。君主知道自己的国家不像越国那样遥远而无法控制,却不知道自己的国家现在被大臣专权已经不像自己的国家,这是不明了自己的国家与越国的相似啊。人们所以说齐国灭亡了,并不是指它的土地和城市被消灭了,而是指原来统治齐国的吕氏已经不能控制它而田氏统治了它;所以说晋国灭亡了,并不是指它的土地和城市被消灭了,而是指原来统治晋国的姬氏不能控制它而范氏、中行氏、智氏、赵氏、韩氏、魏氏等六卿霸占了它。现在大臣掌握了国家大权而独断专行,但君主却不知道收回大权,这是君主不英明的表现啊。与死人患了同一种毛病的人,不可能活下去;与

生也；与亡国同事者，不可存也。今袭迹于齐、晋，欲国安存，不可得也。

灭亡了的国家采取同样做法的国家，不可能存在下去。现在沿着齐国、晋国的老路而重蹈覆辙，想使国家安全地存在下去，是不可能的。

注释

1 **智**：通“知”。

2 **主**：当作“之”。 **齐亡**：西周初，周武王把齐国封给姜太公吕尚，后为吕尚后代世袭，所以是吕氏之国。公元前 481 年田常杀死齐简公吕壬而拥立齐平公，自己任相国而控制了齐国的政权，吕氏之国名存实亡，故称“齐亡”。亡，指不能控制政权。

3 **晋亡**：晋原为周成王之弟叔虞的封国，周是姬姓，晋国为姬姓世袭，所以为姬氏之国。晋顷公十二年(前 514)，赵氏、韩氏、魏氏、智氏、范氏、中行(háng)氏等六卿诛灭晋国宗族，夺取姬氏宗族的封地，各任命自己的儿子为大夫。这样，晋国的政权完全控制在六卿手中，晋侯已名存实亡。

原文

凡法术之难行也，不独万乘，千乘亦然。[1]人主之左右不必智也，人主于人有所智而听之，因与左右论其言，是与愚人论智也；人主之左右不必贤也，人主于人有所贤而礼之，因与左右论其行，是与不肖论

译文

大致说来，法术难以推行，不仅拥有万辆兵车的大国是这样，就是拥有千辆兵车的小诸侯国也是这样。君主身边的近臣不一定聪明，但君主在人们中间发现了自己认为是有智慧的人而听取他们的意见时，却还要和身边的近臣评论他们的意见，这便是和愚蠢的人来评论聪明的人了；君主身边的近臣不一定贤能，但君主在人们中间发现了自己认为是贤能的人而礼遇、尊重他们的时候，却还要和身边的近臣评论他们的德行，这便

贤也。智者决策于愚人，贤士程行于不肖，则贤智之士羞而人主之论悖矣。人臣之欲得官者，其修士且以精洁[2]固身，其智士且以治辩[3]进业。其修士不能以货赂事人，恃其精洁；而更[4]不能以枉法为治：则修智之士不事左右、不听请谒矣。人主之左右，行非伯夷[5]也，求索不得，货赂不至，则精辩之功息，而毁诬之言起矣。治辩之功制于近习，精洁之行决于毁誉，则修智之吏废，则人主之明塞矣。不以功伐决智行，不以叁伍审罪过，而听左右近习之言，则无能之士在廷，而愚污之吏处官矣。

是和没有德才的人来议论有德才的人了。有智慧的人要由愚蠢的人来裁决自己的计谋，有德才的人要由无能之辈来评定自己的德行，那么有德才、有智慧的人就会感到耻辱，而君主的论断也就必然是谬误的了。臣子中想得到官位的人，那些道德修养高尚的人将以清白廉洁来约束自己，那些有智慧的人将以为政清明来使自己的功业有所长进。那些道德修养高尚的人不会用贿赂去侍奉权臣，依仗着自己的清白廉洁；而那些有智慧的人，更不可能用违反法令的手段来处理政事：这样看来，品德高尚以及有智慧的人就不会去侍奉君主身边的近臣，也不会接受私下的请托了。君主身边的近臣，品行并不像伯夷那样清高、廉洁，他们求取勒索的东西没有得到，财物没有送来，那么有智之士清白廉洁、为政清明的功绩就会被他们抹杀，而毁谤诬陷的言论也就产生了。为政清明的功绩被君主身边的亲信所控制，清白廉洁的品行得由这些亲信们的诋毁或吹捧来判断，那么品德高尚以及有智慧的官吏就要被罢免，而君主的明察也就会被蔽塞了。不根据功劳来评定臣下的智慧和德行，不通过多方面的比较、检验来审查罪行和过错，而一味听从身边亲信的话，那么无能之辈就会在朝廷中掌权，而愚蠢、腐败的小吏就会占据大官的职位了。

注释

1 **万乘**(shèng):拥有万辆兵车的国家,泛指大的诸侯国。 **千乘:**指小的诸侯国。

2 **精洁:**精粹纯洁。

3 **治辩:**办事分明,指不枉法。辩,通“辨”。

4 **更:**上脱“其智士”三字。

5 **伯夷:**商朝末年孤竹国(在今河北卢龙南)国君的长子。开始时,孤竹君让伯夷的弟弟叔齐做自己的继承人。孤竹君死后,叔齐把王位让给伯夷,伯夷不接受。两人都不肯当君主,便投奔周文王。后来周武王起兵伐纣,他们认为武王这样做是不孝不仁。武王灭商,他们认为这是奇耻大辱,于是就逃避到首阳山(位于今山西永济西南),坚持道义,不吃周朝之粟,采薇而食,结果饿死在首阳山下。古代把伯夷、叔齐视为讲求道义、清高廉洁的典范,韩非沿袭了这种说法。

原文

万乘之患,大臣太重;千乘之患,左右太信:此人主之所公患也。且人臣有大罪,人主有大失,臣主之利与相异者也。何以明之哉?曰:主利在有能而任官,臣利在无能而得事;主利在有劳而爵禄,臣利在无功而富贵;主利在豪杰使能,臣利

译文

拥有万辆兵车的大国的祸患,是人臣的权势太重;拥有千辆兵车的小国的祸患,是君主对身边的近臣太信任:这是君主们共同的忧患啊。况且臣子有了严重的罪行,是因为君主有了重大的失误,臣子和君主之间的利害关系是不同的。凭什么来说明这一点呢?那就是:君主的利益在于谁有才能就任命他当官,臣子的利益在于没有才能而得到官职;君主的利益在于谁有了功劳就给他爵位和俸禄,臣子的利益在于没有功劳而富裕高贵;君主的利益在于发现豪杰而使用他们的才能,臣子的利益在于拉帮结派而任用自己的党羽。因此,君主的国土被侵占割削而大臣的家邑反而富裕,君主的地位十分低下

在朋党用私。是以国地削而私家富，主上卑而大臣重。故主失势而臣得国，主更称蕃臣而相室剖符[1]。此人臣之所以谲主便私也。故当世之重臣，主变势而得固宠者[2]，十无二三。是其故何也？人臣之罪大也。臣有大罪者，其行欺主也，其罪当[3]死亡也。智士者远见而畏于死亡，必不从重人矣；贤士者修廉而羞与奸臣欺其主，必不从重臣矣。是当涂者之徒属，非愚而不知患者，必污而不避奸者也。大臣挟愚污之人，上与之欺主，下与之收利侵渔，朋党比周，相与一口，惑主败法，以乱士民，使国家危削，主上劳辱，此大罪也。臣有大罪而主弗禁，此大失也。使其主有大失于上，臣有大罪于下，索

而大臣的地位反而重要。所以君主失去了权力和威势而大臣控制了国家，君主改称自己为受封的藩臣而执政的相国行使君权剖分信符来任命官吏、发号施令。这就是臣下欺诈君主、谋取私利的目的啊。所以当代掌握了大权的大臣，在君权更替、新的君主掌握大权以后还能得到原有的尊宠的，十个里面还不到两三个。这样的情况，它的缘故是什么呢？是因为这种臣子的罪恶太严重了。犯有严重罪行的臣子，他们的罪状是欺骗君主，他们的罪责应当判处死刑。聪明的人目光远大而害怕死亡，一定不会追随权臣了；贤能的人品德美好、廉洁而认为和奸臣一起去欺骗他的君主是可耻的，也一定不会追随权臣了。这样看来，那些当权之人的党徒部属，不是愚蠢而不懂得祸患的傻瓜，就一定是贪污腐败而不回避作恶的亡命之徒。权臣挟持了这些愚蠢腐败的人，向上和他们一起欺骗君主，向下与他们一起搜刮、贪污、侵害、掠夺百姓的钱财，结成死党，狼狈为奸，互相统一口径，随声附和，迷惑君主，破坏法制，以此来扰乱民众，使国家危急、国土被侵占割削，君主忧劳屈辱，这是严重的罪行啊。臣下有了严重的罪行而君主却不去禁止，这是重大的失误啊。假使一个国家的君主在上面有这样大的失误，而臣子在下面有这样大的罪恶，想要求得国家不灭亡，

国之不亡者，不可得也。 | 是不可能的。

注释

1 **蕃**：通“藩”，王朝的属国，诸侯国。 **相室**：指相国。

2 **主变势**：君主改变了权势。 **固**：通“故”。

3 **当**：判决，判处。

说　难

导读

说(shuì)难，即游说的困难。文章论述了游说君主的困难，并详尽地揭示了游说成败的经验教训，提出了相应的游说方法。

韩非首先指出，游说的困难，在于如何去迎合君主的心理。如果不合君主胃口，那么游说者就会被君主“弃远”，甚至有生命危险。他详细地总结了游说中的失败教训，其中与名利有关的游说有四难，涉及君主隐私和情面的游说有七难，与君主论人的游说有四难，与繁简有关的游说有四难。

从“凡说之务”开始，韩非阐述了游说的各种具体方法，其中为君主文饰过端之务有三，暗中为君主谋划之务有四，维护君主自尊心之务有五，而其要点则在说者“知饰所说之所矜而灭其所耻”，以博取君主的欢心。等到“周泽既渥，深计而不疑，引争而不罪”的时候，就可以“极骋智辩”，“明割利害以致其功，直指是非以饰其身”，取得游说的成功。

最后，韩非再次强调：为了达到游说的成功，“谏说谈论之士，不可不察爱憎之主而后说”。

韩非论述的游说之术，虽然其目的是“听用而振世”，反映了当时法术之士的积极进取精神，与《孤愤》中“重人”的“谲主便私”和《奸劫弑臣》中“奸臣”的“欺主成私”截然不同，但无论如何，这种进身之术，与《孤愤》中所批判的“重人”“即主心，同乎好恶”以及《奸劫弑臣》中所批判的“奸臣皆欲顺人主之心以取亲幸之势”的奸臣之道相差无几，它们都是专制政治的产物。

韩非虽然对游说的诀窍很有研究，但他出使秦国后上书秦王却未成功，可见向君主进说的确很难。司马迁进说汉武帝也遭了殃，所以对韩非之死深表同情，因而把《说难》全文录入了《史记·老子韩非列传》，其文字虽略有差异，但其影响更大。

原文

凡说[1]之难：非吾知之有以说之之难也，又非吾辩之能明吾意之难也，又非吾敢横失[2]而能尽之难也。凡说之难：在知所说之心，可以吾说当之。

所说出于为名高者也，而说之以厚利，则见下节而遇卑贱[3]，必弃远矣。所说出于厚利者也，而说之以名高，

译文

大凡游说的困难：不是我能否了解事理从而拥有用来说服君主的论据这样的困难，也不是我辩说、分析事理从而阐明我的主张这样的困难，也不是我能否敢于毫无顾忌从而能够把我所知道的事理全部讲出来这样的困难。大凡游说的困难：在于了解被劝说的君主的心理，然后设法用我的话去迎合这种心理。

所劝说的君主属于追求高尚名声的人，如果用重利去劝说他，那么游说者就会被看作节操卑下而志向下贱，必定会被抛弃和疏远了。所劝说的君主属于追求重利的人，如果用高尚的名声去劝说他，那么游说者就会被看作没有头脑而脱离实际，也必定不会被录用了。所劝说的君主是心里追求重利而表面上追求高尚名声的人，如果用高尚的名声去劝说他，那么他表面上录用游说的人而实际上却会疏远游说的人；如果用重利去劝说他，那么他就会暗地里采用游说者的意见而表面上会抛弃游说者。

则见无心而远事情，必不收矣。所说阴为厚利而显为名高者也，而说之以名高，则阳收其身而实疏之；说之以厚利，则阴用其言显弃其身矣。此不可不察也。

夫事以密成，语以泄败。未必其身泄之也，而语及所匿之事，如此者身危。彼显有所出事，而乃以成他故，说者不徒知所出而已矣，又知其所以为，如此者身危。规异事而当，知者揣之外而得之[4]，事泄于外，必以为己也，如此者身危。周泽未渥也[5]，而语极知，说行而有功，则德忘；说不行而有败，则见疑：如此者身危。贵人有过端，而说者明言礼义以挑其恶，

这是不可以不明察的啊。

事情因为秘密而成功，讲话因为泄露秘密而失败。不一定是游说者本人故意要把事情泄露出去，而是在无意之中谈到了君主要保密的事，像这样的游说者生命就危险了。君主表面上做出了某件事，但只是为了用它来办成其他的事，游说的人不是单单知道君主做出的那件事而已，又进一步了解到君主做这件事的目的是为了办成其他的事，像这样的游说者生命就危险了。游说者替君主谋划非同寻常的事情而与君主的心意相合，但聪明的人在外面猜测这件事情并把它猜出来了，这样，事情就泄露到外面去了，而君主却一定会认为是游说的人泄露的，像这样的游说者生命就危险了。君主对游说者的恩宠还没有深厚，而游说者谈起话来却把知道的东西全都讲了，如果他的说法行得通而且有了功效，那么他的奖赏也会被君主遗忘；如果他的说法行不通而且失败，那么就会被君主怀疑：像这样的游说者生命就危险了。地位尊贵的君主有了缺点，而游说的人明白地谈论礼义来揭露他的不良行为，像这样的游说者生命就危险了。君主有时候得到了理想的计谋，而且想把这计谋作为自己的功绩，但游说者参与并且了解了这一计谋，像这样的游说者生命就危险了。拿君主没有能力做的事去勉强他做，拿君主不肯罢休的事去阻止他做，像这样的游说者生命就危险了。所以，游说的

如此者身危。贵人或得计而欲自以为功，说者与知焉，如此者身危。强以其所不能为，止以其所不能已，如此者身危。故与之论大人，则以为间己矣；与之论细人，则以为卖重[6]。论其所爱，则以为借资[7]；论其所憎，则以为尝己也。径省其说，则以为不智而拙之；米盐博辩，则以为多而交[8]之。略事陈意，则曰怯懦而不尽；虑事广肆，则曰草野而倨侮。此说之难，不可不知也。

人如果和君主议论权贵大臣，那么君主就会认为他是在离间自己与大臣的关系；如果和君主议论侍从，那么君主就会认为游说者想借他们与君主的亲近关系来卖弄权势、炫耀自己。如果议论君主喜爱的人，那么君主就会认为游说者是想把他们作为自己的凭借和依靠；如果议论君主憎恶的人，那么君主就会认为他是在试探自己。游说的人如果把自己的话说得直截了当、简单扼要，那么君主就会认为他不聪明而把他当作笨人来看待；游说的人如果将类似柴、米、油、盐等琐碎的小事广博地加以议论，那么君主就会认为他太啰嗦而讨厌他说得太驳杂。游说的人如果简略地叙说事情，只陈述大意，那么君主就会说他胆小怕事而没把话说完；游说的人如果谋划事情时广泛、放肆地陈述意见，君主就会说他粗野而傲慢。这些游说的难处，是不可以不知道的啊。

注释

1 **说**(shuì)**：**进说，游说，谏说。

2 **失：**通“佚”(yì)，放肆。

3 **遇卑贱：**合于卑贱，指志向与卑贱者相合。

4 **知：**通“智”。 **揣：**估量，猜测。

5 **周：**密，亲密。 **泽：**恩宠，情谊。

6 **重：**权势。

7 **借：**凭借。 **资：**资助。

8 **交：**驳杂。

原文

凡说之务,在知饰所说之所矜而灭其所耻。彼有私急也,必以公义示[1]而强之。其意有下也,然而不能已,说者因为之饰其美而少[2]其不为也。其心有高也,而实不能及,说者为之举其过而见[3]其恶,而多其不行也。有欲矜以智能,则为之举异事之同类者,多为之地,使之资说于我,而佯不知也以资其智。欲内相[4]存之言,则必以美名明之,而微见其合于私利也。欲陈危害之事,则显其毁诽,而微见其合于私患也。誉异人与同行者,规异事与同计者。有与同

译文

大凡游说的要领在于,懂得美化君主自鸣得意的地方而掩盖他认为耻辱的地方。君主有私自的迫切要求,虽然不一定符合国家的利益,但游说的人必须指明这是合乎国家利益的而劝勉他去做。君主心里有卑鄙的念头,但不能抑制,游说的人就应该替他把这种卑鄙的念头粉饰成是美好的,而嫌他不去做。君主心里有崇高远大的愿望,而实际上不可能达到,游说的人就应该给他举出这种愿望的缺点,而且揭示出这种愿望的坏处,而称赞他不去做。有的君主想拿自己的智慧和能力来自我炫耀,那么游说的人就应该给他举出类似的其他事情,多给他提供依据,使他能从我这里取得说话的材料,而我却假装不知道,像这样来资助他的智慧。游说的人想要进献、保全君主的私利之言,那么必须用符合国家利益的美好名义来阐明它,而又暗示它是合乎君主的个人利益的。游说的人想要陈述对君主有危害的事情,那么就应该说明这种事情如果做了将会受到的诋毁和非议,而又暗示它是与君主的个人祸患联系在一起的。游说的人应该称赞与君主有同样品行的其他人,应该谋划与君主所做的事有同样计策的其他事情。如果有人与君主有同样的污点,那就必须尽量粉饰他,说他的污点没有什么害处;如果有人与君主遭到同样的失败,那就必须用明白的话来粉饰他,说他的失败并没有什么损失。君主如果自以为他的能力很强,那就不要用

污者，则必以大饰其无伤也；有与同败者，则必以明饰其无失也。彼自多其力，则毋以其难概[5]之也；自勇之断，则无以其谪怒之[6]；自智其计，则毋以其败穷之。大意无所拂悟[7]，辞言无所击摩[8]，然后极骋智辩焉。此道所得，亲近不疑而得尽辞也。

他难以办到的事来折服他；君主如果自以为他的决断很勇敢，那就不要用他决断中的过失来惹他生气；君主如果自以为他的计谋很高明，那就不要用他过去的失败来使他难堪。游说的基本内容没有违反君主的地方，游说时的言辞没有与君主抵触的地方，然后就可以对君主尽情地施展自己的智慧和口才了。这种方法所得到的结果，就是君主对自己亲近而不怀疑，从而能够畅所欲言地把话说完。

注释

1 **示**：给人看，显示。

2 **少**：贬低。

3 **见**：同“现”。

4 **相**：指代性副词，这里偏指君主。

5 **概**：量米粟时刮平斗斛用的木板，引申为刮削。

6 **谪**：过失。 **怒**：激怒。

7 **拂悟**：违反。悟，通“忤”。

8 **击摩**：摩擦，抵触。

原文

伊尹[1]为宰，百里奚[2]为虏，皆所以干[3]其上也。此二人者，皆圣人也，然犹不能无役身以进，如此其污也！今以吾言为宰

译文

伊尹当厨师，百里奚做奴隶，都不过是一种求取君主重用的手段。这两个人，都是才智道德杰出的圣人，但还是不能不使自己成为供人役使的人来获得进用，他们的卑鄙竟像这样啊！现在即使把我的言论看作是像厨师、奴隶那种卑贱的人所讲的，只要这些言论可以被用

虏，而可以听用而振世，此非能仕[4]之所耻也。夫旷日离久，而周泽既渥，深计而不疑，引争而不罪，则明割利害以致其功，直指是非以饰[5]其身，以此相持，此说之成也。

来拯救时世，那就绝不是有才能的人所感到耻辱的事了。游说的人花费了时间经历了很久，君主的恩宠已经深厚了，自己深入地为君主策划已不会被怀疑了，引起了争论也不会被治罪了，那就可以明白地决断事情的利害得失来造就君主的功业，直截了当地指明是非曲直来端正君主的人品，能像这样和君主互相对待，这便是游说的成功。

注释

1 **伊尹**：商汤的相。他为了求得汤的任用，去当厨师来接近汤，汤发现他有才能，就任用他为相。后来他帮助汤攻灭了夏桀。

2 **百里奚**：春秋时虞国大夫，公元前 655 年晋献公灭虞，他被俘成为奴隶。后来他外逃，被楚国人抓住，秦穆公听说他有才能，就用五张黑羊皮把他赎了去，并授之以国政。

3 **干**：求。

4 **仕**：通“士”。

5 **饰**：通“饬”，整治。

原文

昔者郑武公欲伐胡[1]，故先以其女妻胡君以娱其意。因问于群臣：“吾欲用兵，谁可伐者？”大夫关其思对曰：“胡可伐。”武公怒而戮之，曰：“胡，兄弟[2]之国也。子言伐之，何也？”胡君闻

译文

从前郑武公想要攻打胡国，故意先把自己的女儿嫁给胡国的君主来使他心里高兴。接着又问大臣们：“我想用兵，哪一个国家可以攻打？”大夫关其思回答说：“胡国可以攻打。”郑武公愤怒地把他杀了，说：“胡国，是联姻之邦。你建议去攻打它，为什么呢？”胡国的君主听说了这件事，认为郑国是和自己友好的，于是就不防备郑国

之，以郑为亲己，遂不备郑。郑人袭胡，取之。宋有富人，天雨墙坏。其子曰：“不筑，必将有盗。”其邻人之父亦云。暮而果大亡其财。其家甚智其子，而疑邻人之父。此二人说者皆当矣，厚者为戮，薄者见疑，则非知之难也，处知则难也。故绕朝之言当矣，其为圣人于晋，而为戮于秦也，此不可不察。[3]

了。结果郑国人偷袭了胡国，夺取了它的土地。宋国有一个富翁，天下雨导致家里的墙被冲坏了。他的儿子说：“墙如果不砌好，一定会发生偷窃。”他邻居家的老人也这么说。在那天夜里，他的财物果然丢了很多。他家里的人都认为他的儿子很聪明，但却怀疑邻居家的老人。关其思和邻居家的老人这两个人说的话都是恰当的，但重的被杀掉，轻的被怀疑，这样看来，并不是认识事理有困难，而是处理这种认识才很困难。所以绕朝劝诫秦康公的话是适当的，他在晋国被看成是极端明智的人，但在秦国却被杀掉了，这是不可以不明察的啊。

注释

1 **郑武公：**春秋初期郑国君主，公元前770—前744年在位。**胡：**诸侯国名，在今河南漯河郾城东南。

2 **兄弟：**指内外姻亲。

3 **“故绕朝之言”至“为戮于秦也”：**公元前620年，晋国大夫士会出奔秦。公元前615年，秦攻晋，以士会为秦军谋士。公元前614年，晋国对秦国任用士会十分担心，就派魏寿余假装以魏地叛晋降秦，以诱骗士会回国。秦国大夫绕朝识破了晋国的计谋，劝秦康公拒绝接收魏寿余，但康公没有听从。魏寿余到秦国后，请康公派士会与他一起先到晋国就接收魏地的事进行谈判，康公同意了。士会临行时，绕朝对他说：“你不要以为秦国无人识破晋国的意图，只是我的意见没有被采用罢了。”士会回晋后，觉得绕朝的才智对自己的威胁很大，于是就派间谍到秦国谗毁绕朝，说：“绕朝这个人对魏寿余的事情一清二楚，他要靠我去求得晋国的重用。”秦康公听信了谗言，就杀了绕朝。绕朝之言，指绕朝劝诫秦康公的话；“其为圣人于晋”，指士会对他的看法。

原文

昔者弥子瑕有宠于卫君[1]。卫国之法：窃驾君车者罪刖。弥子瑕母病，人间[2]往夜告弥子，弥子矫驾君车以出。君闻而贤之，曰：“孝哉！为母之故，忘其刖罪。”异日，与君游于果园，食桃而甘，不尽，以其半啖君。君曰：“爱我哉！忘其口味以啖寡人。”及弥子色衰爱弛，得罪于君，君曰：“是固尝矫驾吾车，又尝啖我以余桃。”故弥子之行未变于初也，而以前之所以见贤而后获罪者，爱憎之变也。故有爱于主，则智当而加亲；有憎于主，则智不当见罪而加疏。故谏说谈论之士，不可不察爱憎之主而后说焉。

译文

从前弥子瑕受到卫灵公的宠爱。那时卫国的法律规定：偷着驾驭君主车子的人处以砍去脚尖的刑罚。恰巧弥子瑕的母亲生了病，有人在夜间秘密地去告诉弥子瑕，弥子瑕便假托君主的命令驾驭着君主的车子出去了。卫灵公听说后认为他有德行，说：“真孝顺啊！因为母亲的缘故，忘记了自己要被处以砍去脚尖的刑罚。”又有一天，弥子瑕和卫灵公在果园里游玩，吃到一个桃子觉得很甜，便没吃完，拿吃剩下来的半个桃子给卫灵公吃。卫灵公说：“真爱我啊！留下自己嘴边的美味食物来给我吃。”等到弥子瑕脸色衰老宠爱减退时，得罪了卫灵公，卫灵公说：“这个人本来就曾假托我的命令用了我的车子，又曾经拿他吃剩下的桃子给我吃。”弥子瑕在当初的行为并没有改变，但在从前被看作是有德行的事情而到后来却招致了罪名，这是因为君主对弥子瑕的爱憎态度有了改变啊。所以臣子如果受到君主的宠爱，那么他的智谋就会被认为适当而更加被亲近；如果受到君主的憎恶，那么他的智谋就会变得不适当，并被认为有罪过而更加被疏远。所以向君主提批评意见和议论是非的人，不可以不体察君主对自己的爱憎，然后再进行游说。

夫龙之为虫[3]也，柔可狎而骑也，然其喉下有逆鳞径尺，若人有婴[4]之者，则必杀人。人主亦有逆鳞，说者能无婴人主之逆鳞，则几[5]矣。

龙作为一种动物，在它和顺、驯服的时候可以随便戏弄而骑着玩，但它的下巴下面有倒长的鳞片长一尺左右，如果有人触犯了鳞片，那么龙就一定会把人杀死。君主也有倒长的鳞片，游说的人如果能不触犯君主倒长的鳞片，也就差不多算是善于游说的了。

注释

1 **弥子瑕：**春秋时卫灵公的宠臣。 **卫君：**指卫灵公，春秋时卫国君主，公元前534—前493年在位。

2 **间**(jiàn)**：**隐微，秘密。

3 **虫：**对动物的泛称。

4 **婴：**通“撄”，触犯。

5 **几：**接近。

和　氏

导读

和氏，指春秋时期的楚国人卞和。本篇借和氏献璞而遭刖刑的故事来喻说法术之士的不幸处境，说明法术之士“虽至死亡，道必不论矣”。最后他援引了吴起、商鞅两位法术之士虽使楚、秦富强而最终不免于惨遭分尸的历史事实，进一步揭示了“大臣苦法而细民恶治”的政治环境给法术之士所带来的严重后果，并针对“大臣贪重”、“细民安乱”、君主又不信从法术之士的严峻形势，倾诉了法术之士怀才不遇、报国无门的苦衷和愤懑，其悲愤怨苦之情，与《孤愤》篇十分相似，可互相参阅。

原文

楚人和氏得玉璞楚山中[1]，奉而献之厉王[2]。厉王使玉人相之，玉人曰："石也。"王以和为诳，而刖其左足。及厉王薨，武王[3]即位，和又奉其璞而献之武王。武王使玉人相之，又曰："石也。"王又以和为诳，而刖其右足。武王薨，文王[4]即位，和乃抱其璞而哭于楚山之下，三日三夜，泪尽而继之以血。王闻之，使人问其故，曰："天下之刖者多矣，子奚哭之悲也？"和曰："吾非悲刖也，悲夫宝玉而题之以石，贞士而名之以诳，此吾所以悲也。"王乃使玉人理其璞而得宝焉，遂命曰"和氏之璧"。

译文

楚国人卞和在楚山中得到一块玉石，捧着把它献给楚厉王。厉王派雕琢玉器的工匠去鉴定它，工匠说："这是块石头。"厉王认为卞和是在欺骗自己，就砍掉了他的左脚脚尖。到厉王死了以后，楚武王登上了王位，卞和又捧着那块玉石把它献给武王，武王让雕琢玉器的工匠鉴定它，工匠又说："是块石头。"武王也认为卞和是在欺骗自己，就砍掉了他的右脚脚尖。武王死了，楚文王登上了王位，卞和便抱着那块玉石在楚山脚下痛哭，哭了三天三夜，眼泪都流完了，接着又流出血来。文王听说了这件事，派人去询问他痛哭的缘故，对他说："天底下被砍去脚尖的人很多，你为什么要哭得这样悲伤呢？"卞和说："我并不是因为被砍去了脚尖而悲伤，我悲伤的是那珍贵的宝玉却被称为石头，忠贞、诚实的人却被称为骗子，这才是我悲伤的原因啊。"于是文王派雕琢玉器的工匠雕琢那块玉石，果然从这玉石中得到了珍贵的宝物，于是就把它命名为"和氏之璧"。

注释

1 **璞**:蕴藏有玉的石头。 **楚山**:荆山,在今湖北南漳西北。

2 **厉王**:当即楚武王之兄蚡冒,公元前757—前741年在位。

3 **武王**:指楚武王,蚡冒之弟,公元前740—前690年在位。

4 **文王**:指楚文王,楚武王之子。

原文

夫珠玉,人主之所急也。和虽献璞而未美,未为王之害也,然犹两足斩而宝乃论,论宝若此其难也!今人主之于法术也,未必和璧之急也,而禁群臣士民之私邪。然则有道者之不僇[1]也,特[2]帝王之璞未献耳。主用术,则大臣不得擅断,近习不敢卖重;官行法,则浮萌趍于耕农[3],而游士危于战陈[4]:则法术者乃群臣士民之所祸也。人主非能倍[5]大臣之议,越民萌之诽,独周[6]乎道言也,则法术之士虽至死亡,道必不论矣。

译文

珍珠美玉,是君主所迫切追求的东西。卞和即使献上的玉石还不够完美,也没有成为楚王的祸害啊,但还是要到两只脚被砍掉后这珍宝才能被论定,鉴定珍宝的困难竟然会像这样!现在君主对于法术,不一定像追求和氏之璧那样急迫,而法术还要禁止群臣士民的自私和邪恶,所以必然会遭到更厉害的攻击。这样看来,那么掌握了法术的人没有被杀害,只是因为法术这一成就帝王大业的法宝还没有进献罢了。君主运用了权术,那么大臣就不能够专权独断,亲近宠幸的侍从就不敢卖弄权势;国家实行了法治,那么游手好闲的人就得奔赴农业第一线,而游侠之士也得在战斗的阵地上冒着生命危险去作战:这样的话,那么法术便是群臣士民会视同祸害的政治措施了。君主如果不能违背大臣的议论,摆脱民众的诽谤,独立地使自己的思想与法术之言相符合,那么法术之士即使到死,他们的学说也一定不会被认可。

注释

1 **僇:**通“戮”。

2 **特:**独,只。

3 **萌:**通“氓”。 **趍:**同“趋”。

4 **陈:**通“阵”。

5 **倍:**通“背”。

6 **周:**合。

原文

昔者吴起教楚悼王以楚国之俗[1],曰:“大臣太重,封君太众。若此,则上逼主而下虐民,此贫[2]国弱兵之道也。不如使封君之子孙三世而收爵禄,绝灭[3]百吏之禄秩,损不急之枝官,以奉选练之士。”悼王行之期年而薨矣,吴起枝解[4]于楚。商君教秦孝公以连什伍[5],设告坐之过[6],燔《诗》《书》而明法令,塞私门之请而遂[7]公家之劳,禁游宦之民而显耕战之士。孝公

译文

从前吴起拿楚国的风气来教导楚悼王,说:“大臣的权势太重,有封邑的贵族太多。像这样的话,那么他们就会对上威胁君主,对下残害民众,这是使国家贫穷、兵力削弱的根源啊。不如使有封邑的贵族的子孙只传三代,以后就收回他们的爵位和俸禄,裁减群臣百官的俸禄,撤销那些无关紧要的多余的官职,用这些节省下来的钱去供养经过选拔和训练的士兵。”楚悼王实行吴起的办法才一周年就死了,吴起便在楚国受到了分裂肢体的酷刑。商鞅教秦孝公把老百姓结成十家为一什、五家为一伍的联保组织,设置了告发奸邪和株连处罚的罪责,烧掉《诗经》《尚书》等儒家经典而彰明法令,杜绝臣子私下的请托而畅通为国家效劳的门路,限制、贬抑那些靠奔走游说来谋取官职的人而使从事农耕和作战的人显贵起来。孝公实行了商鞅的办法,君主因而得到尊重,地位更为稳固,国家也因此富庶强盛了,十八

行之，主以尊安，国以富强，八[8]年而薨，商君车裂[9]于秦。楚不用吴起而削乱，秦行商君法而富强。二子之言也已当矣，然而枝解吴起而车裂商君者，何也？大臣苦法而细民恶治也。当今之世，大臣贪重，细民安乱，甚于秦、楚之俗，而人主无悼王、孝公之听，则法术之士，安能蒙二子之危也而明己之法术哉？此世所以乱无霸王也。

年后秦孝公死了，商鞅便在秦国被五马分尸。楚国不任用吴起而削弱、混乱，秦国实行了商鞅的法制而国富兵强。这两位先生的主张已被证明是正确的了，然而把吴起分裂肢体而将商鞅五马分尸的原因又是什么呢？这是因为大臣们觉得实行法治太苦而小民憎恨法治啊。在现在的社会，大臣贪图权势，小民喜欢混乱，这种情况比当初秦国和楚国的风气还要严重，而现在的君主又没有楚悼王、秦孝公那种对法术之士的信从，那么法术之士又怎么能冒着吴起、商鞅二人那种被分尸的危险去阐明、宣传自己的法术主张呢？这就是当今社会混乱不堪而没有人能成为统一天下的霸王的原因啊。

注释

1 **吴起：**战国初期杰出的军事家，早期法家的代表人物，初任鲁将，继任魏将，屡建战功，被魏文侯任为西河守。文侯死后，遭陷害而逃到楚国，不久任令尹，辅佐楚悼王实行变法，废除贵族特权，整顿统治机构，促进了楚国的富强。公元前 381 年，楚悼王死，宗室大臣作乱，用乱箭射死吴起后，又将他五马分尸。 **楚悼王：**战国时楚国君主，公元前 401—前 381 年在位。

2 **贪：**“贫” 字之讹。

3 **绝灭：**繁体字作 “絶滅”，是 “纔減” 之讹，纔（才），通 “裁”。

4 **枝解：**即肢解。

5 **商君：**即商鞅，战国时政治家，法家的代表人物。他在秦孝公的支持下实行变法，奖励耕战，推行连坐法，废除井田制，奠定了秦国富强的基础。公元前338年,秦孝公死,他被贵族诬害,被攻杀后车裂示众。**秦孝公:**战国时秦国国君。

6 **坐:**判罪受罚,这里指“连坐”,即联保组织中有一人犯罪,其他的人如果不告发,就连带一同受罚。 **过:**责。

7 **遂:**通。

8 **八:**当作“十八”。

9 **车裂:**用车分裂身体的酷刑,俗称“五马分尸”,即把头和四肢分别拴在五辆车上,用马拉开,撕裂肢体。

奸劫弑臣

导读

奸劫弑臣,指奸邪之臣、劫主之臣、弑君之臣。此文主要论述奸臣的奸行以及各种防范奸臣的措施。

韩非认为,凡是奸臣都善于迎合君主的心理,所以往往能骗得君主的信任,达到“欺主成私”的目的,成为“擅主之臣”。“国有擅主之臣”以后,那些“行财货以事贵重之臣者,身尊家富”,这样,臣下就会不顾君主而“为奸私以适重人”,结果就造成了“主孤于上而臣成党于下”的严重局面,君主就有“劫杀死亡”的危险了。

为了使君主避免劫杀之祸,韩非提出了势治、法治、术治等治奸之法,以期达到“使人不得不爱我”的境界。所谓势治,就是要君主“乘威严之势以困奸邪之臣”,“使天下不得不为己视,使天下不得不为己听”。所谓法治,就是对犯法者要“诛重而必”、对告奸者要“赏厚而信”,要反对儒家宣扬的“仁义惠爱”,要“明赏设利以劝之,使民以功赏而不以仁义赐;严刑重罚以禁之,使民以罪诛而不以爱惠免”。所谓术治,就是要“循名实而定是非,因参验而审言辞”，即利用形名术来考核臣下，使臣下明了“伪诈”和“为奸利”“不可以得安”，使他们不得不“陈其忠而不弊”，“守其职而不怨”。如此以势、法、术并用来禁奸治国，就“可以致霸王之功”，可以“去天下之祸，使强不陵弱，众不暴寡，耆老得遂，幼孤得长，边境不侵，君臣相亲，父子相保”，这便是韩非所追求的政治上的最高理想境界，也是他一整套政治思想的出发点与归宿。

原文

凡奸臣皆欲顺人主之心以取亲幸之势者也。是以主有所善，臣从而誉之；主有所憎，臣因而毁之。凡人之大体[1]，取舍同者则相是也，取舍异者则相非也。今人臣之所誉者，人主之所是也，此之谓同取；人臣之所毁者，人主之所非也，此之谓同舍。夫取舍合而相与逆者，未尝闻也。此人臣之所以信幸之道也。夫奸臣得乘信幸之势以毁誉进退群臣者，人主非有术数以御之也，非参验以审之也，必将以曩之合己信今之言，此幸臣之所以得欺主成私者也。故

译文

凡是奸臣都想通过顺从君主的心意来取得被君主亲近、宠爱的地位。因此，君主所喜爱的，奸臣便跟着赞美；君主所憎恶的，奸臣便跟着诋毁。大凡人的共性，取舍相同、志同道合的人就互相认可，取舍不同、观点分歧的人就互相反对。现在奸臣所赞美的是君主所认可的，这叫作有共同的取向；奸臣所诋毁的是君主所反对的，这叫作有共同的舍弃。对于事物的看法取舍一致而人与人之间再互相对立发生冲突的，还从来没有听说过啊。这就是奸臣所以被君主信任和宠爱的道理。奸臣是能够凭借被君主信任和宠爱的地位来毁谤或称赞、提拔或罢免群臣的人，君主如果没有权术去驾驭他，不用参验形名的办法去审查他，那就一定会因为他过去和自己观点一致而轻信他现在的话，这就是那些得宠的奸臣所以能够欺骗君主而成就私利的原因。所以君主必定在上面受欺骗而奸臣必

主必欺于上而臣必重于下矣，此之谓擅主之臣。

定在下面掌握着重要的权力，这叫作控制君主的臣子。

注释

1 **大体：**大致的情形。

原文

国有擅主之臣，则群下不得尽其智力以陈其忠，百官之吏不得奉法以致其功矣。何以明之？夫安利者就之，危害者去之，此人之情也。今为臣，尽力以致功、竭智以陈忠者，其身困而家贫，父子罹其害；为奸利以弊[1]人主、行财货以事贵重之臣者，身尊家富，父子被其泽：人焉能去安利之道而就危害之处哉？治国若此其过也，而上欲下之无奸、吏之奉法，其不可得亦明矣。故左右知贞信之不可以得安利也，必曰："我以忠信事

译文

国家有了控制君主的臣子，那么群臣就不可能充分发挥自己的智慧和力量来表达自己对君主的忠诚，各种官职上的官吏就不可能奉公守法来做出自己的成绩了。用什么来说明这种论点呢？对安全有利的就靠近，对危险有害的就离开，这是人之常情。现在做臣子的，那些使尽全力来建立功绩、绞尽脑汁来向君上效忠的，他们本人处境困难而家庭十分贫穷，父亲子女都受着他们的拖累；而那些做邪恶的事来谋取私利以致蒙蔽君主、赠送财物来奉承地位高贵身居要职的权臣的臣子，本身地位尊贵而家庭十分富裕，父亲子女都享受着他们的好处：人们哪能离开安全有利的门路不走而去靠近危险有害的地方呢？治理国家的过错竟像这样，而君主还想要臣下没有邪恶的行为、官吏都奉公守法，这种政治局面的不可能得到也就十分明显了。所以，君主身边的近臣知道忠贞、诚实是不可能用来取得安乐和利益的，就一定会说："我靠忠贞、诚实侍奉君主，不断立功去

上，积功劳而求安，是犹盲而欲知黑白之情，必不幾[2]矣；若以道化，行正理，不趍[3]富贵，事上而求安，是犹聋而欲审清浊之声也，愈不幾矣。二者不可以得安，我安能无相比周、蔽主上、为奸私以适重人哉？”此必不顾人主之义矣。其百官之吏亦知方正之不可以得安也，必曰：“我以清廉事上而求安，若无规矩而欲为方圆也，必不幾矣；若以守法、不朋党、治官而求安，是犹以足搔顶也，愈不幾也。二者不可以得安，能无废法、行私以适重人哉？”此必不顾君上之法矣。故以私为重人者众，而以法事君者少矣。是以主孤于上而臣成党于下，此田成[4]之所以弑简公者也。

求取安乐，这就好像是盲人想要知道黑色和白色的实际情况一样，一定是没有什么指望的了；如果用法术来改变世道人心，按照正确的原则来办事，不去投靠豪门贵族，只是一心侍奉君主来求取安乐，这就好像是聋子想要辨别声音的高扬清亮和低沉粗重，更加没有什么指望了。这两种办法都不可能用来取得安乐，我怎么能不和别人互相勾结、蒙蔽君主、干邪恶的勾当去谋取私利从而来迎合身居要职的权臣呢？”这些人就一定不会再顾全臣子侍奉君主的道德准则了。那些担任各种职务的官吏也知道正直无邪是不可能用来取得安乐的，就一定会说：“我靠清白无私、廉洁奉公来侍奉君主而求取安乐，这就好像是没有圆规和角尺却要画方形和圆形，一定是没有什么指望的了；如果靠遵守法令、不拉党结派、干好本职工作来求取安乐，这就好像是用脚来搔头顶，更加没有什么指望了。这两种办法都不可能用来取得安乐，我能不废弃法令、干私下的勾当来迎合身居要职的权臣吗？”这些人就一定不会再顾全君主的法令了。所以用私行来帮助权臣的人很多，而用法术来侍奉君主的人就很少了。因此君主在上面孤立无援而臣子在下面结成了死党，这就是田常杀掉齐简公的原因啊。

注释

1 **弊**:通“蔽”。

2 **幾**:通“冀”,希望。

3 **趍**:同“趋”。

4 **田成**:即田常。

原文

夫有术者之为人臣也,得效度数之言,上明主法,下困奸臣,以尊主安国者也。是以度数之言得效于前,则赏罚必用于后矣。人主诚明于圣人之术而不苟[1]于世俗之言,循名实而定是非,因参验而审言辞,是以左右近习之臣,知伪诈之不可以得安也,必曰:“我不去奸私之行,尽力竭智以事主,而乃以相与比周、妄毁誉以求安,是犹负千钧[2]之重陷于不测之渊而求生也,必不幾矣。”百官之吏亦知为奸利之不可以得安也,必曰:“我不以清

译文

掌握了统治术的人做臣子,能够向君主献上有关法术的建议,对上彰明君主的法令,对下使奸臣走投无路,以此来使君主尊贵、国家安定。因此,有关法术的建议能够在前面向君主献上,那么赏罚就一定能在后面施行了。君主如果真正能明察圣人的法术而不拘泥于世俗的议论,根据名称和事实是否符合来确定是非,凭借对事实的检验来审查言论,那么君主身边亲近、熟悉的宠臣,就知道诡诈是不可能用来取得安乐的,就一定会说:“我不抛弃邪恶的谋取私利的罪恶勾当,尽心竭力来侍奉君主,却竟然以互相勾结、胡乱地毁谤或捧场来求取安乐,这就好像是背着上千钧的重量掉到了深不可测的水潭中还想求得生存一样,一定是没有什么指望的了。”各种官职上的官吏也知道干邪恶的勾当去谋取私利是不可能用来取得安乐的,就一定会说:“我不用清白廉洁、正直无邪、奉公守法来求取安乐,竟然带着贪利卑污的念头违反法令来谋取私利,这就好

廉方正奉法，乃以贪污之心枉法以取私利，是犹上高陵之颠[3]堕峻溪之下而求生，必不幾矣。”安危之道若此其明也，左右安能以虚言惑主？而百官安敢以贪渔下？是以臣得陈其忠而不弊，下得守其职而不怨。此管仲[4]之所以治齐而商君之所以强秦也。

像是登上了高山的山顶后又坠落到山谷之下而求生，一定是没有什么指望的了。”安乐和危险的道理就像这样的明白，君主身边的近臣怎么能用假话、空话来迷惑君主？而群臣百官又怎么敢因为贪得无厌而鱼肉百姓？因此，臣下能够向君主献上自己的忠诚而不蒙蔽君主，官吏能够恪守自己的职责而不怨恨君主。这就是管仲用来治理齐国的方法以及商君用来使秦国强大的措施啊。

注释

1 **苟：**当作“拘”。

2 **钧：**古代重量单位，三十斤为一钧。古代往往用“千钧”喻指极重的东西。

3 **颠：**顶端。

4 **管仲：**春秋初期具有法家思想的政治家，齐桓公之相。他推行富国强兵的政策，使齐国国力大振，齐桓公因此而成就霸业。

原文

从是观之，则圣人之治国也，固有使人不得不爱我之道，而不恃人之以爱为我也。恃人之以爱为我者危矣，恃吾不可不为者安矣。夫君臣非有骨肉之亲、

译文

从上面所论述的这些情况来看，圣人治理国家，本来就有使人不得不爱我的办法，而不依靠别人因为仁爱的原因才来为我效劳。依靠别人因为仁爱的原因来为我效劳，那就危险了；依靠我使人不得不为我效劳的办法，就能安定了。君臣之间并没有骨肉之亲和正直无邪的办法可以用来取得利益，那么臣下就尽心竭力来侍奉君主；正直无邪的办法不能用来取得安乐，那么臣下就会搞私下的勾当来侵犯君主了。英明的君主懂得这个道理，

正直之道可以得利，则臣尽力以事主；正直之道不可以得安，则臣行私以干上。明主知之，故设利害之道以示天下而已矣。夫是以人主虽不口教百官，不目索奸邪，而国已治矣。人主者，非目若离娄[1]乃为明也，非耳若师旷[2]乃为聪也。目必[3]不任其数，而待目以为明，所见者少矣，非不弊之术也。耳必不因其势，而待耳以为聪，所闻者寡矣，非不欺之道也。明主者，使天下不得不为己视，使天下不得不为己听，故身在深宫之中而明照四海之内。而天下弗能蔽弗能欺者，何也？暗乱之道废而聪明之势兴也。故善任势者国安，不知因其势者国危。古秦之俗，君臣废法而服私，是以国乱兵弱而

所以设立了使人得利和受害的办法——赏罚制度——把它公布给天下的臣民就行了。因此，君主虽然不是亲口去教育、训导群臣百官，不是亲眼去监察、搜索坏人、坏事，而国家却已经治理好了。做君主的，并不是眼睛像离娄那样才算是视力好，也不是耳朵像师旷那样才算是听觉灵敏。观察事物如果不运用自己的权术，而依靠眼睛来作为自己的视力，那么能看到的东西就少了，这绝不是不受蒙蔽的方法。打听情况如果不依靠自己的权势，而依靠耳朵来作为自己的听力，那么能听到的东西就少了，这绝不是不受欺骗的办法。英明的君主，使天下的臣民不得不为自己去观察事物，使天下的臣民不得不为自己去打听情况，所以自己住在深邃的宫殿之中就能明察四海之内。天下的臣民不能蒙蔽、欺骗的原因是什么呢？是因为愚昧、混乱的办法被废除了而使自己耳聪目明的权势被建立了。所以善于运用权势的君主，他的国家就安定；不知道依靠自己权势的君主，他的国家就危乱。古时候秦国的风俗，君臣废弃法治而用自己的私智，因此国家混乱、兵力衰弱而君主地位卑微。商君劝说秦孝公改变旧法、移风易俗来彰明奉公为国的原则，奖赏告发奸邪的行为，抑制对国家富强无关紧要的工商业，而奖励关系到国家富强的农业。在这个时候，秦国的民众

主卑。商君说秦孝公以变法易俗而明公道，赏告奸，困末作而利本事。当此之时，秦民习故俗之有罪可以得免、无功可以得尊显也，故轻犯新法。于是犯之者其诛重而必，告之者其赏厚而信。故奸莫不得而被刑者众，民疾怨而众过日闻。孝公不听，遂行商君之法。民后知有罪之必诛而私[4]奸者众也，故民莫犯，其刑无所加。是以国治而兵强，地广而主尊。此其所以然者，匿罪之罚重而告奸之赏厚也。此亦使天下必为己视听之道也。至治之法术已明矣，而世学者弗知也。

习惯于有罪可以赦免、无功可以显贵的旧风俗，所以轻易地触犯新法。在这个时候，对触犯新法的人，商君的惩罚严厉而且一定执行；对告发奸邪的人，商君的奖赏优厚而且严守信用。所以奸邪的人没有不被发现的而受到惩处的人很多，百姓痛恨、埋怨新法，众人的责难每天都能听见。秦孝公不加理睬，坚决推行商君的法令。民众后来知道有了罪一定要被惩处而被惩处的私行和奸人很多，所以民众中没有一个再敢违犯新法，以至于国家的刑罚竟没有施加的对象了。因此国家安定而兵力强大，领土广阔而君主尊贵。秦国之所以会这样，是因为对包庇、隐藏罪犯的人处罚严厉而对检举、揭发奸邪的人奖赏优厚啊。这也是使天下的臣民必须为自己去监察、打听情况的办法啊。能使国家大治的法术已经是这样的明白了，而现今社会上的那些学者们却一点也不知道。

注释

1 **离娄**：传说是黄帝时代的人，视力特别好。

2 **师旷**：春秋时晋国主管音乐的太师，名旷，生而目盲，善辨声乐。

3 **必**：诚，如果。

4 **私**：承上省“诛”字。

原文

且夫世之愚学，皆不知治乱之情，讘誺多诵先古之书[1]，以乱当世之治；智虑不足以避阱井之陷，又妄非有术之士。听其言者危，用其计者乱，此亦愚之至大而患之至甚者也。俱与有术之士有谈说之名，而实相去千万也，此夫名同而实有异者也。夫世愚学之人比有术之士也，犹蚁垤[2]之比大陵也，其相去远矣。而圣人者，审于是非之实，察于治乱之情也。故其治国也，正明法，陈严刑，将以救群生之乱，去天下之祸，使强不陵弱，众不暴寡，耆老得遂，幼孤得长，边境不侵，君臣相亲，父子相保，而无死亡系虏之患，此亦功之至厚者也！愚

译文

再说，现今社会上那些愚蠢的学者，都不了解国家治乱的实际情况，只是喋喋不休地大量搬弄古书上的道德说教，来扰乱当代的治理；他们的智谋还不够用来避开掉入陷阱与水井的危险，却还要胡乱地非难法术之士。听信了他们的言论，国家就会危险；采用了他们的计策，国家就会混乱：这些也就是最愚蠢而对国家的危害又最严重的人。他们同样和法术之士享有谈论政治、劝说君主的名声，而实际上却相差十万八千里，这些就是那些名声相同而实质不同的人啊。现今社会上那些愚蠢的学者和法术之士相比，就好像蚂蚁洞口的小土堆和大山相比一样，他们相差得也太远了。而圣人，能够明白是非曲直的实际情况，能够明察治乱的真相。所以他治理国家的时候，公正地彰明法令，设置了严厉的刑法，将用它们来解除民众遭受的祸乱，消除天下的灾难，使强者不欺侮弱者，人多的大国不残害人少的小国，老人能够如愿地享尽天年，幼孩孤儿能够得到抚育而成长，边境不受侵犯，君臣之间能够亲密相处，父子之间能够互相护养，而没有战死逃亡以及被囚禁俘虏的祸患，这也就是最大的功绩啊！愚蠢的学者不懂得这些道理，反而以为这些做法是暴虐无道的。愚蠢的人固然想要国家治理得好，但却憎恶那些用来治好国家的方法；都憎恶国家危亡，但却喜欢那些导致

人不知，顾[3]以为暴。愚者固欲治而恶其所以治，皆恶危而喜其所以危者。何以知之？夫严刑重罚者，民之所恶也，而国之所以治也；哀怜百姓轻刑罚者，民之所喜，而国之所以危也。圣人为法国者，必逆于世而顺于道德。知之者，同于义而异于俗；弗知之者，异于义而同于俗。天下知之者少，则义非矣。

国家危亡的因素。凭什么知道他们是这样的人呢？施行严厉的刑罚，是民众所厌恶的，但却是国家所以能治理得好的方法；同情、怜悯百姓而减轻刑罚，是民众所喜爱的，但却是国家发生危亡的原因。圣人在国内推行法治，必定要违反世俗偏见而顺应治国的规律。懂得这个道理的人，就会赞同合宜的法术主张而不苟同于世俗的偏见；不懂得这个道理的人，就会反对合宜的法术主张而赞同世俗的偏见。天下懂得这个道理的人少，那么合宜的法术主张就被认为是错的了。

注释

1 **讘誺**(niè jiá)：喋喋不休。 **诵**：述说。

2 **垤**(dié)：蚁封，蚂蚁做窝时堆在穴口的小土堆。

3 **顾**：反而。

原文

处非道之位，被众口之谮，溺于当世之言，而欲当严天子而求安，幾[1]不亦难哉？此夫智士所以至死而不显于世者也。楚庄王之弟春申君有爱妾曰余，春申君之正妻子曰

译文

法术之士处在自己的主张被非议的地位，又受到众人的诬陷，淹没在当代的流言蜚语之中，却想面对着严厉的君主去求得自身的安全，哪能不困难呢？这就是那些有智谋的法术之士到死也不能在社会上显扬的原因啊。楚庄王的弟弟春申君有一个宠爱的妾名叫余，春申君正妻的儿子名叫甲。余想要让春申君遗弃他的正妻，便自己打伤了自己来

甲。余欲君之弃其妻也，因自伤其身以视[2]君，而泣曰：“得为君之妾，甚幸。虽然，适夫人非所以事君也，适君非所以事夫人也。身故[3]不肖，力不足以适二主。其势不俱适，与其死夫人所者，不若赐死君前。妾以[4]赐死，若复幸于左右，愿君必察之，无为人笑。”君因信妾余之诈，为弃正妻。余又欲杀甲而以其子为后，因自裂其亲身衣之里以示君，而泣曰：“余之得幸君之日久矣，甲非弗知也，今乃欲强戏余。余与争之，至裂余之衣。而此子之不孝，莫大于此矣。”君怒，而杀甲也。故妻以妾余之诈弃，而子以之死。从是观之，父之爱子也，犹可以毁而害也。君臣之相与也，非有父子之亲也，而群臣之毁言，非特[5]一妾之口也，

让春申君看，并哭泣着说：“我能够做您的妾，感到十分幸运。但即使如此，顺从了夫人就无法来侍奉您，顺从了您却又无法去侍奉夫人。我自己本来就不成器，没有能力来顺从、服侍好你们两人。现在实际的情势是不能同时顺从、侍候你们两人，与其死在夫人那里，还不如在您的面前赐我一死。我被恩赐一死以后，如果您又爱上了您身边的其他人，希望您一定要明察这种难以同时侍奉好夫人与您的情况，不要再被别人笑话。”春申君便相信了余的欺骗，为了她而遗弃了正妻。余又想杀掉甲而让她的儿子作为继承人，便自己撕裂了她贴身衣服的里层来给春申君看，并哭泣着说：“我余得到您宠爱的日子已经很长了，甲不是不知道啊，今天他竟然要强行调戏我。我和他抗争，以至于撕裂了我的衣服。这儿子这样不孝，实在没有什么罪行比这个更大的了。”春申君发怒了，便杀掉了甲。所以春申君的正妻因为余的欺骗而被遗弃了，而他的儿子也因为余的一番话被杀死了。从这一点来看，父亲即使是那样地爱儿子，但还是可以因为别人的谗毁而把儿子杀害。君臣之间的相互交往，并没有父子之间那种亲密的关系，而群臣的毁谤，又不是单单一个妾的嘴巴所能比拟的，因此，那些贤能圣明的人被杀死又有什么奇

何怪夫贤圣之戮死哉！此商君之所以车裂于秦而吴起之所以枝解于楚者也。凡人臣者，有罪固不欲诛，无功者皆欲尊显。而圣人之治国也，赏不加于无功，而诛必行于有罪者也。然则有术数者之为人臣也，固左右奸臣之所害，非明主弗能听也。

怪的呢？这就是商君在秦国被五马分尸的原因，也是吴起在楚国被肢解的缘由啊。凡是做臣子的，有了罪本来就不想受到惩处，没有功劳却都想得到尊贵的地位和显赫的名声。而圣人治理国家，奖赏不加给没有功劳的人，对于有罪的人刑罚一定要执行。这样的话，那些掌握了统治术的人做了臣子，本来就是君主身边的奸臣所要陷害的对象，不是英明的君主是不会听信他们的法术主张的。

注释

1 **幾**：通“岂”。

2 **视**：通“示”。

3 **故**：通“固”。

4 **以**：通“已”。

5 **特**：只，单单。

原文

世之学者说人主，不曰“乘威严之势以困奸邪之臣”，而皆曰“仁义惠爱而已矣”。世主美仁义之名而不察其实，是以大者国亡身死，小者地削主卑。何

译文

当代的学者劝说君主，不说“凭借威严的权势去抑制奸邪的臣子”，却都说“只要仁义惠爱就可以治国了”。当代的君主欣赏仁义的名声而不去考察它的实质，因此程度严重的就导致国家灭亡而君主身死，程度稍轻的也使得国家领土削减而君主地位低下。凭什么来说明这一点呢？施舍、周济贫困的人，

以明之？夫施与贫困者，此世之所谓仁义；哀怜百姓不忍诛罚者，此世之所谓惠爱也。夫有施与贫困，则无功者得赏；不忍诛罚，则暴乱者不止。国有无功得赏者，则民不外[1]务当敌斩首，内不急力田疾[2]作，皆欲行货财事富贵、为私善立名誉以取尊官厚俸。故奸私之臣愈众，而暴乱之徒愈胜，不亡何待？夫严刑者，民之所畏也；重罚者，民之所恶也。故圣人陈其所畏以禁其邪，设其所恶以防其奸，是以国安而暴乱不起。吾以是明仁义爱惠之不足用，而严刑重罚之可以治国也。无棰策之威、衔橛之备[3]，虽造父[4]不能以服马；无规矩之法、绳墨之端，虽王尔[5]不能以成方圆；无威严之势、赏

这是世俗所谓的仁义；同情、怜悯百姓而不忍心施行刑罚，这是世俗所谓的惠爱。但有了对贫困者的施舍、周济，没有功劳的人就会得到赏赐；不忍心施行刑罚，那么暴虐作乱的人就不能被禁止。国家有了没有功劳就得到奖赏的人，那么臣民对外就不致力于抵挡入侵的敌人而斩首杀敌，在国内就不急切、尽力从事耕作，都想进行贿赂去奉承豪门贵族，做私下的好事来树立声誉，用这种办法来谋取高官厚禄。所以干邪恶的勾当而谋取私利的奸臣越来越多，而暴虐作乱的党徒更加占优势了，这样下去，国家不是灭亡，还能得到什么好结果呢？严刑，是民众所害怕的东西；重罚，是民众所厌恶的东西。所以圣人设置了民众害怕的严刑来禁止他们的邪恶，设立了民众厌恶的重罚来防止他们的狡诈，因此国家安定而暴虐作乱的事件不再发生。我因此而明白了仁义惠爱不值得采用，而严刑重罚可以用来治理国家。如果没有竹鞭的威势、马嚼子的装备，即使是造父这样的驾车能手也不能制服骏马；如果没有圆规、角尺的规范和墨线的平直，即使是王尔这样的巧匠也不能制作方形和圆形；如果没有威严的权势、赏罚的制度，即使是尧、舜这样的贤君也不能进行治理。现在的君主都轻率地放弃了严刑重罚，奉行仁爱慈惠，还想建立称霸称王的功业，这也是不可能有

罚之法，虽尧、舜[6]不能以为治。今世主皆轻释重罚严诛，行爱惠，而欲霸王之功，亦不可幾也。故善为主者，明赏设利以劝之，使民以功赏而不以仁义赐；严刑重罚以禁之，使民以罪诛而不以爱惠免。是以无功者不望，而有罪者不幸矣。托于犀车良马之上，则可以陆犯阪阻之患；乘舟之安，持[7]楫之利，则可以水绝江河之难；操法术之数，行重罚严诛，则可以致霸王之功。治国之有法术赏罚，犹若陆行之有犀车良马也、水行之有轻舟便楫也，乘之者遂得其成。伊尹得之，汤[8]以王；管仲得之，齐以霸；商君得之，秦以强。此三人者，皆明于霸王之术，察于治强之数，而不以牵于

什么希望的啊。所以善于做君主的人，彰明奖赏的制度，设置获得利禄的规章来鼓励臣民，使臣民因为有了功劳而受到奖赏，不是因为君主奉行仁义而受到恩赐；设置严刑重罚来限制臣民，使臣民因为犯了罪而受到惩处，不是因为君主奉行仁爱慈惠而被赦免。因此，没有功劳的人不指望得到赏赐，而有罪的人也没有侥幸逃脱惩罚的心理。坐上坚固的车子，驾上优良的骏马，就可以在陆地上克服崎岖险阻造成的困难；凭借船的安稳，依靠船桨的便利，就可以在水上越过江河阻隔的困难；掌握了法术之道，实行严刑重罚，就可以取得称霸称王的功业。治理国家有了法术赏罚，就好像在陆地上行进有了坚固的车子和优良的马匹、在水面上航行有了轻快的船只和便利的船桨，凭借法术赏罚的人就能获得成功。伊尹掌握并运用了法术赏罚，商汤因此而称王天下；管仲掌握并运用了法术赏罚，齐桓公因此而称霸诸侯；商君掌握并运用了法术赏罚，秦国因此而强大无敌。这三个人，都明白使君主称霸称王的法术，清楚使国家安定强大的方法，而不把自己局限在世俗的议论之中；由于合乎当时英明君主的心意，因此就有了他们这种直接被提拔任用的平民百姓，一下子站在贵卿、相国的位置上；他们处在这样的高位上来治理国家，就有了使君主尊贵、领土扩大

世俗之言；适当世明主之意，则有直任布衣之士，立为[9]卿相之处；处位治国，则有尊主广地之实：此之谓足贵之臣。汤得伊尹，以百里之地立为天子；桓公得管仲，立为五霸主[10]，九合诸侯，一匡天下；孝公得商君，地以广，兵以强。故有忠臣者，外无敌国之患，内无乱臣之忧，长安于天下，而名垂后世，所谓忠臣也。若夫豫让为智伯臣也[11]，上不能说人主使之明法术度数之理以避祸难之患，下不能领御其众以安其国。及襄子[12]之杀智伯也，豫让乃自黔劓，败其形容，以为智伯报襄子之仇。是虽有残形杀身以为人主之名，而实无益于智伯若秋毫之末[13]。此吾之所下也，而世主以为忠而高之。古有伯夷、叔齐者，武王[14]让以天下而弗受，二人饿死首阳之陵[15]。若此臣，不畏重诛，不利重

的实绩：这种人才称得上是值得尊重的大臣。商汤得到了伊尹，只依靠了百里见方的领土就做了天子；齐桓公得到了管仲，就成为春秋五霸的第一个霸主，多次会合诸侯，使天下得到匡正；秦孝公得到了商君，领土因此而扩大，兵力因此而强大。所以君主有了忠臣，对外就不会有敌国入侵的灾难，对内也不会有奸臣作乱的忧患，活着可以在天下长治久安，死了可以使自己的名声流传到后代，有这种功德的臣子才是我所说的忠臣。至于豫让做智伯的家臣，向上不能劝说自己的主子使他明了法度、术数等治国之道来避免遭受灾难，向下又不能领导智伯的民众来安定智伯的封国。等到赵襄子杀掉了智伯，豫让才自己涂黑了皮肤，割去了鼻子，毁坏了自己的形体容貌，用这种办法去为智伯报赵襄子的仇。这种臣子虽然有残害自己的容貌、献出自己的生命来为君主效劳的名声，而实际上对于智伯没有一点好处。这种臣子是我所鄙视的，但当代的君主却认为他忠于君主而尊崇他。古代有伯夷、叔齐这种人，周武王把天子的位置让给他们而他们也不接受，两个人宁愿饿死在首阳山。像这样的臣子，不怕严厉的刑罚，不贪图优厚的奖赏，不可以用刑罚

赏，不可以罚禁也，不可以赏使也，此之谓无益之臣也。吾所少而去也，而世主之所多而求也。

来限制他们，不可以用奖赏来驱使他们，这叫作对君主没有裨益的臣子。这种臣子是我所鄙视而抛弃的，但却是当代的君主所赞赏而访求的。

注释

1 **不外：**“外”字当在“不”字前。

2 **疾：**急切。

3 **棰：**和“策”同义，竹制的鞭子。 **衔：**马嚼子，勒在马口中的铁。 **橛(jué)：**马嚼子，马口所衔的横木。

4 **造父：**周穆王的车夫，善于驾驭车马。

5 **王尔：**古代巧匠。

6 **尧、舜：**传说中的圣君。

7 **持：**通“恃”，凭借。

8 **汤：**原为商族领袖，后来任用伊尹为相，灭掉夏桀，建立了商朝。

9 **为：**犹“于”。

10 **主：**首，指第一个。

11 **豫让：**春秋战国之际晋卿智伯的家臣，智伯被灭后，他决心为智伯报仇，于是改名换姓，自毁面容，用漆涂身破坏皮肤，吞炭使自己声音沙哑，一再谋刺赵襄子，结果没有成功，被围后自杀。 **智伯：**指荀瑶，公元前455年起，他联合韩、魏攻打赵襄子。公元前453年，赵国之臣张孟谈说服韩、魏与赵联合，擒杀智伯而三分其地。

12 **襄子：**指赵襄子，战国初期晋国大夫，公元前453年，他联合韩康子、魏宣子共同灭了智氏。

13 **秋毫：**兽类在秋天新长出来的毫毛。 **末：**末端。

14 **武王：**指周武王姬发，他继承其父文王的遗志，带兵东征，消灭了商纣王，建立了西周王朝。

15 **首阳之陵：**古又称“首阳山”，位于今山西永济西南。

原文

谚曰："厉[1]怜王。"此不恭之言也。虽然，古无虚谚，不可不察也。此谓[2]劫杀死亡之主言也。人主无法术以御其臣，虽长年而美材，大臣犹将得势擅事主断而各为其私急，而恐父兄豪杰之士借人主之力以禁诛于己也，故弑贤长而立幼弱，废正的而立不义[3]。故《春秋》[4]记之曰："楚王子围将聘于郑[5]，未出境，闻王病而反[6]。因入问病，以其冠缨绞王而杀之，遂自立也。齐崔杼[7]，其妻美，而庄公[8]通之，数如崔氏之室。及公往，崔子之徒贾举率崔子之徒而攻公。公入室，请与之分国，崔子不许；公请自刃于庙，崔子又不听；公乃走，逾于北墙。贾举射公，中其股，公坠，崔子之徒以戈斫公而死

译文

谚语说："生癞疮的人哀怜君主。"这是对君主大不敬的话。但尽管如此，古代并没有什么虚妄的谚语，所以不可以不细加审察。这实是针对那些被劫杀而死亡的君主说的。君主如果没有法术来驾驭自己的臣子，那么即使年龄大、资质好，大臣们还是会取得君主的权势，独揽国家的政事，执掌决断的大权，而各自去干他们的私人要事，他们害怕君主的叔伯和兄弟以及掌握了法术的豪杰之士凭借君主的力量来约束和惩办自己，所以就杀掉贤能年长的君主而拥立年幼懦弱的君主，废掉应该继位的嫡长子而拥立不该继位的人。所以《春秋左传》记载说："楚国的王子围受君主委托将到郑国去进行国事访问，还没有出境，听说楚王生病就回来了。接着便进宫去询问楚王的病情，用他的帽带把楚王勒死了，于是就自己立为楚王。齐国的大夫崔杼，他的妻子崔氏很漂亮，齐庄公和她通奸，屡次到崔氏的房间里。等到庄公再次前往的时候，崔杼的家臣贾举率领崔杼的门徒去攻打庄公。庄公跑进房间，请求和崔杼瓜分齐国，崔杼不答应；庄公请求在宗庙里用刀自杀，崔杼又不肯听从；庄公就逃跑，翻越北墙。贾举用箭射庄公，射中了他的大腿，庄公便坠落在地，崔杼的门徒就用长戈砍杀庄公而把他杀死了，接着崔

之，而立其弟景公[9]。”近之所见：李兑[10]之用赵也，饿主父[11]百日而死；卓齿[12]之用齐也，擢湣王[13]之筋，悬之庙梁，宿昔[14]而死。故厉虽痈肿疕疡[15]，上比于《春秋》，未至于绞颈射股也；下比于近世，未至饥死擢筋也。故劫杀死亡之君，此其心之忧惧，形之苦痛也，必甚于厉矣。由此观之，虽“厉怜王”可也。

杼就拥立了庄公的弟弟景公。”最近所见到的有：李兑在赵国掌权，把主父饿了上百天而把他饿死了；卓齿在齐国得到了任用，便抽了齐湣王的筋，把他吊在宗庙的梁上，过了一夜就死了。所以癞疮虽然化脓溃烂，弄得毛发脱落，但向上和《春秋左传》所记载的事情相比，还没有落到勒脖子、射大腿的地步；向下和近代发生的事情相比，还不至于饿死、抽筋啊。所以被劫杀而死亡的君主，他们内心的忧惧，肉体上的痛苦，一定比生癞疮的人更厉害。从这种情况来看，即使是“生癞疮的人哀怜君主”，也是合适的啊。

注释

1 **厉**(lài)**：**通“癞”，一种恶疮，又称为麻风。此指生麻风病的人。

2 **谓：**通“为”。

3 **正的：**正统的嫡长子，指合法的继承人。按照古代的宗法制度，君位必须由大宗一系的嫡长子世袭。的，通“嫡”，此指正妻所生的长子。**不义：**不适宜，指不符合宗法继承原则。

4 **《春秋》：**古代的史书，此指《左氏春秋》，即《左传》。下面的事分别记载于《左传》昭公元年(前 541)和襄公二十五年(前 548)。

5 **王子围：**熊氏，名围。春秋时楚共(gōng)王的儿子，故称王子围。公元前 541 年，他杀死楚王郏敖自立为王，即楚灵王，公元前 540—前 529 年在位。 **聘：**受君主委托而出国访问。

6 **王：**指楚王郏敖。

7 **崔杼：**春秋时齐国大夫。

8 **庄公：**指齐庄公，春秋时齐国君主。

9 **景公**:指齐景公,春秋时齐国君主。

10 **李兑**:战国时赵国的大臣,当时任司寇。

11 **主父**:即赵武灵王,战国时赵国国君。公元前299年,他把王位传给小儿子赵何(即赵惠文王,公元前298—前266年在位),自号"主父"。后来,他又可怜长子赵章,想分割赵国,使赵章称王于代,于是引起内乱。公元前295年,李兑帮助赵惠文王与赵章争夺君权,公子章逃避到沙丘(在今河北广宗西北大平台)主父所居的沙丘宫中,李兑与公子成包围沙丘宫,杀公子章后,怕放了主父而自己被诛,于是继续围主父于沙丘宫中三月余,主父因此被饿死。

12 **卓齿**:战国时楚将。公元前284年,燕、秦、魏、韩、赵等五国联合攻齐,燕将乐毅攻入齐国首都临淄,齐湣王逃到莒(今山东莒县)。后来楚国派卓齿率兵救齐,卓齿便做了齐湣王的相,接着他又杀了湣王。

13 **湣**(mǐn)**王**:战国时齐国国君,约公元前301—前284年在位。

14 **昔**:通"夕",夜。

15 **痈肿**:一种毒疮,患者的皮肤和皮下组织发炎化脓。这里指癞疮化脓。**疕**(bǐ):头疮,患者头发脱落。这里指癞疮造成的毛发脱落。 **疡**:一种皮肤溃疡病,患者皮肤化脓溃疡。这里指癞疮溃疡腐烂。

亡 征

导读

亡征,就是灭亡的征兆,指国君丧失政权的征兆。

文章首先列举了四十七种国君亡国的征兆。这四十七种亡国的征兆,并不是对政治现实的简单罗列,而是韩非从政治、经济、外交、军事、文化乃至君主的修养爱好及其家庭情况等方面入手进行了广泛而又深入的考察后对各种政治教训所作出的理论概括，所以具有较普遍的理论意义。本文不但反映了春秋战国时期的政治状况，而且也有助于我们对历代封建王朝崩溃原因进行分析。因此，此文实是我国古代政治理论中的瑰宝。

文章在详尽地指出了国君亡国的内在根据以后，又强调了其亡国的外部条件。由此可以看出，韩非的思想中包含着合理的辩证法因素。文章最后指出："万乘之主，有能服术行法以为亡征之君风雨者，其兼天下不难矣！"由此可见，韩非写作此文的目的，并不只是为了给君主敲响警钟，而是希望大国之君在消除本国"亡征"的同时，进而依靠法术来成就帝王大业。

原文

凡人主之国小而家大，权轻而臣重者，可亡也。

简法禁而务谋虑，荒封内而恃交援者，可亡也。

群臣为学，门子好辩，商贾外积，小民右仗者[1]，可亡也。

好宫室台榭陂池[2]，事车服器玩，好罢露百姓[3]，煎靡货财者，可亡也。

用时日，事鬼神，信卜筮而好祭祀者，可亡也。

译文

大凡君主的国家弱小而卿大夫的封国强大，君主的权势轻而臣下的权势重，这种国家的国君可能会亡国。

轻视法律禁令而致力于计谋智巧，荒废了境内的治理而依赖结交外国来求得援救，这种国君可能会亡国。

群臣研治儒、墨之学，卿大夫的嫡子爱好辩说，商人在国库之外聚敛货财，平民百姓崇尚弄枪舞剑，这种国家的国君可能会亡国。

爱好兴建宫殿馆舍、高台敞屋、筑堤挖池，讲究车马服装、器用玩物，喜欢搞得老百姓疲劳羸弱，榨取与浪费百姓的货物钱财，这种国君可能会亡国。

办事得用占候来选择良辰吉日，崇拜、侍奉鬼神，迷信占卜，喜欢祭祀，这种国君可能会亡国。

听以爵不待参验，用一人为门户者，可亡也。

听取意见只根据说话人的爵位高低而不依靠用事实来加以检验，只把一个人作为吸取意见的窗口，这种国君可能会亡国。

官职可以重求，爵禄可以货得者，可亡也。

官职可以靠权势求得，爵位、俸禄可以用钱财买到，这种国家的国君可能会亡国。

缓心而无成，柔茹[4]而寡断，好恶无决而无所定立者，可亡也。

思想松垮、懒散而不求有成，软弱、胆怯而优柔寡断，对好坏不会判断因而拿不定主意，这种国君可能会亡国。

饕贪而无餍，近利而好得者，可亡也。

极其贪婪而不满足，追求财利而爱占便宜，这种国君可能会亡国。

喜淫辞而不周于法，好辩说而不求其用，滥[5]于文丽而不顾其功者，可亡也。

喜欢浮夸的言辞而不合于法度，爱好巧妙的辩说而不去追求它的实用价值，陶醉于文采的美妙而不顾它的功效，这种国君可能会亡国。

浅薄而易见[6]，漏泄而无藏，不能周密而通群臣之语者，可亡也。

性格不深沉而容易外露，经常泄露机密而藏不住话，不能严守秘密而把大臣们的话透露出去，这种国君可能会亡国。

很[7]刚而不和，愎谏而好胜，不顾社稷而轻为自信者，可亡也。

凶狠强硬而不随和，固执地不听别人的劝谏而喜欢盛气凌人，不顾国家的安危而轻薄地自以为是，这种国君可能会亡国。

恃交援而简近邻，怙强大之救而侮所迫之国者[8]，可亡也。

依赖结交外援而怠慢邻近的国家，倚仗强大国家的援救而轻侮紧靠着的邻国，这种国家的国君可能会亡国。

羁旅侨士[9]，重帑[10]在外，上间[11]谋计，下与民事者，可亡也。

寄居在国内的客人与侨居在国内的游士，他们的大量钱财留在国外，却让他们在上面参与出谋划策，在下面干预民众的事务，这种国家的国君可能会亡国。

注释

1 **右**:崇尚。 **仗**:兵器的总称。

2 **榭**:建筑在台上的房屋。 **陂**(bēi):水池的岸。

3 **罢**(pí):通“疲”。 **露**:羸弱。

4 **茹**:通“懦”。

5 **滥**:贪。

6 **见**(xiàn):同“现”。

7 **很**:通“狠”。

8 **怙**(hù):恃,倚仗。 **迫**:逼近。

9 **羁**:寄。 **旅**:客。

10 **帑**(tǎng):钱财。

11 **间**(jiàn):参与。

原文

民信其相,下不能[1]其上,主爱信之而弗能废者,可亡也。

境内之杰不事,而求封外之士,不以功伐课试,而好以名问举错[2],羁旅起贵以陵故常者,可亡也。

轻其適正[3],庶子称衡,太子未定而主即世者,可亡也。

大心而无悔,国乱而自多,不料境内之资而易其邻敌者,

译文

民众都相信他们的相国,以致臣下都认为自己的君主无能,但君主仍然宠爱、信任相国而不能把他废除,这种国家的国君可能会亡国。

国内的杰出人才不加以任用,反而去追求国外的人士,不按功劳进行考核,而喜欢根据名望、声誉来提拔、安置官吏,侨居在国内的客人被起用到尊贵的位置上而凌驾于本国的旧臣之上,这种国家的国君可能会亡国。

君主使自己正妻所生的长子地位轻微,而让其他的儿子和他抗衡,太子还没有确定而君主就去世了,这种国家的国君可能会亡国。

可亡也。

国小而不处卑，力少而不畏强，无礼而侮大邻，贪愎而拙交者，可亡也。

太子已置，而娶于强敌以为后妻，则太子危，如是，则群臣易虑；群臣易虑者，可亡也。

怯慑而弱守，蚤[4]见而心柔懦，知有[5]谓可，断而弗敢行者，可亡也。

出君在外而国更置，质太子未反而君易子，如是则国携[6]；国携者，可亡也。

挫辱大臣而狎[7]其身，刑戮小民而逆其使，怀怒思耻而专习，则贼生；贼生者，可亡也。

大臣两重，父兄众强，内党外援以

狂妄自大而又不悔悟，国家混乱不堪还自吹形势大好，不估量一下国内的实力而藐视邻近的敌国，这种国君可能会亡国。

国家弱小而不肯处在低下的地位，力量微弱而不怕强大的国家，没有礼貌而侮辱强大的邻国，贪婪固执而不善于外交，这种国家的国君可能会亡国。

太子已经确立，却从强大的敌国娶了女人作为皇后，那么太子就危险了，像这样，那么大臣们就会变心；大臣们变心的国家，其国君可能会亡国。

胆小怕事而不能坚持自己的意见，问题早已发现而心肠软弱不敢去解决，事情知道了又说可以做，但有了决断却不敢实施，这种国君可能会亡国。

出国的君主还在国外而国内另立了君主，在国外当人质的太子还没有回国而君主另立了太子，像这样，那么国内的臣民就会有二心；国内的臣民有二心的国家，其国君可能会亡国。

折磨、污辱了大臣而又亲近他们，处罚了平民百姓而又违反情理去使用他们，这些人怀恨在心、不忘耻辱却受到专任和亲近，那么劫杀君主的事就会发生；发生劫杀之事的国家，其国君可能会亡国。

大臣中有两个同时被重用，君主的叔伯、兄弟都强大，他们各自在国内拉帮结派、在国外寻求援助来争夺政权，这种国家的国君可能会亡国。

争事势者，可亡也。

嬖妾之言听，爱玩之智用，外内悲惋而数行不法者，可亡也。

简侮大臣，无礼父兄，劳苦百姓，杀戮不辜者，可亡也。

好以智矫法，时以行杂公，法禁变易，号令数下者，可亡也。

无地固，城郭恶，无畜[8]积，财物寡，无守战之备而轻攻伐者，可亡也。

种类不寿，主数即世，婴儿为君，大臣专制，树羁旅以为党，数割地以待交者，可亡也。

太子尊显，徒属众强，多大国之交，而威势蚤具者，可亡也。

婢女小妻的话被听从，便嬖弄臣的想法被采用，朝廷内外都为此悲痛、惋惜而君主还是屡次干不合法度的事，这种国君可能会亡国。

对大臣轻视、怠慢，对叔伯、兄弟没有礼貌，使老百姓劳累、困苦，又杀戮无罪的人，这种国君可能会亡国。

喜欢凭自己的聪明才智去改变法制，常常把自己的德行夹杂在国家法令中当作人们行动的准则，法律、禁令不断改变，号召、命令屡次下达，这种国君可能会亡国。

没有险要易守的地形，内城、外城又都坏得一塌糊涂，国家没有积蓄，财物缺少，没有防守和作战的准备而轻易发动战争，这种国家的国君可能会亡国。

国君的种族寿命不长，君主频频去世，婴儿当国君，大臣不但独揽了国家大权，而且又扶植了在国内侨居的客人、游士并把他们作为自己的党羽，又屡次割让领土去款待盟国，这种国家的国君可能会亡国。

太子尊贵显赫，他的党羽人数众多、势力强盛，又与很多大国都有结交，他的威势很早就具备了，这种国家的国君可能会亡国。

注释

1 **能:**意动用法，认为……有才能。

2 **问:**通“闻”。 **错:**通“措”。

3 **適**(dí):通“嫡”。 **正:**与“嫡”同义。

4 **蚤**:通“早”。

5 **有**:通“又”。

6 **携**(xié):离心,有二心。

7 **狎**:亲近而不庄重。

8 **畜**:后作“蓄”。

原文

变褊[1]而心急,轻疾而易动发,心悁忿而不訾前后者[2],可亡也。

主多怒而好用兵,简本教而轻战攻者,可亡也。

贵臣相妒,大臣隆盛,外借敌国、内困百姓以攻怨仇,而人主弗诛者,可亡也。

君不肖而侧室贤,太子轻而庶子伉,官吏弱而人民桀,如此,则国躁;国躁者,可亡也。

藏怨而弗发,悬罪而弗诛,使群臣阴憎而愈忧惧,而久未

译文

内心忧郁、胸襟狭窄而性情急躁,轻率、浮躁而容易冲动,心里有了愤怒就不能思前顾后了,这种国君可能会亡国。

君主经常发怒而喜欢用兵打仗,忽视务农、练兵而轻易发动战争,这种国家的国君可能会亡国。

处在高位的权贵互相妒忌,大臣强盛,他们在外依靠敌国、对内使百姓困苦来攻击自己怨恨的仇人,而君主却不能惩处他们,这种国家的国君可能会亡国。

君主没有德才而他的兄弟却很贤能,太子微弱而其他的儿子强盛,官吏软弱而民众凶暴,像这样,那么国家就动荡不安;国家动荡不安,其国君可能会亡国。

心里对臣子怀有怨恨而不发出来,对犯了罪的臣子迟迟不加惩处,使群臣暗中憎恨君主而更加担心害怕,以致过了很久臣子们还是不能知道自己会有什么结果,这种国君可能会亡国。

派出军队时授予将军的权力太大,任命边疆地区的郡守时给他们的地位太高,让他们独揽处理政事和发号施令的大权,可以直接处理一切事情而不需要向君主请示报告,这种国君可能会亡国。

可知者，可亡也。

出军命将太重，边地任守太尊，专制擅命，径为而无所请者，可亡也。

后妻淫乱，主母畜秽，外内混通，男女无别，是谓两主；两主者，可亡也。

后妻贱而婢妾贵，太子卑而庶子尊，相室轻而典谒重，如此，则内外乖；内外乖者，可亡也。

大臣甚贵，偏党众强，壅塞主断而重擅国者，可亡也。

私门之官用，马府之世绌[3]，乡曲之善举，官职之劳废，贵私行而贱公功者，可亡也。

公家虚而大臣实，正户贫而寄寓富，耕战之士困，末作之民利者，可亡也。

见大利而不趋，闻

皇后正妻淫乱，太后畜养淫乱的姘夫，宫廷内外胡乱地私通，男女之间没有尊卑之分，以致皇后、太后等和君主势力相当而分庭抗礼，这叫作两个主子；有了两个主子的国家，其国君可能会亡国。

皇后正妻地位低下而婢女小妾地位高贵，太子被贬抑而其他的儿子反受到尊重，相国的权势轻微而主管传达的侍从官的权势重大，像这样，那么宫廷内外的正常秩序就被违背了；宫廷内外正常秩序被违背的国家，其国君可能会亡国。

大臣地位很高，他的党羽人数众多而势力强大，他们蒙蔽君主、专权独断、职位重要而完全控制了国家政权，这种国家的国君可能会亡国。

大臣门下的家臣被任用，而立过军功的将帅幕府中的后代却被废黜不用，偏僻乡村中那些有好名声的隐士被提拔，而官署中那些辛劳工作的官吏却被罢免，尊重谋取私利的行为而鄙视为国家立功的劳作，这种国家的国君可能会亡国。

国力空虚而大臣充实，有正式常住户口的人家贫穷而没有固定户籍来寄居的人却很富裕，种田打仗的人困苦而做工经商的人获利，这种国家的国君可能会亡国。

看见了重大利益却不去追求，知道了祸乱的苗头却不去防备，对于战争攻守的事情见识十分浅薄，而致力于用仁义来要求自

祸端而不备，浅薄于争守之事，而务以仁义自饰[4]者，可亡也。

己，这种国君可能会亡国。

不为人主之孝[5]，而慕匹夫之孝，不顾社稷之利，而听主母之令，女子用国，刑余[6]用事者，可亡也。

不致力于奉行君主的孝道去保住自己的尊贵地位，治理好国家以使自己的祖宗永远得到祭祀，而致力于仰慕平民百姓的孝行去服从、赡养父母，不顾国家的利益，而听从太后的命令，让女人当道治国，让宦官执政，这种国君可能会亡国。

辞辩而不法，心智而无术，主多能而不以法度从事者，可亡也。

能说会道而不合法度，头脑聪明而不懂权术，君主很有才能但不按照法度来办事，这种国君可能会亡国。

亲臣进而故人退，不肖用事而贤良伏，无功贵而劳苦贱，如是，则下怨；下怨者，可亡也。

亲近的臣子被任用而原来的臣子被辞退，德才不好的人掌权而德才兼备的人被埋没，没有功劳的人地位显贵而为国家辛苦劳动的人地位却很卑贱，像这样，那么臣民就怨恨；臣民怨恨的国家，其国君可能会亡国。

父兄大臣禄秩过功，章服侵等，宫室供养大[7]侈，而人主弗禁，则臣心无穷；臣心无穷者，可亡也。

叔伯、兄弟、大臣的俸禄等级超过了他们的功劳所应该得到的标准，他们的礼服逾越了规定的等级，他们的住房、给养都太奢侈，而君主却不加禁止，那么臣下的欲望就没有止境；臣下的欲望没有止境的国家，其国君可能会亡国。

公婿公孙与民同门，暴傲[8]其邻者，可亡也。

皇亲国戚如果和老百姓住在同一个里巷门内，对他们的邻居横行霸道，这种国家的国君可能会亡国。

注释

1 **褊**：气量狭小。

2 **悁**(yuān)：愤怒。 **訾**(zī)：思，考虑。

3 **马府:**当为“幕府”之音误,指立过军功的将帅。 **世:**父亲死后由儿子继承其位叫“世”,引申指子孙。 **绌:**通“黜”。

4 **饰:**通“饬”,整治。

5 **人主之孝:**君主的孝道,指保住国家政权而使自己的祖宗永远得到祭祀。

6 **刑余:**指阉割过的宦官。

7 **大**(tài):同“太”。

8 **慠:**同“傲”。

原文

亡征者,非曰必亡,言其可亡也。夫两尧不能相王,两桀不能相亡;亡王之机,必其治乱、其强弱相踦[1]者也。木之折也必通蠹,墙之坏也必通隙。然木虽蠹,无疾风不折;墙虽隙,无大雨不坏。[2]万乘之主,有能服[3]术行法以为亡征之君风雨者,其兼天下不难矣!

译文

有了亡国征兆的国君,不是说他一定会亡国,而是说他可能会亡国。两个像尧一样的贤明君主不可能互相统治对方,两个像桀一样的暴君不可能互相消灭对方;使对方灭亡或向对方称王的时机,一定是在他们的治乱、他们的强弱不平衡的时候。树木的折断一定是因为被蛀虫蛀通了,墙壁的倒塌一定是因为被裂缝贯穿了。然而树木虽然被蛀蚀了,没有狂风是不会折断的;墙壁虽然裂开了,没有暴雨是不会倒塌的。拥有万辆兵车的大国君主,如果有谁能运用术治实行法治从而使自己成为摧毁已有亡国征兆的国君的狂风暴雨,那么他兼并天下也就很容易了。

注释

1 **踦**(qī):偏重,不平衡。

2 以上两句的意思是:国家虽然有了灭亡的征兆,但如果没有强国、明君来攻打是不会灭亡的。

3 **服:**用。

三　守

导读

三守，就是三条守则，指君主应该牢守的三条政治原则。

文章首先论述了这三条政治原则以及不遵守这三条原则造成的祸害。第一条原则是：君主不能泄露臣下的议论，否则就会听不到臣下的忠诚正直之言。第二条原则是：君主必须独掌赏罚大权，否则就会丧失权威。第三条原则是：君主必须亲理朝政，否则就会大权旁落。

文章接着又指出了因为君主"三守不完"而产生的"三劫"，即奸臣劫持君主的三种手段：一是公开利用手中掌握的国家大权使群臣不敢再"忠主忧国"，二是利用处理政事的机会来劫持君主，三是利用手中掌握的生杀大权来劫持君主。

"三守"是明君之道，"三劫"是奸臣之术，君主之"三守完"，则臣下之"三劫止"，君主就可以称王天下了。可见韩非提出"三守"，指出"三劫"，目的还是在为君主兼并天下提供理论参考。

原文

人主有三守，三守完，则国安身荣；三守不完，则国危身殆。何谓三守？

人臣有议当途之失、用事之过、举[1]臣之情，人主不心藏而漏之近习能

译文

君主有三条应该遵守的原则，这三条原则遵守得周到，那么国家就安定，自身也荣耀；这三条原则遵守得不好，那么国家就危险，自身也危险。这三条原则是什么呢？

第一，臣子中有人议论掌权者的过

人，使人臣之欲有言者，不敢不下适近习能人之心，而乃上以闻人主。然则端言直道之人不得见，而忠直日疏。

爱人，不独利也，待誉而后利之；憎人，不独害也，待非而后害之。然则人主无威而重在左右矣。

恶自治之劳惮[2]，使群臣辐凑之变，因传柄移藉[3]，使杀生之机、夺予之要[4]在大臣，如是者侵。

此谓三守不完。三守不完，则劫杀之征也。

失、处理政事的错误、提拔臣子的实情，君主不把这些话藏在心里而泄露给身边的亲信和红人，使臣子中那些有话要对君主说的人不敢不先向下去迎合亲信、红人的心意，然后才向上把这些话说给君主听。这样的话，那么说话正直、办事公正的人君主就见不到了，而忠诚耿直的人就一天天被疏远了。

第二，君主喜欢某一个人，不是独自做主去给他好处，而要等到身边的人称赞他以后才给他好处；君主憎恨某一个人，不是自己做主去给他害处，而要等到身边的人非议他以后才给他害处。这样的话，那么君主就没有威势，而权势全落在身边的人手里了。

第三，君主厌恶亲自治理政事的劳累，使群臣像车辐聚集于车毂似的发生了变化——从直接聚集在君主周围变为聚集在亲信、红人周围，从而使权柄和势位发生转移，生杀、赏罚的机要大权都握在大臣手中，像这样的君主就要受到侵害了。

上述这些就是三条原则遵守得不好。三条原则遵守得不好，那是君主将要被劫持、杀害的征兆啊。

注释

1 **举**：推荐，选用。

2 **惮**：通“瘅”，劳累。

3 **藉**：通“阼”，势位。

4 **要**：与“机”同义，指机要大权。

原文

凡劫有三：有明劫，有事劫，有刑劫。

人臣有大臣之尊，外操国要以资[1]群臣，使外内之事非己不得行。虽有贤良，逆者必有祸，而顺者必有福。然则群臣莫敢忠主忧国以争社稷之利害。人主虽贤，不能独计，而人臣有[2]不敢忠主，则国为亡[3]国矣。此谓国无臣。国无臣者，岂郎中虚而朝臣少哉？群臣持禄养交，行私道而不效公忠。此谓明劫。

鬻宠擅权，矫外以胜内，险言祸福得失之形以阿[4]主之好恶。人主听之，卑身轻国以资之，事败与主分其祸，而功成则臣独专之。诸用事之人，壹心同辞以语其美，则主言恶者必不信矣。此谓事劫。

译文

大凡臣下劫持君主的情况有三种：有明目张胆地来劫持，有通过政事来劫持，有利用刑罚来劫持。

臣子有了大臣的尊贵地位，在宫廷之外操纵了国家大权来网罗、控制群臣，使朝廷内外的事情没有他就不能办。即使有贤能、优秀的人才，反对他一定会遭殃，而顺从他一定会得福。这样，那么群臣之中就没有人再敢忠于君主、忧虑国事来为国家的利害关系而抗争了。君主即使贤能，也不能独自一个人决策，而臣子又不敢忠于君主，那么这个国家就成为君主丧失权势的国家了。这叫作国家没有臣子。所谓国家没有臣子，哪里是指宫廷内的郎中缺乏而朝廷上的大臣稀少呢？而是指群臣拿了俸禄去豢养同党，走后门、搞私下交易而不向公家献出自己的忠心。这就是公开地来劫持君主。

卖弄君主对自己的宠爱，独揽了国家的大权，假托外国诸侯的势力来制服国内的臣民，危言耸听地渲染祸福得失的情形来迎合君主的爱憎。君主听从了他，就降低身份轻视国家利益去资助他；事情失败了，他就和君主平分祸害的责任；而大功告成，他就独自霸占成果。因而所有处理政事的人，一心一意、异口同声地来说他好，那么，带头说他不好的人也就必然不被君主相信了。这是通过政

至于守司囹圄、禁制、刑罚，人臣擅之。此谓刑劫。

事来劫持君主。

至于掌管监狱、禁令、刑罚，臣子独揽了这些权力，这是利用刑罚来劫持君主。

三守不完，则三劫者起；三守完，则三劫者止。三劫止塞，则王矣。

三条应该遵守的政治原则遵守得不好，那么这三种劫持君主的事就会发生；三条守则遵守得好，那么这三种劫持君主的事就会被制止。这三种劫持被制止、杜绝，那么君主就能称王天下了。

注释

1 **资**：取。

2 **有**：通“又”。

3 **亡**：指不能控制国家大权和役使臣下。

4 **阿**(ē)：迎合。

备　内

导读

备内，即防备宫内。此文之重心虽在论述防备宫内后妃、太子等人的弑君篡位，但同时也涉及防备其他奸臣的问题。文章突出地反映了韩非思想中人性自利、不可轻信于人等较为偏激的观点。

文章从奸臣利用君主的儿子、妻子来弑君篡位的历史事实入手，论证了君主不可轻信于人的观点。接着，韩非进一步从人性自利的观点出发，深入而详尽地分析了后妃、太子希望君主早死乃至使用“鸩毒扼昧”等手段杀害君主的原因，那就是：后妃、太子“情非憎君也”，而是“利在君之死也”。此后，韩非提出了一系列的防奸措施：“不举不参之事，不食非常之食”，反复检验来审查是非得失，“按法以治众”，实行严格的赏罚制度等。

最后，韩非总结了“上古之传言，《春秋》所记”的历史事实，进一步论述了“犯法为逆以成大奸者，未尝不从尊贵之臣”的观点。这一论断具有普遍的理论意义，因为要成“大奸”，必须手握大权，那就不能不是“尊贵之臣”了。

原文

人主之患在于信人。信人，则制于人。人臣之于其君，非有骨肉之亲也，缚于势而不得不事也。故为人臣者，窥觇[1]其君心也无须臾之休，而人主怠傲[2]处其上，此世所以有劫君弑主也。为人主而大信其子，则奸臣得乘于子以成其私，故李兑傅赵王而饿主父。为人土而人信其妻，则奸臣得乘于妻以成其私，故优施傅丽姬杀申生而立奚齐[3]。夫以妻之近与子之亲而犹不可信，则其余无可信者矣。

译文

君主的祸患在于信任别人。信任别人，那就会被别人控制。臣子对于他们的君主，不是因为有什么骨肉之亲才为君主效劳，而是因为受到权势的约束而不得不为君主效劳。所以做臣子的，窥测他们君主的心意没有一刻停止过，而君主却懈怠、傲慢地高居在他们的上面，这就是世上会发生劫持国君、杀害人主的原因啊。做君主的如果十分信任自己的儿子，那么奸臣就能凭借他的儿子来使自己的阴谋得逞，所以李兑辅佐赵惠文王而把赵武灵工饿死了。做君主的如果十分信任自己的妻子，那么奸臣就能利用他的妻子来使自己的阴谋得逞，所以优施教骊姬进谗言杀死了申生而立奚齐为太子。凭妻子这样的亲近关系和儿子这样的亲密身份，尚且不可以信任，那么其余的人就没有可以信任的了。

注释

1 **觇**(chān):暗中窥视,侦察。

2 **慠**:同"傲"。

3 **优施**:春秋时晋献公的俳优,名施。优,优伶,演员。 **丽姬**:即骊姬,晋献公的宠姬。 **申生**:晋献公的太子。 **奚齐**:骊姬的儿子,后立为太子。骊姬想立奚齐为太子,在优施的教唆下诋毁申生,申生被迫自杀。公元前651年,献公死,奚齐立为国君。

原文

且万乘之主、千乘之君,后妃、夫人、適[1]子为太子者,或有欲其君之蚤[2]死者。何以知其然?夫[3]妻者,非有骨肉之恩也,爱则亲,不爱则疏。语曰:"其母好者其子抱。"然则其为之反也,其母恶者其子释。丈夫年五十而好色未解[4]也,妇人年三十而美色衰矣。以衰美之妇人事好色之丈夫,则身见疏贱,而子疑不为后,此后妃、夫人之所以冀其君之死者

译文

况且拥有万辆兵车的大国君主和拥有千辆兵车的小国君主,他们的王后妃子、夫人以及正妻生的长子做了太子的,或有想要他们的君主早一点死的人。凭什么知道他们会这样呢?因为妻子与丈夫并没有骨肉般的恩情,相爱就亲近,不爱就疏远。俗话说:"母亲受到宠爱,她的孩子就常被父亲抱在怀里。"照这样的话,那么如果把它反过来说就是,母亲被厌恶,她的孩子就要被父亲抛弃了。成年的男子年龄到了五十岁而爱好女色的本性还没有减弱,妇女年龄到了三十岁而美丽的容貌已经衰退了。拿衰退了美貌的女人去侍奉爱好女色的男人,那么她自己就会被疏远和看不起,而她的儿子也疑心自己不能成为继承人,这就是王后妃子、夫人希望她们的君主死掉的原因。只有母亲成了太后而儿子做了君主,那么发布了命令就没有不执行的,下达了禁令就没有敢违反的,男女之间的欢乐也不比过去的君主在世

也。唯母为后而子为主，则令无不行，禁无不止，男女之乐不减于先君，而擅万乘不疑，此鸩毒扼昧之所以用也[5]。故《桃左春秋》曰："人主之疾死者不能处半。"人主弗知，则乱多资。故曰：利君死者众，则人主危。故爱马王良[6]，越王勾践[7]爱人，为战与驰。医善吮人之伤，含人之血，非骨肉之亲也，利所加也。故舆人成舆，则欲人之富贵；匠人成棺，则欲人之夭死也。非舆人仁而匠人贼也，人不贵，则舆不售；人不死，则棺不买。情非憎人也，利在人之死也。故后妃、夫人、太子之党成而欲君之死也，君不死，则势不重。情非憎君也，利在君之死也。故人主不可以不加心于利己死者。

时差，而独揽拥有万辆兵车的大国的政权更是毫无疑问的了，这就是鸩酒毒杀、绞缢扼杀、刎割斩杀等被使用的原因啊。所以《桃左春秋》说："君主生病而死的不能达到半数。"君主不懂得这个道理，那么奸臣作乱就有了更多的凭借。所以说：认为君主死了对自己有利，这样的人众多，那么君主就危险了。所以王良爱马，越王勾践爱人，是为了打仗和赶路。医生善于吮吸别人的伤口，口含别人的脓血，这并不是因为他和病人有骨肉之亲，而是因为利益被加在这些事上面，这样做可以获利。所以造车的人造好了车子，就希望别人富贵；木匠打好了棺材，就希望别人夭折早死。这并不是因为造车的人仁慈而木匠残忍，而是因为：别人不富贵，那么车子就卖不掉；别人不死，那么棺材就没人买。木匠的本意并不是憎恨别人，而是因为他的利益在别人的死亡上。所以后妃、夫人、太子的私党结成以后就希望君主快死去，因为君主如果不死，那么她们的权势就不大。她们的本意并不是憎恨君主，而是因为她们的利益在君主的死亡上。所以君主不能不对那些因为自己的死亡而有利可图的人多加留心。所以常言道："太阳、月亮有白色的光圈围绕在外面，它们的毛病却出在内部；防备自己所憎恨的人，祸根却在自己所亲爱的人身上。"所以英明的帝王不做没有检验过的事情，不吃不寻常的

故："日月晕围于外，其贼在内；备其所憎，祸在所爱。"是故明王不举不参之事，不食非常之食；远听而近视以审内外之失，省同异之言以知朋党之分，偶参伍之验以责陈言之实[8]；执后以应前，按法以治众，众端以参观；士无幸赏，赏无逾行[9]；杀必当，罪不赦：则奸邪无所容其私[10]矣。

食物；既打听远方的情况又观察身边的事情来审查朝廷内外的失误，检查附和与分歧的言论来了解党派的区分，对照将多方面的情况进行比较后所得到的检验结果来督责臣子陈述意见的诚实；拿事后的结果来对照事前的言行，按照法令来治理民众，根据各方面的情况来检验观照；对于官吏，没有侥幸的奖赏，对应该奖赏的，也不超越法制胡乱行赏；杀头的一定和他的罪行相当，有罪的一律不应赦免：这样的话，那么奸诈邪恶的人就没有地方能施展他们的阴谋了。

注释

1 **適**(dí)：通"嫡"。

2 **蚤**：通"早"。

3 **夫**(fú)：发语词。

4 **解**(xiè)：通"懈"。

5 **鸩**(zhèn)：一种毒鸟，此指用鸩的羽毛泡成的毒酒。 **扼**：掐住。 **昧**：与"刎"音近相通，割。

6 **王良**：春秋末年晋国赵简子的驾车人，以善于驾车闻名。

7 **勾践**：春秋末年越国的君主。他曾被吴国打败，后来卧薪尝胆，富国强兵，最终灭掉了吴国。

8 **偶**：对比。 **参伍**：表示多而错杂，引申指将多方面的情况放在一起进行比较。

9 **行**：赏赐。

10 **容其私**：容纳其私下的勾当。

原文

徭役多，则民苦；民苦，则权势起；权势起，则复[1]除重；复除重，则贵人富。苦民以富贵人，起势以借[2]人臣，非天下长利也。故曰：徭役少，则民安；民安，则下无重权；下无重权，则权势灭；权势灭，则德在上矣。今夫水之胜火亦明矣，然而釜鬵间之[3]，水煎沸竭尽其上，而火得炽盛焚其下，水失其所以胜者矣。今夫治[4]之禁奸又明于此，然守法之臣为釜鬵之行，则法独明于胸中，而已失其所以禁奸者矣。上古之传言，《春秋》所记，犯法为逆以成大奸者，未尝不从尊贵之臣也。然而法令之所以备，刑罚之

译文

徭役多了，那么民众就劳苦；民众劳苦，那么管理徭役的官吏的权势就发展起来了；他们的权势发展起来，由于他们能免除民众的徭役和赋税而权势更重了；由于他们能免除民众的徭役和赋税而权势更重，那么这些地位高贵的当权者就富裕了。使民众辛苦来使地位高贵的当权者发财，形成了权势来使臣下有所凭借，这不符合国家的长远利益。所以说：徭役少，那么民众就平安无事了；民众平安无事，那么臣下就没有重大的权力了；臣下没有重大的权力，那么他们的权势就消灭了；臣下的权势消灭了，那么恩德就全归于君主了。现在水能够胜过火的道理已经很清楚了，然而用锅把水、火隔开，水就在锅的上面被煮沸、烧干，而火却能在锅的下面猛烈地燃烧，这是因为水失去了它用来胜过火的条件。现在法治能够禁止奸邪的道理比水能胜过火的道理更清楚，然而执法的臣子在干锅的行为，把推行法治的君主与为非作歹的奸臣隔开，那么法治单单在君主的心里明白，却已经失去了它用来禁止奸邪的作用了。从远古的传说、《春秋》等史书上的记载来看，违犯法令造反作乱而成为巨奸的人，都出自尊贵的大臣。然而法令所防备的，刑罚所处罚的，通常都针对地位低下的人，因此民众感到绝望，没有地方去申诉冤屈。大臣们互相勾结，蒙蔽君主而抱成一团；暗地里非

所以诛，常于卑贱，是以其民绝望，无所告诉。大臣比周，蔽上为一，阴相善而阳相恶，以示无私；相为耳目，以候主隙；人主掩蔽，无道得闻；有主名而无实，臣专法而行之——周天子[5]是也。偏[6]借其权势，则上下易位矣。此言人臣之不可借权势也。

常友好而在表面上又假装互相憎恨，用来表示他们没有私下的交情；他们为自己的同党做耳目，来窥测君主的疏漏；而君主被蒙蔽了，没有什么门路能够了解他们的阴谋；这样，虽然有了君主的名义却没有君主的实际权力，大臣垄断了国家的法令而独断专行——周天子就是这样。君主身旁的辅佐大臣借用了君主的权势，那么君臣上下就改变了地位。这是说君主不可以让臣下借用权势啊。

注释

1 **复：**与“除”同义，免除赋税徭役。

2 **借：**凭借，使动用法。

3 **鬵(xín)：**大釜，大锅。 **间：**隔开。

4 **治：**当为“法”字之讹。

5 **周天子：**指东周王朝的天子。战国时自周显王起，周天子一直寄居在西周公和东周公的封邑内，已经名存实亡。

6 **偏：**辅佐，指君主身旁的辅佐大臣。

南　面

导读

南面，就是面向南，古代以坐北朝南为尊位，君主见群臣时南面而坐，因而“南面”用来泛指君主的统治。本篇便集中论述了君主统治臣民时应该注意的几个问题。

首先，君主必须彰明法度。君主如果“不能明法而以制大臣之威”，“释法而以臣备臣”，那么臣下就会“比周”“朋党”，交相“非誉”“背法专制”来“惛主坏法”，所以臣下即使有“智能”“贤行”“忠信”，君主也得彰明法度来制约他们。

其次，君主必须防止臣下用办事或言论来诱惑、蒙蔽自己。对于臣下办的事，君主必须验证其功效是否与他的话相合，不合的就治罪，这是韩非经常强调的形名术。对于臣下的言论，君主必须追究其责任：臣子说了但做不到得追究责任，臣下想逃避责任而不说话也得追究责任，以便使群臣既不敢敷衍塞责而“妄言”，又不敢消极怠工而“默然”，从而充分利用臣下来为自己效劳。

第三，君主应该注意办事的功利性，必须是收入超过支出而有利可图的事才可以做，绝不能让“人臣出大费而成小功”来损害自己的利益。

第四，君主必须“知治”，一切以能否将社会治理好为旨归，而不能听信那些“无变古，毋易常”等迂腐保守的论调。这种以功利为旨归的变法思想，是韩非政治思想中的重要内容之一。但韩非主张变法，只注意到用武力来防范民众的反对，却未设法将“民心”引导到拥护变法的轨道上来。这种“拂于民心”的变法如果实施，变法者往往难以避免悲惨的结局。

原文

人主之过，在已任在臣[1]矣，又必反与其所不任者备之，此其说必与其所任者为仇，而主反制于其所不任者。今所与备人者，且曩之所备也。人主不能明法而以制大臣之威，无道[2]得小人之信矣。人主释法而以臣备臣，则相爱者比周而相誉，相憎者朋党而相非，非誉交争，则主惑乱矣。人臣者，非名誉请谒无以进取，非背法专制无以为威，非假[3]于忠信无以不禁：三者，惛[4]主坏法之资也。人主使人臣虽有智能，不得背法而专制；虽有贤行，不得逾功而先劳[5]；虽有忠信，不得释法而不禁：此之谓明法。

译文

君主的错误，在于已经任用了官吏，又一定要反过来和那些没有被任用的人去防备他们，这些没有被任用者的意见一定会和那些已被任用的人作对，这样，君主反而被那些没有被任用的人控制了。更何况现在和君主一起防备别人的人，还是过去被君主防备的人。君主如果不能彰明法度来制约大臣的威势，那就无从取得小民的信仰了。君主放弃了法制而用臣子去防备臣子，那么互相亲爱的臣子就会紧密勾结而互相吹捧，互相仇恨的臣子就会各自结成私党而互相诽谤，诽谤和吹捧交相争斗，那么君主就迷惑昏乱了。做臣子的，不在名声上被吹捧以及托人说情就没有办法晋升，不违反法制而专权独断就没有办法形成自己的威势，不假借忠诚老实的名声就没有办法不受禁令的约束：这三种手段，是欺蒙君主、破坏法制的依托。君主应该使臣下即使有了智慧和才能，也不得违反法制而专权独断；即使有了贤能的行为，也不得在取得功效之前先得到赏赐；即使有了忠诚老实的品德，也不得摆脱法纪而不受约束：这就叫作彰明法度。

注释

1 **任在臣：**当作“任臣”。

2 **道:**由。

3 **假:**假借,依托。

4 **惛:**同“惛”。

5 **劳:**赏赐。

原文

人主有诱于事者,有壅于言者,二者不可不察也。

人臣易言事者,少索资,以事诬主。主诱而不察,因而多之,则是臣反以事制主也。如是者谓之“诱”[1],诱于事者困于患。其进言少,其退费多,虽有功,其进言不信。不信者有罪,事有功者必赏[2],则群臣莫敢饰言以惛主。主道者,使人臣前言不复[3]于后,后言不复于前,事虽有功,必伏其罪,谓之任下。

人臣为主设事[4]而恐其非也,则先出说,设[5]言曰:“议是

译文

君主有被事情诱惑的,有被言论蒙蔽的,这两种情况不可不加以审察啊。

臣子中把做事说得很容易的人,他们索取的费用很少,用自己善于办事来欺骗君主。君主受到他们的诱惑后不加审察,便夸奖他们,这样的话,那么臣下就会反过来用办事来控制君主了。像这样的情况就叫作“被事情诱惑”,被事情诱惑的君主就会被祸患搞得焦头烂额。他们进见君主时所说的费用很少,但他们回去办事时花费却很多,即使办事有了成效,他们进见君主时讲的话也是不诚实的。不诚实的人有罪,所以他们即使办事有了成效也不应给予奖赏,这样的话,那么群臣就没有谁再敢吹牛、掩饰来迷惑君主了。君主的统治手段应该是,假如臣下先前说的话和后来办的事不合,或者后来说的话和先前办的事不合,事情即使办成了,也一定要使他们受到应得的惩罚,这叫作使用臣下的方法。

臣下为君主筹划了事情而又怕被别人非议,就预先出外游说,使人扬言说:“议论这件事情的人,就是嫉妒这件事情的人。”君主心里

事者，妒事者也。”人主藏是言，不更听群臣；群臣畏是言，不敢议事。二势者用，则忠臣不听而誉臣独任。如是者谓之“壅于言”，壅于言者制于臣矣。主道者，使人臣必有言之责，又有不言之责。言无端末、辩无所验者[6]，此言之责也；以不言避责、持重位者，此不言之责也。人主使人臣，言者必知其端以责其实，不言者必问其取舍以为之责，则人臣莫敢妄言矣，又不敢默然矣，言、默则皆有责也。

记住了这种话，就不再听信群臣了；群臣害怕这种话，就不敢议论这件事情了。君主不听群臣、群臣不敢议论这两种情形起了作用，那么君主就不听信忠臣的话而专门任用那些徒有虚名的臣子了。像这样的情况就叫作“被言论蒙蔽”，被言论蒙蔽的君主就会被臣下控制了。君主的统治手段应该是，使臣下一定负有说话不当的罪责，又负有该说而不说的罪责。说话无头无尾、辩说无从验证，这就是说话不当的罪责；用不说话来逃避责任以保住重要官位，这是该说而不说的罪责。君主使用臣下，对说话的臣子，一定要了解他说话的头绪，并用来责求他办事的实效；对不说话的臣子，一定要问清他对某事是赞成还是反对，并把它作为他的责任：像这样的话，那么臣下就没有谁再敢乱说了，又不敢沉默了，说话和沉默就都有责任了。

注释

1 **诱：**“诱”下当有“于事”二字。

2 **事有功者必赏：**当作“事虽有功不赏”。

3 **复：**符合。

4 **设事：**计事。设，设计。

5 **设：**陈。

6 **言无端末：**指东拉西扯来敷衍塞责。端末，头尾。 **辩无所验：**指不着边际来逃避责任。

原文

人主欲为事，不通其端末而以[1]明其欲，有为之者，其为不得利，必以害反。知此者，任理[2]去欲。举事有道，计其入多、其出少者，可为也。惑主不然，计其入，不计其出，出虽倍其入，不知其害，则是名得而实亡。如是者，功小而害大矣。凡功者，其入多，其出少，乃可谓功。今人费无罪而少得为功，则人臣出大费而成小功，小功成而主亦有害。

译文

君主想做某事，如果还没有搞清楚事情的头绪以及后果就已经把自己的想法透露出去，有这种行为的君主，他做的事情不但不能得利，而且一定会以受害作为对他的报应。懂得了这种道理的君主，就会凭借法度而去掉自己的主观欲望。做事情有一定的原则，计算那些收入多而支出少的事情，便是可以做的。糊涂的君主却不是这样，他们只盘算收入，而不考虑支出，支出即使是收入的两倍，他们也不知道害处，这样的话，名义上虽然是得到了，而实际上却是失去了。像这样的话，功效微小而损失就十分重大了。大凡功效，收入多而支出少，才可以称为功效。现在耗费大了并没有罪过而稍有所得就被认为有功，那么臣下就会支出大量的费用去成就微小的功效，微小的功效即使成就了，而君主也还是有损失的。

注释

1 **以**：通“已”。

2 **理**：指法纪。

原文

不知治者，必曰：“无变古，毋易常。”变与不变，圣人不听，正治[1]而已。然

译文

不懂得治理国家的人总是说：“不要改变古代的社会制度，不要更改常规惯例。”究竟是改变还是不改变，圣人不听别人怎么说，只是看它能否使治国的措施更正确、更有效罢了。这样

则古之无变，常之毋易，在常古之可与不可。伊尹毋变殷，太公[2]毋变周，则汤、武不王矣。管仲毋易齐，郭偃[3]毋更晋，则桓、文不霸矣。凡人难变古者，惮易民之安也[4]。夫不变古者，袭乱之迹；适民心者，恣奸之行也。民愚而不知乱，上懦而不能更，是治之失也。人主者，明能知治，严必行之，故虽拂[5]于民心，立其治。说在商君之内外而铁殳重盾而豫戒也[6]。故郭偃之始治也，文公有官卒；管仲始治也，桓公有武车：戒民之备也。是以愚戆窳惰之民[7]，苦小费而忘大利也，故夤、虎受阿谤[8]；而輾小变而失长便[9]，故邹贾非载旅[10]；狎习于乱而容于治[11]，故郑人不能归。[12]

的话，那么古代的社会制度是否不要改变，常规惯例是否不要更改，就在于这些常规惯例、古代制度是可行还是不可行。伊尹如果不改变商朝的古制、惯例，姜太公如果不改变周朝的古制、惯例，那么商汤王、周武王就不能称王天下了。管仲如果不更改齐国的古制、惯例，郭偃如果不改革晋国的古制、惯例，那么齐桓公、晋文公就不能称霸了。大凡难以改变古制、惯例的人，是因为害怕去改变民众业已形成的对旧的传统的爱好。但是，不改变古制、惯例，是在重蹈乱国的覆辙；迎合民众的愿望，是一种放纵邪恶的行为。民众愚蠢而不知道祸乱，君主软弱而不能改变古制、惯例，这是政治的失误啊。当君主的人，英明得能够懂得治国的措施，严格得一定要实行这些措施，所以即使违背了民众的愿望，还是要建立起自己的一套治国措施。这种论点的解说在商君进出时用铁制兵器和层层盾牌来预防。所以郭偃刚开始治理晋国的时候，晋文公备有国家的军队；管仲刚开始治理齐国的时候，齐桓公配备了全副武装的战车：这些都是防备民众的措施啊。因此愚蠢、鲁莽、闲散、懒惰的人，总是为微小的花费发愁而忘记了将要取得的巨大利益，所以陈国大夫庆寅、庆虎受到斥责毁谤；他们害怕小小的变法而不顾丢失长远的利益，所以邹贾非难征兵的制度；他们习惯于国家的混乱而不抓紧治理，所以郑国人无家可归。

注释

1 **正治**:端正治道,使治国的措施正确,也就是使治国的措施适合于社会现实。

2 **太公**:即吕尚,姜姓,吕氏,名尚,字子牙,号太公望,俗称姜太公。相传他七十岁时在渭水边钓鱼,周文王按占卜的预示出猎而寻访到他,于是尊他为师。后来他辅佐周武王灭商而使周王朝一统天下,因有功而封于齐。

3 **郭偃**:春秋时晋国掌管卜筮的大夫,所以又作"卜偃",他曾帮助晋文公成就了霸业。

4 **易**:改变。 **安**:乐。

5 **拂**:违背。

6 **说**:解说。 **殳**(shū):一种长柄兵器。 **重**:重叠。 **豫**:通"预"。

7 **赣**(zhuàng):通"戆",刚直而愚蠢,鲁莽。 **窳**(yǔ):懒惰。 **憧**:通"惰"。

8 **寅**(yín)、**虎**:指陈国大夫庆寅、庆虎。 **阿**:通"诃",斥责。

9 **輾**:通"震",害怕。 **便**:利。

10 **载旅**:任地出兵,征兵。载,任。

11 **狎**:不在意,引申指习惯。 **容**:宽缓。

12 从"说在商君"至此,句式与《内储说》《外储说》开头的内容相同,所以此下应该还有相应的解说,今亡佚。

饰邪

导读

饰,通"饬"。饰邪,就是整治邪恶。文章有破有立,在反对各种邪恶的同时,也反复阐明了韩非的法治思想。

本文反对的邪恶有以下数端。

第一是反对迷信,这是因为"恃鬼神者慢于法"的缘故。韩非以大量的事实,证明了卜筮和占星术的荒唐。这种唯物的无神论思想,对当时现实的批判无疑是十分尖锐、深刻的。

第二是反对依赖外国。因为从历史事实来看,"恃诸侯"必"危其国"。春秋战国是一个弱肉强食的时代,这促成了韩非崇尚实力的思想,所以他反对"恃人",而主张增强自己的实力。他甚至将这种实力观视为制约人类社会发展变化的普遍规律:"乱弱者亡,人之性也;治强者王,古之道也。"这是很有政治见地的。

第三是反对"赏罚无度"。因为"用赏过者失民,用刑过者民不畏",这样,"国虽大,必危",只有"赏罚敬信",才能增强国家的实力。

第四是反对个人之间的"小忠"。因为"小忠不可使主法","若使小忠主法",就会"妨害于治民"。

第五是反对以智巧治国。因为"释法而任智",就会"劳而无功"。他从历史的教训中看到:"明法者强,慢法者弱。"所以他竭力反对依靠"多失"的"智能",而主张利用"万全"的"道法"。

第六是反对臣下的"私义""私心"而提倡"公义"。他毫无顾忌地揭开了传统思想给君臣关系涂上的那一层礼义色彩,尖锐地指出:"君臣异心,君以计畜臣,臣以计事君。君臣之交,计也。"臣下绝不肯干"害身而利国"的事,至于他们"临难必死",那只是"法"的作用。这无疑是当时唯利是图的世道人心在韩非思想中的反映。有鉴于此,他主张君主应在"明于公私之分"的基础上,"明赏""严刑",以使臣民"去私心行公义",从而达到"兵强主尊"的目的。可见,韩非法治思想的主旨还是为了"主尊"。

原文

凿龟数策[1],兆曰"大吉",而以攻燕者,赵也。凿龟数策,兆

译文

钻凿龟甲、计算蓍草来预占吉凶,得到的兆象是"大吉",从而根据这吉利的预兆去攻打燕国的,是赵国。钻凿龟甲、计算蓍草来预占

曰"大吉"，而以攻赵者，燕也。剧辛[2]之事燕，无功而社稷危；邹衍[3]之事燕，无功而国道绝[4]。赵代[5]先得意于燕，后得意于齐[6]，国乱节[7]高，自以为与秦提衡[8]，非赵龟神而燕龟欺也。赵又尝凿龟数策而北伐燕，将劫燕以逆秦，兆曰"大吉"。始攻大梁而秦出上党矣[9]；兵至釐[10]而六城拔矣；至阳城[11]，秦拔邺[12]矣；庞援揄兵而南[13]，则鄣尽[14]矣。臣故曰：赵龟虽无远见[15]于燕，且宜近见[16]于秦。秦以其"大吉"，辟地有实，救燕有[17]有名；赵以其"大吉"，地削兵辱，主[18]不得意而死；又非秦龟神而赵龟欺也。初时者，魏数年东乡[19]攻尽陶、卫，数年西乡以失其国[20]，此非丰隆、五行、太一、

吉凶，得到的兆象是"大吉"，从而根据这吉利的预兆去攻打赵国的，是燕国。剧辛侍奉燕国，不但没有功劳，反而使国家危险了；邹衍侍奉燕国，不但没有功劳，反而使治国之道荡然无存。赵国首先在和燕国的战争中如愿以偿而感到满意，后来又在和齐国的战争中如愿以偿而心满意足，尽管它的国内混乱得很，却趾高气扬，自以为和秦国势均力敌，这并不是因为赵国的龟甲灵验而燕国的龟甲骗人。赵国又曾经钻凿龟甲、计算蓍草预占吉凶而向北去攻打燕国，想要威逼燕国去抗拒秦国，得到的兆象也是"大吉"。但是，刚刚开始攻打大梁，秦国就从上党出兵来攻打赵国了；赵军攻打到釐城，而自己的六座城池就已经被秦军攻破了；赵军攻打到阳城，秦军已经攻克了邺城；等到庞煖引兵向南救援时，漳水一带早就被秦军全部占领了。所以我要说：赵国的龟甲即使对远征燕国是否能成功缺乏预见，也应该对抗拒邻近的秦国有所预见。秦国靠了龟甲所预示的"大吉"，既有了开辟疆土的实际功绩，又有了援救燕国的名声；赵国靠了龟甲所预示的"大吉"，却是领土被割削，军队受屈辱，君主悼襄王也因为在战争中不能如愿而死了；这又不是秦国的龟甲灵验而赵国的龟甲骗人啊。开始的时候，魏国几年之间向东进军而全部攻取了陶邑、卫国，但几年向西进军攻打秦国却丧失了它的国土，

王相、摄提、六神、五括、天河、殷抢、岁星非数年在西也[21],又非天缺、弧逆、刑星、荧惑、奎、台非数年在东也[22]。故曰:龟策鬼神不足举胜,左右背乡不足以专战。然而恃之,愚莫大焉。

这并不是因为丰隆、五行、太一、王相、摄提、六神、五括、天河、暗红色的天枪星、岁星等吉星这几年在西方保佑秦国,也不是因为天缺、弧逆、太白、荧惑、奎、台等凶星这几年在东方惩罚魏国。所以说:龟甲、蓍草、鬼怪、神灵不能够用来推断战争的胜利,而星体在天空中所处的位置或左或右,其运行的方向或背着某国或向着某国也不能够用它来决断战争的结局。既然这样,人们却还要依赖它们,真是愚蠢到了极点。

注释

1 **凿龟:**钻凿龟甲,指占卜。 **数策:**数蓍(shī)草的茎,指筮,即算卦。策,蓍草的茎。这一节中的“数策”和“策”都是连类而及之词,无实义。

2 **剧辛:**公元前242年他任燕国将军去攻打赵国,战败被杀,燕军损失两万人。

3 **邹衍:**战国时齐国人,后来到燕国为燕昭王之师。

4 **无功而国道绝:**邹衍为阴阳家,号“谈天衍”,精通占星术而兼善卜筮之事,燕昭王听信其说,不但不能成其事,而且连法家的治国之道也被抛弃了,所以说“无功而国道绝”。

5 **赵代:**单指赵,“代”是连类而及之词,无实义。代,赵国郡名,位于今山西东北部和河北蔚县一带。

6 **得意于齐:**公元前241年,赵攻齐,取饶安。

7 **节:**气。

8 **提衡:**提着秤,使秤保持平衡,引申为平等。

9 **大梁:**指勺梁,位于今河北顺平。 **上党:**郡名,位于今山西东南部,当时属秦。以下所述秦国之事,发生在秦王政之时。

10 **釐:**同“狸”,燕国地名,在今河北任丘西北。

11 **阳城:**燕国地名,在今河北清苑西南,公元前236年为赵攻取。

12 **邺:**在今河北临漳西南邺镇之东,当时属赵,公元前236年为秦攻取。

13 **庞援:**即庞煖(xuān),赵国将军。 **揄(yú):**引。

14 **鄣尽:**指赵国邺城以东的漳水流域一带(今河北临漳、曲周一带)全被秦国所攻占。鄣,"漳"字之音误。

15 **远见:**针对上文"伐燕""劫燕"而言。

16 **近见:**针对上文"逆秦"而言。

17 **有:**通"又"。

18 **主:**指赵悼襄王,卒于公元前236年。

19 **乡:**通"向"。

20 **失其国:**指失去国土。魏安釐王三十年(前247),公子无忌(信陵君)率五国兵攻秦,败秦军于河外。魏景湣(mǐn)王元年(前242)起,秦出兵反击,在不到六年内,攻拔魏二十五城。

21 **抢:**有本作"枪",指天枪星。 **岁星:**木星。 **非数年:**当作"数年","非"为衍文。

22 **天缺:**即天阙星,主兵战阙下。 **弧:**弧星,主战乱,所以称为"弧逆"。 **刑星:**又名太白,即金星,主刑杀。 **荧惑:**即火星,它在古代占星术中是妖星,主兵乱。 **奎:**又名封豕,主兵。 **台:**三台星,其色不和,为凶戾。 **非数年:**当作"数年","非"为衍文。

原文

古者先王尽力于亲民,加事于明法。彼法明,则忠臣劝;罚必,则邪臣止。忠劝邪止而地广主尊者,秦是也;群臣朋党比周以隐正道,行私曲而地削主卑者,山

译文

古代圣明的帝王致力于仁爱民众,从事于彰明法度。他们的法度彰明了,那么忠臣就受到了鼓励;刑罚一定执行,那么奸臣就被禁止了。忠臣被鼓励、奸臣被禁止,因而领土扩大、君主尊贵的,秦国就是这样;群臣拉帮结派紧密勾结来埋没正确的治国法术,大搞谋取私利的歪门邪道,因而国土沦丧、君主卑微的,崤山以东的齐、楚、燕、赵、韩、魏六国就是这样。混

东是也。乱弱者亡，人之性也[1]；治强者王，古之道也。越王勾践恃大朋之龟与吴战而不胜[2]，身臣入宦于吴[3]；反国[4]弃龟，明法亲民以报吴，则夫差[5]为擒。故恃鬼神者慢于法，恃诸侯者危其国。曹恃齐而不听宋，齐攻荆而宋灭曹[6]。荆恃吴而不听齐[7]，越伐吴而齐灭荆[8]。许[9]恃荆而不听魏，荆攻宋而魏灭许。郑恃魏而不听韩，魏攻荆而韩灭郑[10]。今者韩国小而恃大国，主慢而听秦。魏恃齐、荆为用[11]，而小国愈亡[12]，故恃人不足以广壤，而韩不见也。荆为攻魏而加兵许、鄢[13]，齐攻任、扈而削魏[14]，不足以存郑[15]，而韩弗知也。此皆不明其法禁以治其国，

乱弱小的国家就会衰亡，这是人类社会的固有特点；安定强大的国家就能称王天下，这是自古以来的道理。越王勾践依仗着价值二十大贝的最神贵的元龟所占得的吉兆去和吴国作战，结果失败了，自己和臣子都到吴国去做奴仆；回国后抛弃了龟甲，彰明法度、仁爱民众以求报复吴国，吴王夫差就被他擒获了。所以依仗鬼神保佑就会忽视法治，依仗别国诸侯援助就会危害自己的国家。曹国依仗齐国的援助而不听从宋国，结果齐国攻打楚国而宋国灭掉了曹国。茅成子依仗吴国的援助而不听从齐国，结果越国讨伐吴国而齐国灭掉了茅成子。许国依仗楚国的援助而不听从魏国，结果楚国攻打宋国而魏国灭掉了许国。郑国依仗魏国的援助而不听从韩国，魏国攻打楚国而韩国灭掉了郑国。现在，韩国弱小却依仗大国的援助，君主懈怠于治理内政而只听从秦国。试看魏国将依赖齐国、楚国的援助作为自己的治国方略，结果使弱小的魏国越来越衰微，所以，依赖别人是不能够用来扩大领土的，但韩国却没有看见这一点。楚国为了攻打魏国而出兵攻取许、鄢，齐国攻打任、扈而侵占了魏国的领土，同样，韩国听从秦国也是不能够用来保存韩国的首都新郑的，但韩国却还不了解这一点。上述这些都是不彰明自己的法律禁令来治理自己的国家，只是依赖外援从而使自己的国家政权

恃外以灭其社稷者也。 | 灭亡的例子啊。

注释

1 **人**:人类。 **性**:事物的本质特点。

2 **朋**:古代以贝壳为货币,两贝相连为一朋;一说五贝为一串,二串为一朋。作为货币的贝有各种等级:四寸八分以上的为大贝,三寸六分以上的为壮贝,再次为幺贝、小贝等。**龟**:龟甲,一种宝货,有不同的等级与价值。王莽时最大的元龟(即大龟),其两边距离为一尺二寸以上,值大贝十朋;其次公龟,值壮贝十朋;再次为侯龟、子龟等。

3 **身**:指勾践。 **臣**:指范蠡。 **宦**:做奴仆。公元前494年,越国被吴国打败,越王勾践被迫求和,到吴国服贱役,做吴王夫差的马前卒。

4 **反国**:勾践于公元前490年被吴国释放而回国。

5 **夫差**(chāi):春秋末年吴国国君。曾打败越兵,迫使越王勾践屈服。后来不听伍子胥劝诫而北伐争霸,越国乘虚攻入吴国国都。公元前473年越国灭吴,他被迫自杀。

6 **宋灭曹**:宋景公三十年(前487),曹国背叛宋国和晋国,宋伐曹,晋不救,遂灭曹。

7 **荆**:为"茅"字之形讹。茅为姬姓诸侯国,故城在今山东金乡西南之茅乡,后属邾国。鲁哀公七年(前488)秋,鲁伐邾,邾国大夫茅成子因邾君不听其求救于吴国的建议而在茅城叛变独立。邾国国都被鲁军攻占后,茅成子投靠吴国。次年春,吴攻鲁。鲁哀公十年(前485),吴国与鲁国、邾国伐齐。次年,吴国在艾陵(在今山东莱芜东北)大败齐兵。 **恃吴而不听齐**:即指茅成子投靠吴国而与齐国为敌。

8 **越伐吴而齐灭荆**:鲁哀公十三年(前482),越国乘虚攻入吴国国都,吴国回师,在冬天与越国讲和。此后吴国疲于应付越国而无力北上,茅成子不久就被齐国所灭,所以此文说"越伐吴而齐灭荆"。荆,为"茅"字之形讹。

9 **许**:又作"鄦",姜姓诸侯国,在今河南许昌东。春秋时屡次被迫迁都,战国初为楚所灭,一说灭于魏。

10 **韩灭郑:**韩哀侯二年(前 375)灭郑国,迁都郑。

11 **用:**治。

12 **小国愈亡:**指下面的"荆为攻魏而加兵许、鄢,齐攻任、扈而削魏"。小国,指魏。

13 **鄢:**魏国地名,位于今河南鄢陵西北。

14 **任:**即"仍",此时为魏国之地,在今山东微山西北。**扈:**在今河南原阳西,此时属魏。

15 **不足以存郑:**承上文"恃大国""听秦"而言,指韩国听秦不足以存郑。郑,位于今河南新郑,此时为韩国国都。

原文

臣故曰:明于治之数,则国虽小,富;赏罚敬信,民虽寡,强。赏罚无度,国虽大,兵弱者,地非其地,民非其民也。无地无民,尧、舜不能以王,三代不能以强。人主又以过予,人臣又以徒取。舍法律而言先王明君之功者,上任之以国。臣故曰:是愿古之功,以古之赏赏今之人也;主以是过予,而臣以此徒取矣。主过予,则臣偷幸;臣

译文

所以我要说:明白了治国之道,那么国家即使很小,也会富裕;奖赏和惩罚谨慎守信,那么人口即使很少,也会强大。奖赏和惩罚没有法度,国家即使很大,兵力也会很弱,因为土地已经不是自己所能利用的土地,民众已经不是自己所能役使的民众。没有土地和民众,即使是尧、舜这种能称帝的圣明君主也不能称王天下,即使是夏禹、商汤、周武王这种能称王的圣明君主也不能取得强盛而称霸。但是现在的君主却还把土地和民众错误地赏给臣下,而臣下又把土地和民众白白地占为己有。那些置法律于不顾而只是宣扬古代圣明帝王、英明君主的功绩的人,君主却把整个国家都托付给他们。所以我说:这是指望取得古代圣明帝王、英明君主那样的功绩,却拿古代圣明帝王、英明君主给有功者的奖赏来奖赏现在这些空谈的人;君主把土地和民众错误地赏给臣下,而臣下把土地和民众白白地占为己有了。君主错误地给予奖赏,那么臣下就怀有侥幸

徒取，则功不尊[1]。无功者受赏，则财匮而民望；财匮而民望，则民不尽力矣。故用赏过者失民，用刑过者民不畏。有赏不足以劝，有刑不足以禁，则国虽大，必危。

得赏的心理；臣下能白白地取得赏赐，那么功劳就不会被看重。没有功劳的人受到奖赏，那么国家的财产就会匮乏而民众就会指望得到额外的赏赐；国家的财产匮乏而民众指望得到额外的赏赐，那么民众就不会为君主尽心竭力了。所以施行奖赏不合法度就会失去民众，而执行刑罚不合法度民众就不会害怕。有了奖赏却不能用它来鼓励民众为国家出力，有了刑罚却不能用它来禁止民众为非作歹，那么国家即使很大，也一定很危险。

注释

1 **尊**：贵。功劳不是取得奖赏的必要条件，所以不被人们看重。

原文

故曰：小知[1]不可使谋事，小忠不可使主法。荆恭王与晋厉公战于鄢陵[2]，荆师败，恭王伤。酣战，而司马子反渴而求饮[3]，其友竖谷阳奉卮酒而进之[4]。子反曰："去之！此酒也。"竖谷阳曰："非也。"子反受而饮之。子反为人嗜酒，甘之，不能绝之于口，醉而卧。恭王欲复战而谋事，使人召子反，

译文

所以说：玩弄小聪明的人不可以让他谋划事情，只对私人效忠的人不可以使他掌管法制。楚恭王和晋厉公在鄢陵打仗，楚国的军队战败了，楚恭王也受了伤。当战斗最激烈的时候，楚国的司马子反口渴了要水喝，他的亲信童仆谷阳捧了杯酒递给子反。子反说："把它拿走！这是酒啊。"童仆谷阳说："这不是酒。"子反就接过来把它喝了。子反这个人生性喜爱喝酒，觉得酒很甜美，所以不能停嘴，结果喝醉而睡着了。楚恭王想再打一仗并谋划战事，派人去叫子反，子反用患有心病的理由加以推辞。楚恭王乘车去看他，走进帐幕中，闻到酒的气味就回去了，

子反辞以心疾。恭王驾而往视之，入幄中，闻酒臭[5]而还，曰："今日之战，寡人目亲伤。所恃者司马，司马又如此，是亡[6]荆国之社稷而不恤吾众也。寡人无与复战矣。"罢师而去之，斩子反以为大戮[7]。故曰：竖谷阳之进酒也，非以端[8]恶子反也，实心[9]以忠爱之，而适足以杀之而已矣。此行小忠而贼大忠者也。故曰：小忠，大忠之贼也。若使小忠主法，则必将赦罪以相爱，是与下安矣，然而妨害于治民者也。

说："今天的战斗，我的眼睛也受伤了。所要依靠的就是司马，但司马又像这个样子，这是忘记了楚国的国家大业而不爱惜我的部下啊。我不要再和晋国打仗了。"便退兵而离开了鄢陵，杀了子反把他陈尸示众。所以说：童仆谷阳献酒，并不是因为他故意憎恨子反，从他内心来说，是因为忠诚并热爱子反，但恰恰是因为这个原因而足够把子反给害死罢了。这是奉行对私人的小忠而戕害了大忠的例子。所以说，奉行对私人的小忠，是对大忠的一种戕害。如果让奉行小忠的人掌管法制，那么他必将赦免罪犯来表示相爱，这样，他和下面的人倒是平安相处了，但却妨害了治理民众。

注释

1 **知**：通"智"。

2 **荆恭王**：即楚共(gōng)王，春秋时楚国君主，公元前 590—前 560 年在位。 **晋厉公**：春秋时晋国君主，公元前 580—前 573 年在位。 **鄢陵**：又称"鄢"，春秋时郑国邑名，在今河南鄢陵西北。楚共王十六年(前 575)，晋伐郑，楚救郑，晋国与楚、郑两国战于鄢陵，楚、郑两国大败。

3 **司马**：官名，春秋时各国的司马职掌不同。楚国的司马为最高武官，作战时担任主帅。 **子反**：名侧，字子反，楚共王时任楚国司马。

4 **竖**：年轻的仆人。 **谷阳**：人名，子反之臣。

5 **臭**(xiù)：气味。

6 亡：通“忘”。

7 **大戮**(lù)：斩首陈尸，是古代的一种酷刑。

8 **端**：故意。

9 **实心**：内心。

原文

当魏之方明《立辟》、从宪令行之时[1]，有功者必赏，有罪者必诛，强匡天下，威行四邻；及法慢，妄予，而国日削矣。当赵之方明《国律》、从大军之时[2]，人众兵强，辟地齐、燕[3]；及《国律》慢，用者弱，而国日削矣。当燕之方明《奉法》、审官断之时[4]，东县[5]齐国，南尽中山之地[6]；及《奉法》已亡，官断不用，左右交争，论从其下，则兵弱而地削，国制于邻敌矣。故曰：明法者强，慢法者弱。强弱如是其明矣，而世主弗为，国亡宜矣。

译文

当魏国正在彰明《立辟》、从事于法令推行的时候，有功劳的一定给予奖赏，有罪行的一定给予惩处，强大得可以匡正天下，威武得可以在邻国横冲直撞；等到法治懈怠，胡乱地给予奖赏，国土便一天天被割削了。当赵国正在彰明《国律》、从事于扩大军队的时候，人口众多，兵力强大，到齐国、燕国开辟领土；等到《国律》被怠慢，执政者软弱无能，国土便一天天被割削了。当燕国正在彰明《奉法》、重视官方决策的时候，向东把齐国的土地作为自己的郡县，向南和赵国、齐国一起全部攻取了中山国的领土；等到《奉法》的推行已经衰微，官方的决策不被采用，君主身边的亲信互相争权夺利，赏罚的决断听从臣下，那就兵力衰弱而领土被人割削，国家被邻近的敌国控制了。所以说：彰明法制的国家就强盛，怠慢法制的国家就衰弱。使国家强盛、衰弱的办法，就像这样明确无疑了，而当代的君主却还不实行法治，那么他的国家衰弱灭亡也是应该的了。

注释

1 **《立辟》**:魏国的刑书。辟,法。 **时**:指魏文侯、武侯变法改革的时期。

2 **《国律》**:赵国的刑书。 **时**:指赵武灵王胡服骑射、变法强兵的时期。

3 **辟地齐、燕**:赵武灵王曾攻灭中山,击败匈奴,拓地北至燕、代;惠文王又多次攻齐,夺取昔阳等地。

4 **《奉法》**:燕国的刑书。 **时**:指燕昭王变法图强的时期。

5 **县**:用作动词,以……为县。燕将乐毅攻齐,下七十余城,尽郡县之而属燕。

6 **南尽中山之地**:燕昭王十七年(前295),与齐、赵共灭中山。

原文

语曰:"家有常业,虽饥不饿;国有常法,虽危不亡。"夫舍常法而从私意,则臣下饰[1]于智能;臣下饰于智能,则法禁不立矣。是妄意之道行,治国之道废也。治国之道,去害法者,则不惑于智能,不矫[2]于名誉矣。昔者舜使吏决鸿[3]水,先令有功而舜杀之;禹朝诸侯之君会稽之上[4],防风[5]之君后至而禹斩之。

译文

俗话说:"家庭有了固定的产业,即使碰上荒年也不会饿死;国家有了固定的法制,即使遇到危难也不会衰亡。"舍弃了固定的法制而依个人的意念来治国,那么臣下就会在智巧和才能方面修养提高自己;臣下努力造就自己的智巧和才能,那么法律禁令就不能存在下去了。这样,随心所欲的做法就通行起来,治国的正确方法就被废弃了。治国的正确方法,是除掉那些妨害实际法制的做法,这样就不会再被智巧和才能所迷惑,不会再被虚假的名誉所欺骗了。从前舜派遣官吏去疏导洪水,在命令下达之前立功的人,舜就把他们杀了;禹让各诸侯国的君主到会稽山上朝见他,防风部落的君主迟到了,禹就把他杀了。从这些事迹来看,在命令下达之前而擅自行动的人,要杀掉;行动落后于命令的人,也要杀掉:那么古代的人已经率先重视按照法令来办事了。所以镜子保持明亮而不受干扰,美和丑自会

以此观之，先令者杀，后令者斩，则古者先贵如令矣。故镜执清而无事[6]，美恶从而比焉[7]；衡执正而无事，轻重从而载焉。夫摇镜则不得为明，摇衡则不得为正，法之谓也。故先王以道为常，以法为本。本治者名尊，本乱者名绝。凡智能明通，有以[8]则行，无以则止。故智能单道，不可传于人。而道法万全，智能多失。夫悬衡而知[9]平，设规而知圆，万全之道也。明主使民饰于道之故[10]，故佚[11]而有功。释规而任巧，释法而任智，惑乱之道也。乱主使民饰于智，不知道之故，故劳而无功。

在镜子中映照出来；秤杆保持平正而不受干扰，轻和重自会在秤杆上衡量出来。摇动镜子就不能使它保持明亮，摇动秤杆就不能使它保持平正，这就是说的法治的情况啊。所以古代的圣明帝王把天地万物的客观规律作为办事的常规，把法制作为治国的根本。这根本性的法制搞得好，君主的名位就尊贵；法制混乱，君主的名位就丧失。凡是有智慧、有才能而圣明通达的人，也只有掌握了规律和法制并用它们来办事治国，才能行得通，否则就行不通。所以智慧、才能是偏于一隅的小道，不可以传给人。利用规律和法制来办事就万无一失，依靠智慧和才能来办事失误就多。挂起了秤杆来达到平衡，设置了圆规来画圆，这是万无一失的办法。英明的君主使民众按照法制来规范自己，这是懂得了治国规律的缘故，所以虽然安逸闲暇，也有功绩。丢掉了圆规而单凭技巧，抛弃了法制而单用智慧，这是糊涂昏乱的办法。昏乱的君主使民众在智巧方面修养提高自己，这是不懂得治国规律的缘故，所以虽然辛苦劳累，却没有功绩。

注释

1 **饰：**通“饬”，整治，修治。

2 **矫：**诈。

3 **鸿：**通“洪”。

4 **朝:**使动用法,使……朝见。 **会(kuài)稽:**指会稽山,在今浙江绍兴南。

5 **防风:**部落名,该部落在夏代居于今浙江德清附近,守今德清西南之封山一带。

6 **无事:**无为,指不作人为的干扰。

7 **比:**比拟,类似地反映。镜子能将形象映照出来,所以说"比"。 **焉:**于之,在镜子中。

8 **以:**用。

9 **知:**为。

10 **明主使民饰于道之故:**当作"明主使民饰于法,知道之故"。

11 **佚:**通"逸",安逸。

原文

释法禁而听请谒,群臣卖官于上,取赏[1]于下,是以利在私家而威在群臣。故民无尽力事主之心,而务为交于上。民好上交,则货财上流而巧说者用。若是,则有功者愈少。奸臣愈进而材臣退,则主惑而不知所行,民聚而不知所道[2]。此废法禁、后功劳、举名誉、听请谒之失也。凡败法之人,必设诈托物

译文

抛弃了法律禁令而听从私人的请求说情来任用人,那么群臣就在上面出卖官爵,而从下面取得报酬,因此利益就归于豪门贵族而威势就转移到群臣身上了。所以民众没有尽心竭力地侍奉君主的心意,而致力于和上面的大臣结交。民众倾心于向上巴结大臣,那么货物钱财就向上流到大臣手中而善于花言巧语的人就被录用了。像这样,那么有功之臣就越来越少了。奸臣越来越多地得到进用而有才干的臣子被斥退,那么君主就会被奸臣迷惑而不知道怎么干,民众就会被奸臣笼络而不知道遵循什么。这就是废弃法律禁令、把功劳放在次要的地位、根据虚假的名声和赞誉来提拔人、听从私人的请求说情来任用人所造成的过失啊。凡是破坏法制的人,一定会设置骗局假托

以来[3]亲，又好言天下之所希有，此暴君乱主之所以惑也，人臣贤佐之所以侵也。故人臣称伊尹、管仲[4]之功，则背法饰智有资；称比干、子胥之忠而见杀[5]，则疾强谏有辞。夫上称贤明，下称暴乱，不可以取类[6]，若是者禁。君之立法，以为是也。今人臣多立其私智、以法为非者，是邪以智，过法立智。如是者禁，主之道也。

某事来招致君主的亲近，又喜欢谈论一些天下少有的事情，这就是残暴昏乱的君主被迷惑的原因，也是贤能的辅佐大臣被侵害的缘故。所以臣下称颂伊尹、管仲的成功，那么他们违背法制而致力于智巧就有了根据；称颂比干、伍子胥的忠诚而被杀，那么他们激烈而强硬地向君主进谏就有了借口。奸臣们上称商汤任用伊尹、桓公任用管仲的贤能和明智，下说纣杀比干、夫差杀子胥的残暴和昏乱，这根本不可以拿来作类比，像这样的行为要禁止。君主设立法治，是由于认为它正确。现在臣子中有很多标榜他们个人的智巧而认为实行法治是错误的人，这种人实是将他们的邪恶阴谋当作智巧，非议法治来使他们的智巧站住脚。像这样的行为要禁止，这是做君主的原则。

注释

1 **赏**：通“偿”。

2 **民聚**：承上文“民好上交”而言，指民众被奸臣聚集在一起。 **道**：从。

3 **来**：后作“徕”，招徕。

4 **管仲**：齐桓公的宰相。韩非在这里是贬斥伊尹、管仲不依法立功而靠智巧获得君主的重用。《韩非子·说林下》载，管仲、鲍叔牙互相商议说：“国君昏乱极了，必然会丧失政权。齐国的各位公子，其中值得辅佐的，不是公子纠，就是公子小白。对他们两人我和您每人侍奉一人，先得志的就招揽对方。”于是管仲就跟从公子纠，鲍叔牙就跟从公子小白。齐国人果然杀掉了齐襄公。公子小白先进入齐国当了君主（即齐桓公），鲁国人便囚禁了管仲而把他献给了齐桓公，在鲍叔牙的建议下桓公任管仲为相国。

5 **比干**：纣王的叔父，商王文丁(太丁)的儿子，所以常称为“王子比干”。比干竭力劝谏纣王，纣王发怒说：“我听说圣人的心有七个孔。”于是就剖开比干的心来观察。 **子胥**：即伍子胥，名员，春秋时吴国忠臣，曾劝吴王夫差拒绝越国求和，又以越为心腹之患，力劝夫差勿伐齐，夫差怒，赐剑逼他自杀而死。

6 **不可以取类**：因为奸臣所称说的事，并不是带有普遍意义的常规法纪，所以说“不可以取类”。

原文

明主之道，必明于公私之分，明法制，去私恩。夫令必行，禁必止，人主之公义也；必行其私，信于朋友，不可为赏劝，不可为罚沮，人臣之私义也。私义行则乱，公义行则治，故公私有分。人臣有私心，有公义。修身洁白而行公行正，居官无私，人臣之公义也；污行从[1]欲，安身利家，人臣之私心也。明主在上，则

译文

英明君主的原则是：一定要明白公与私的分别，彰明国家的法制，摒除臣子私下的小恩小惠。命令一下达臣民就一定执行，禁约一颁布臣民就一定不做，这是君主维护国家利益的原则；一定要按照自己的个人欲望来干，对朋友守信用，不可能被奖赏所鼓励，不可能被刑罚所阻止，这是臣子维护个人私利的原则。维护个人私利的原则风行，国家就混乱；维护国家利益的原则风行，国家就安定：所以公和私是有分别的。臣子有为个人打算的私心，也有维护国家利益的公义。提高自身的修养、廉洁清白而尽力为国、办事正直，当官有了权而不谋取私利，这是臣子维护国家利益的公义；不端正自己的行为，放纵自己的欲望，只顾使自身安逸、使自己的家庭得利，这是臣子为个人打算的私心。英明的君主在上统治，那么臣子就丢掉私心而奉行公义；昏乱的君主在上统治，那么臣子就抛弃公义而按照私心来办事。所以君主与臣子有着不同的心思，君主按照自己的

人臣去私心行公义;乱主在上,则人臣去公义行私心。故君臣异心,君以计畜臣,臣以计事君。君臣之交,计也。害身而利国,臣弗为也;富国而利臣,君不行也。臣之情,害身无利;君之情,害国无亲。君臣也者,以计合者也。至夫临难必死,尽智竭力,为法为之也。故先王明赏以劝之,严刑以威之。赏刑明,则民尽死;民尽死,则兵强主尊。刑赏不察,则民无功而求得,有罪而幸免,则兵弱主卑。故先王贤佐尽力竭智[2]。故曰:公私不可不明,法禁不可不审,先王知之矣。

打算来畜养臣子,臣子按照自己的打算来侍奉君主。君臣之间的交往,是一种算计。损害自身来使国家得利,臣子是不干的;使国家富裕后让臣子得利,君主是不干的。臣子的内心,是认为损害了自身也就没有了利益;君主的内心,是认为损害了国家也就谈不上亲爱。君主和臣子,是按照算计的原则结合起来的。至于臣子遇到危难而坚决拼死,为君主绞尽脑汁、竭尽全力,那是因为法令才这样做的。所以古代的圣明帝王彰明奖赏的制度来鼓励臣民,严格刑罚的执行来威慑臣民。赏罚严明,那么臣民就会为君主拼命;臣民能为君主拼命,那么兵力就强大、君主就尊贵。刑罚和奖赏不分明,那么臣民没有功劳也会要求得到赏赐,而有了罪行却想侥幸得到赦免,这样的话,那么兵力就衰弱、君主就卑贱。所以古代的圣明帝王和贤能的辅佐大臣都竭尽自己的力量和智慧来严明赏罚。所以说:公私的分别不可不清楚,法律禁令不可不严明,古代的圣明帝王早已懂得这个道理了。

注释

1 **从:**通“纵”。

2 **故先王贤佐尽力竭智:**此句承上文“故先王明赏以劝之,严刑以威之”而言,“智”下承上省“于明赏严刑”五字。

观 行

导读

观行，就是观察行为。它集中地论述了观察自己和他人行为的基本原则。

文章首先论述了君主观察自己行为的原则。由于人往往"智短于自知"，所以只有"以道正己"，明确自己的短处，从而"以有余补不足、以长续短"，才能使自己成为英明的君主。

接着，文章又论述了君主观察臣下的行为的原则。这就是，人们的活动总是受到一定条件的限制，君主如果不顾这些客观条件的限制而对臣下的行为作不切实际的苛求，以致使他们"穷""困"，那么就是"金石之士"也会"离心"。所以，君主应该运用"法术"，辩证地看到"时有满虚，事有利害，物有生死"，从而顺着合理的情势去观察、要求臣子。这样，君主就能"用力寡而功名立"了。

原文

古之人目短于自见，故以镜观面；智短于自知，故以道正己。故镜无见疵之罪，道无明过之怨。目失镜，则无以正须眉；身失道，则

译文

古代的人因为自己的眼睛不能看见自己的容貌，所以用镜子来照自己的面孔；因为自己的智力不擅长发觉自己的过失，所以用法术来端正自己。所以镜子不应该有显露面部缺陷的罪过，法术不应该有彰明过失而遭到的怨恨。有了眼睛而没有镜子，那么就没有办法修整自己的胡须和眉毛；立身处世如果失去了法术，那

无以知迷惑。西门豹之性急，故佩韦以缓己；董安于之心缓，故佩弦以自急。故以有余补不足、以长续短之谓明主。

么就没有办法发觉自己的迷惑。西门豹的性情急躁，所以佩带柔韧的熟牛皮带来提醒自己尽量从容和缓一些；董安于的性情迟慢，所以佩带绷紧的弓弦来鞭策自己尽量敏捷急迫一些。所以能够用那些有余的东西来补充自己不足的地方、用其他事物的长处来补充自己短处的，就可以称作是英明的君主。

天下有信数三：一曰智有所不能立，二曰力有所不能举，三曰强有所不能胜。故虽有尧之智，而无众人之助，大功不立；有乌获[1]之劲，而不得人助，不能自举；有贲、育[2]之强，而无法术，不得长生[3]。故势有不可得，事有不可成。故乌获轻千钧而重其身，非其身重于千钧也，势不便也。离朱[4]易百步而难眉睫，非百步近而眉睫远也，道不可也。故明主不穷乌获以其不

天下有三条确实无疑的道理：一是尽管聪明，总有办不成的事；二是尽管力气大，总有举不起的东西；三是尽管强壮，总有胜不过的对手。所以，即使有了尧那样高的智慧，如果没有众人的帮助，伟大的功业还是不能建成；即使有了乌获那样大的力气，如果得不到别人的帮助，还是不能把自己举起来；即使有了孟贲、夏育那样的强壮，如果没有法术，还是不可能永远取胜。所以总有不能得心应手的形势，总有办不成的事情。所以乌获会觉得千钧的东西很轻而自己的身体很重，并不是自己的身体真比千钧还重，而是因为客观形势不利于举起自己的身体啊。离朱看百步以外的毫毛觉得很容易，而看自己的眉毛和眼睫毛却觉得很困难，并不是百步以外的毫毛离得近而眉毛、眼睫毛离得远，而是因为客观法则决定了眼睛不可能看见自己的眉毛和眼睫毛。所以英明的君主不因为乌获不能把自己举起来就使他难堪，不因为离朱不能看见自己的面孔而使他困窘。依靠可以成功的形势，寻求容易成功的法

能自举，不困离朱以其不能自见。因可势，求易道，故用力寡而功名立。时有满虚，事有利害，物有生死，人主为三者发喜怒之色，则金石之士离心焉，圣贤之测浅深矣。[5]故明主观人，不使人观己。明于尧不能独成，乌获不能自举，贲、育之不能自胜，以法术，则观行之道毕矣。

则，所以用力很少而功业名望可以建立。天时有盈有虚，事情有利有害，万物有生有死，君主如果因为这三种变化而表现出高兴或发怒的脸色，那么坚如金石的忠贞之士也会和他离心离德了，因为圣明贤能的人已经从君主的喜怒中推测出君主的好坏了。所以英明的君主观察别人，而不让别人观察到自己。明白了尧不能独立地建成功业，乌获不能把自己举起来，孟贲、夏育不能胜过自己，运用法术来考察别人，那么观察臣下行为的方法就完备了。

注释

1 **乌获：**古代的大力士。

2 **贲、育：**孟贲、夏育，两人都是战国时的勇士。

3 **长生：**当作“长胜”。

4 **离朱：**即离娄。

5 **“时有满虚”至“圣贤之测浅深矣”：**这几句话的言外之意是：君主应该顺应自然，不能任凭主观意志来发号施令，苛责臣下。时有满虚，指月亮的盈亏。月圆为满，月亏为虚。圣贤，指“金石之士”。浅深，指善恶。

安危

导读

安危，就是安定与危亡。文章集中论述了国家的安定之术和危亡之道。

文章首先列出了七种“安术”与六种“危道”。在韩非看来，国家安危的决定性因素首先是君主能否严格地实行法治。如果能实行法治，那么人们就会“乐生于为是，爱身于为非”，就可以使“社稷长立，国家久安”。不实行法治，那么人们就“不乐生”，“不重死”，国家就会危亡，君主就会“功不立，名不成”。当然，“安国之法”的推行，是“不令而自然”的，如果“废自然”，违背了客观实际的需要，那么“虽顺道而不立”。

其次，韩非认为国家的安危还取决于君主是否能明辨是非，是否能掌握实权。这就是韩非所说的“安危在是非，不在于强弱。存亡在虚实，不在于众寡”。为了明辨是非，君主必须“自刻以尧”，并倾听“拂耳”之言，只有这样，才能“小逆在心而久福在国”。为了能掌握实权，君主必须“坚内”而“不遗于朝”，这样，臣下就不可能“易位”了。

最后，韩非指出，君主只有去“危道”，操“安术”，“忠法”“忠心”，才能“立道于往古而垂德于万世”，成为永垂不朽的“明主”。这也就是写作此文的最终目的。

原文

安术有七，危道有六。

安术：一曰赏罚

译文

使国家安定的方法有七种，导致国家危亡的途径有六种。

使国家安定的方法：一是臣民该得赏还是

随是非，二曰祸福随善恶，三曰死生随法度，四曰有贤不肖而无爱恶，五曰有愚智而无非誉，六曰有尺寸而无意度[1]，七曰有信而无诈。

该受罚都按他们行为的正确和错误来决定，二是臣民该遭殃还是该得福都由他们行为的好坏来确定，三是臣民该处死还是该生存都依法律来论定，四是评判臣民时只存在德才方面好不好的问题而不存在感情上爱不爱的问题，五是任用臣民只看他是愚蠢还是聪明而不管他是受到了非议还是受到了赞美，六是衡量人事有客观的标准而不存在主观的推测，七是治国执法有信用而不欺诈。

危道：一曰斫削于绳之内[2]，二曰斫割于法之外[3]，三曰利人之所害，四曰乐人之所祸，五曰危人于所安，六曰所爱不亲、所恶不疏。如此，则人失其所以乐生，而忘[4]其所以重死。人不乐生，则人主不尊；不重死，则令不行也。

使国家危亡的途径：一是像砍削木材砍到了墨线之内那样对遵纪守法的臣民都乱加诛杀，二是对法律规定之外的行为都乱加制裁，三是从别人的损害中谋取利益，四是把别人的灾祸当作快乐，五是别人在平安的时候去危害他，六是不亲近自己喜爱的人、不疏远自己憎恶的人。像这样的话，那么人们就失去了他们乐于生存的前提，也失去了他们看重死亡的条件。人们不乐意活着，那么君主就不会受到尊重；人们不爱惜生命，那么法令就不能实行了。

注释

1 **度**(duó)：揣测。

2 **斫削于绳之内**：这句话与《大体》“不推绳之内”的含义正相反。斫削，砍削，这里喻指铲除、诛杀。绳，墨线，喻指法律的准绳。

3 **斫割于法之外**：这句话与《大体》“不急法之外”的含义相反。韩非认为，对法令规定之外的事情不应严加管束，如果臣民的行为不在国家法令所禁止的范围之内，那就不是犯法行为，就不应该受到制裁，所以这里反对“斫割于法之外”。上一句强调的是不能惩处合法的行为，这句话强调的是不能惩处未犯法的行为。这两者都旨在强调严格依法治理。斫割，与"斫削"的含义相同。

4 **忘**：通"亡"，失。

原文

使天下皆极智能于仪表[1]，尽力于权衡[2]，以动则胜，以静则安。治世，使人乐生于为是，爱身于为非，小人少而君子多。[3]故社稷长立，国家久安。奔车之上无仲尼，覆舟之下无伯夷。[4]故[5]号令者，国之舟车也。安则智廉生，危则争鄙起。故安国之法，若饥而食、寒而衣，不令而自然也。先王寄理于竹帛，其道顺，故后世服。令[6]使人去饥寒，虽贲、育不能行[7]；废自然，虽顺道而不立。强[8]勇之所不能行，则上不能安。上以无厌

译文

使天下的人都能在法度的规范内充分发挥自己的智慧和才能，在法度的规范内用尽自己的力量，使他们行动起来打仗就能取得胜利，使他们安静下来耕作就能让国家安定。治理得好的社会，能使人们乐于生存而去做合法的事情，爱惜自身而不去为非作歹，能使品行不好的人少而品德高尚的人多。所以象征国家政权的土地神、谷神能够永远地存在着，国家能够长久地太平无事。飞奔的车子之上不会有孔子这样的聪明人，翻过来的船只之下不会有伯夷这样的廉洁之士。号令这种东西，就像是国家的船和车。它使国家安定的时候，聪明、廉洁的人就会产生；使国家危乱的时候，争夺、鄙陋的人就会出现。所以，使国家安定的法制，就像人们饿了要吃饭、冷了要穿衣那样，是不需要强令推行而自然需要的。古代的圣明帝王把治国的法则著录在竹简和帛书上，由于这些法则的道理顺应了自然的要求，所以后代的人都信服。假如使人们摆脱了饥饿和寒冷的困扰，那么即使是孟贲、夏育那样的勇士也不能迫使人们去追求衣食；如果不顾客观的需要，那么即使顺从古代圣明帝王的法则也站不住脚。如果勉强去做勇

责已尽,则下对“无有”;无有,则轻法。法所以为国也,而轻之,则功不立,名不成。

士也不能做到的事,那么君主就不得安宁了。君主以永不满足的贪欲向已被搜刮光的民众责求勒索,那么民众就会回答说“没有”;民众一无所有,就会轻视法令。法令是用来治理国家的,如果民众轻视它,那么君主的功业就不能建立,君主的名声就无法成就。

注释

1 **仪表:**立木以示人叫作“仪”,也叫作“表”,所以“仪表”又转而表示准则、法度。

2 **权衡:**秤,比喻法度。权,秤锤。衡,秤杆。

3 **使人乐生于为是,爱身于为非:**使人们在做正确的事情时能热爱自己的生活,在做错误的事情时能爱惜自己的生命而不去触犯法律。

4 这两句的喻意是,聪明之人、廉洁之士乐生爱身而不居危乱之国,因而国家危亡也就不会再有孔子般的智者和伯夷般的廉士。

5 **故:**犹“夫”。

6 **令:**若。

7 **行:**使动用法,表示使人们行动。“行”字语带双关,既指人们对衣食的追求,又指人们对法制的执行。所以,这两句的言外之意是:如果人们对法制没有饥饿感,那么即使采取强有力的手段,法制也难以推行。

8 **强**(qiǎng)**:**勉强,竭力。

原文

闻古扁鹊之治其[1]病也,以刀刺骨;圣人之救危国也,以忠拂耳。刺骨,故小痛在体而长利在身;

译文

我听说古代扁鹊医治重病,拿手术刀刺到病人的骨头上;圣明之士挽救危亡的国家,拿忠言刺激君主的耳朵。手术刀刺到了骨头上,所以肢体上虽然有点疼痛,但全身却获得了长久的好处;忠言逆耳,所以心里虽然有点

拂耳，故小逆在心而久福在国。故甚病之人利在忍痛，猛毅之君以福拂耳。忍痛，故扁鹊尽巧；拂耳，则子胥不失：寿安之术也。病而不忍痛，则失扁鹊之巧；危而不拂耳，则失圣人之意。如此，长利不远垂，功名不久立。

反感，但国家却获得了长久的幸福。所以患重病的人要得到好处在于忍住疼痛，勇猛刚毅的君主为了得到幸福而听逆耳的话。病人能忍住疼痛，所以扁鹊能充分施展自己的技巧；君主能听逆耳的话，那就不会失去像伍子胥那样的忠贞之士：这是使国家长久地存在而永远安定的办法啊。生了病而不能忍痛，那就得不到扁鹊高明的治疗；国家危乱而听不进刺耳的话，那就得不到圣明之士的忠心谋划。像这样的话，那么国家的远大利益就不能长久地流传到后世，功业名望就不能长久地存在下去。

注释

1 **其**：当作“甚”。

原文

人主不自刻[1]以尧，而责人臣以子胥，是幸殷人之尽如比干。尽如比干，则上不失，下不亡。不权其力而有田成，而幸其身尽如比干，故国不得一安。废尧、舜而立桀、纣，则人不得乐

译文

君主不以贤明的尧为榜样来严格要求自己，却拿忠贞的伍子胥作为标准去要求臣下，这实是在侥幸地希望处在暴君统治下的商朝人都会像忠贞的比干那样。当然，如果臣民都像比干那样，那么君主就不会丧失政权，而臣民也不会亡国了。但现在君主不能衡量一下自己的力量，而又有了田成这样的奸臣，却还幻想他们都会像比干那样，所以国家得不到一天的安定。废除了尧、舜这样的贤君而让桀、纣这样的暴君在位，那么人们就不能为自己所做的合法的好事

所长而忧所短[2]。失所长，则国家无功；守所短，则民不乐生。以无功御不乐生，不可行于齐民[3]。如此，则上无以使下，下无以事上。

而感到快乐，也不能为自己所做的非法的坏事而感到忧虑。失去了好人好事，那么国家就不会有什么功业；保留着坏人坏事，那么民众就不会乐于生存。以没有功业的君主去统治不乐于生存的民众，这种办法在平民中是不可能实行的。像这样的话，那么君主就没有什么办法来役使臣民，臣民也没有什么办法来侍奉君主了。

注释

1 **自刻：**自责。

2 **所长：**等于说"所是"，正确的事，指合法的事。 **所短：**等于说"所非"，错误的事，指非法的事。

3 **齐民：**平民，百姓。

原文

安危在是非，不在于强弱。存亡在虚实，不在于众寡。故齐，万乘也，而名实不称，上空虚于国内，不充满于名实，故臣得夺主。杀[1]，天子也，而无是非：赏于无功，使谗谀以诈伪为贵；诛于无罪，使伛以天性剖背。以诈伪为是、天性为

译文

国家的安危取决于是否能在政治上分清是非好坏，而不在于国力的强弱。政权的存亡取决于君主是徒有虚名还是握有实权，而不在于拥有人口的多少。齐国，是拥有万辆兵车的大国，但其名称和实际并不符合，君主齐简公在国内一无所有，在名位和实权方面都不充实，所以臣子田成能够篡夺君主的权位。桀，是天子，但却分不清是非：奖赏没有功劳的人，使那些中伤贤良、阿谀奉承的人用欺诈的手段取得了高贵的地位；诛杀没有罪过的人，使驼背的人因为天生的畸形而被剖开了背部。他把欺诈的手段当作是正确的，而把天生的东西当作是错误的，所以封地很小的商汤能够战胜拥有广大领土的夏

非，小得胜大。

明主坚内，故不外失。失之近而不亡于远者，无有。故周之夺殷也，拾遗于庭[2]。使殷不遗于朝，则周不敢望秋毫[3]于境，而况敢易位乎？

明主之道忠[4]法，其法忠心。故临之而法[5]，去之[6]而思。尧无胶漆[7]之约于当世而道行，舜无置锥之地于后世而德结。能立道于往古而垂德于万世者之谓明主。

桀。

英明的君主巩固自己在朝廷内部的统治，所以不会把政权丧失给朝廷外的人。身边的政事有了失误而不被远处的人灭亡的君主，是没有的。所以，周朝能夺取殷朝的天下，是由于利用了商纣王在朝廷上的过失。假如商纣王在朝廷上没有什么失误，那么周朝的人就连商朝边境上的一根毫毛也不敢望一下，何况是胆敢来改变君主的权位呢？

英明君主的治国措施是适合于法制的，他的法制是适合于民心的。所以英明的君主统治民众，人们都按法制来办事；而当他离开了民众，人们便都思念他。尧和当时的人没有订立什么牢靠的盟约，而他的治国措施照样能够贯彻执行；舜在后代没有立锥之地，而他的功德照样能够萦绕在人们的心中。能够在古代确立治国的原则，而将恩德留传千秋万代的人，就叫作英明的君主。

注释

1 **杀**：“桀”之误字。

2 **庭**：通“廷”，朝廷。

3 **秋毫**：鸟兽在秋天新生的细毛，比喻细微的东西。

4 **忠**：通“中”(zhòng)，适合。

5 **临**：统治。 **法**：与下文的“道行”相应，指明主之法能实行。

6 **去之**：离开民众，指明主去世。

7 **胶漆**：胶和漆，比喻凝聚力、约束力强得像用胶和漆黏结起来似的。

守　道

导读

守道，就是保国之道，也就是保住国家政权的方法。这种方法的主体便是法治，所以本篇实为一篇论述法治的短文。

文章首先指出了法治的基本原则，即"其赏足以劝善，其威足以胜暴，其备足以必完法"，法必须能起到止恶扬善的作用，并有确实的措施来保证它的实行与完善。为了使法能起到止恶扬善的作用，韩非主张利用地位、物质、名誉进行奖励，使"功多者位尊，力极者赏厚，情尽者名立"；同时用重罚来治轻罪，即"以其所重禁其所轻，以其所难止其所易"，并做到严格地实施赏罚，使"贞士不失分，奸人不徼幸"。这样，就能使"民劝极力而乐尽情"，"邪人不寿而盗跖止"，"守国之道"也就"毕备"了。总之，"法分明，则贤不得夺不肖，强不得侵弱，众不得暴寡"，如此，君主才能甘食美服而无劫弑之患，臣子才无令人悲愤的不测之祸，天下太平，无贤良奸人之别，无忠臣昏君之事。这就是韩非所企求的理想境界，也就是他法治思想的最终归宿。

原文

圣王之立法也，其赏足以劝善，其威足以胜暴，其备足以必完法[1]。治世之臣，功多者位尊，力极者

译文

圣明的帝王建立法制的时候，必定使奖赏足够用来鼓励人们做好事，使刑罚的威力足够用来制服暴乱，使措施足够用来保证法制的坚决实行和完善。治理得好的社会中的臣子，功劳多的人，地位尊贵；尽力做事的人，

赏厚，情尽者名立。善之生如春，恶之死如秋，故民劝极力而乐尽情。此之谓上下相得。上下相得，故能使用力者自极于权衡，而务至于任鄙[2]；战士出死，而愿为贲、育；守道者皆怀金石之心，以死子胥之节。用力者为任鄙，战如贲、育，中为金石[3]，则君人者高枕而守已完矣。

受赏丰厚；竭尽忠诚的人，名声得以树立。美好的东西就像春天的草木那样不断生长，邪恶的东西就像秋天的草木那样不断消亡，所以民众互相勉励为国家尽力，也乐意向国君奉献自己的忠诚。这样的政治状况就叫作君主和臣民互相协调。君主和臣民互相协调，所以能使出力的人在法度的范围内竭尽自己的力量，力求做到像任鄙那样；使战士拼死卖命，而希望自己成为孟贲、夏育那样的勇士；使维护法制的人都怀有坚如金石的忠贞之心，以至于像伍子胥那样为尽忠守节而死。出力的人都像任鄙，战斗的人都像孟贲、夏育，维护法制的人都心如金石，那么统治民众的人君就可以垫高了枕头无忧无虑地睡觉而保住国家政权的设施也已经完备了。

注释

1 **必完法：**包括“必法”（使法制一定实行）和“完法”（使法制完善）两个方面。

2 **任鄙：**秦武王时的大力士。

3 **中：**内心。 **为：**如同。

原文

古之善守者，以其所重禁其所轻，以其所难止其所易，故君子与小人俱正，盗

译文

古代善于保住国家政权的人，拿人们认为很重的刑罚去禁止很轻的罪行，拿人们认为难以忍受的刑罚去制止他们容易避免的错误，所以有德的君子和无行的小人都端正，

跖与曾、史俱廉[1]。何以知之？夫贪盗不赴溪而掇金，赴溪而掇金，则身不全。贲、育不量敌，则无勇名；盗跖不计可，则利不成。明主之守禁也，贲、育见侵于其所不能胜，盗跖见[2]害于其所不能取，故能禁贲、育之所不能犯，守盗跖之所不能取，则暴者守愿[3]，邪者反正。大勇愿，巨盗贞，则天下公平，而齐民之情正矣。

盗跖似的贪婪之徒和曾参、史鱼般的孝顺正直之士都一样廉洁。凭什么知道这一点呢？贪婪的盗贼不到深涧中去拾取金子，因为如果到深涧中去拾取金子，那么生命就不能保全。孟贲、夏育如果不先估量一下敌人的力量，就不会有勇武的名声；盗跖如果不先考虑一下事情是否可行，追求的利益就不能实现。英明的君主掌握禁令的时候，孟贲、夏育在他们不能取胜的地方去取胜，就要受到制裁；盗跖在他不可以拿取的地方去窃取，就要受到惩罚：所以英明的君主能够在孟贲、夏育不能侵犯的地方去禁止他们，能够在盗跖不能窃取的地方去防备他。这样，强暴的人就会保持谨慎的态度，邪恶的人就会回到正路上来。非常勇猛的人谨慎了，大盗廉洁正直了，那么社会就公正太平了，而平民的本性也就端正了。

注释

1 **盗跖**(zhí)**:**即“跖”，春秋战国之际鲁国的造反领袖。在传统的古代典籍中，都把他当作是贪婪的典型，诬称他为“盗跖”。 **曾:**指曾参(shēn)，孔子的学生，以孝闻名。 **史:**指史鳍(qiū)，春秋时卫灵公的大夫，以正直著称。

2 **见:**被。

3 **愿:**谨慎。

原文

人主离法失人，则危于伯夷不妄取，而不免于田成、盗跖之耳[1]可也。今天下无一伯夷，而奸人不绝世，故立法度量。度量信，则伯夷不失是[2]，而盗跖不得非[3]。法分明，则贤不得夺不肖，强不得侵弱，众不得暴寡。托天下于尧之法，则贞士不失分，奸人不徼幸。寄千金于羿之矢[4]，则伯夷不得亡，而盗跖不敢取。尧明于不失奸，故天下无邪；羿巧于不失发，故千金不亡。邪人不寿而盗跖止。如此，故图不载宰予[5]，不举六卿；书不著子胥，不明夫差。[6]孙、吴之略废[7]，盗跖之心伏。人主甘服[8]于玉

译文

君主背离了法治而失去了人们的拥护，那么即使碰到像伯夷那样不胡乱摄取君位的人也会发生危险，而不能避免被田成、盗跖那样的人夺取君位也就是理所当然的了。现在天底下没有一个伯夷似的人，而奸邪的人在社会上从没有断绝过，所以要建立法律制度。制度落实了，那么伯夷似的人就不会失去人们对他的肯定，而盗跖似的人也不会得到人们对他的否定。法律分明了，那么贤能的人不能够掠夺无能的人，强者不能够侵犯弱者，多数不能够欺凌少数。把天下置于类似尧的严明的法制之中来管理，那么正派的人不会失去他应得的本分，奸邪的人不能侥幸逃避应得的惩罚。把千金放在羿的箭上来发放，要赏给伯夷，他就不可能逃避；而不给盗跖，他也不敢来窃取。尧的圣明在于不放过一个坏人，所以社会上就没有邪恶了；羿的技巧在于百发百中，所以千金的钱财不会丢失。邪恶的人活不长而盗跖似的人停止偷盗。像这样的话，那么图书上就不会记载宰予，不会提起六卿，不会著录伍子胥，不会写明夫差。孙子、吴起的谋略就会被废弃不用，盗跖的贪心就会被制服消除。君主在华贵的宫殿之中满意地吃着甜美的食物、穿着美好的服装，生活安定快乐，而没有被人瞪着眼睛、咬牙切齿地怒骂以及颠覆夺权的祸患；臣子在坚固壮丽的都城之中垂着衣裳拱着手

堂之中，而无瞋目切齿倾取之患；人臣垂拱金城之内，而无扼捥聚唇嗟唶[9]之祸。

朝见君主，而没有令人愤怒地握着手腕、怨恨地噘起嘴唇、悲哀叹息的不测之祸了。

注释

1 **耳：**“取”字之误。

2 **不失是：**不会失去人们的肯定，即不会听不到表扬。这是因为“伯夷不得亡”。

3 **不得非：**不会得到人们的否定。这是因为“盗跖不敢取”。

4 **金：**古代重量单位，即“镒”(yì)，先秦以黄金二十两或二十四两为一镒，也称一金。 **羿(yì)：**夏代东夷族有穷氏部落的首领，是古代著名的射箭能手。

5 **宰予：**春秋时鲁国人，孔子弟子，以善辩著称，曾仕齐而为临淄大夫，因与田常作对而被杀。

6 以上几句是说，严格实行法制以后，社会秩序良好，既无残酷的政治斗争，也无君臣决策的失误，所以像宰予、六卿、子胥、夫差等贤臣、奸臣、忠臣、昏君都不会在史册上大书一笔了。

7 **孙：**指孙武，著名的军事家。 **吴：**指吴起。

8 **甘服：**指甘其食、美其服，即吃美食、穿着美好的服装。

9 **嗟唶（jiē jiè）：**悲叹。

原文

服虎而不以柙，禁奸而不以法，塞伪而不以符，此贲、育之所患，尧、舜之所难也。故设柙，非所以备鼠也，所以使怯弱能服虎也；立

译文

要制服老虎却不用笼子，要禁止奸邪却不用法制，要杜绝诈伪却不用符节，这是孟贲、夏育这样的勇士都感到担忧的事，也是尧、舜这样的英明君主都感到为难的事。所以，设置了笼子，并不是用来防备老鼠的，而是为了使胆小懦弱的人能够制服老虎；建立

法，非所以备曾、史也，所以使庸主能止盗跖也；为符，非所以豫尾生也[1]，所以使众人不相谩也。不独恃比干之死节，不幸乱臣之无诈也；恃怯士之所能服，握庸主之所易守。当今之世，为人主忠计，为天下结德者，利莫长于此。故君人者无亡国之图，而忠臣无失身之画。明于尊位必赏，故能使人尽力于权衡，死节于官职。通贲、育之情，不以死易生；惑于盗跖之贪，不以财易身：则守国之道毕备矣。

法制，并不是用来防备曾参、史鱼等孝廉之士的，而是为了使平庸的君主能够禁止盗跖似的贪鄙之人；制造符节，并不是为了防备尾生那种守信之人的，而是为了使众人不互相欺诈。君主不能单单去依靠比干之类的人为大节而死，也不能侥幸希望乱臣贼子不欺诈；而应该依靠胆小懦弱的人也能制服老虎的"笼子"，掌握好平庸的君主也容易保住政权的法制。处在现在这个时代，要为君主忠心谋划，要为天下造福积德，没有什么办法能比实行法制所取得的利益更为长远的了。实行了法制，就不会有君主亡国的描绘，也不会有忠臣丧生的刻画。君主明白地宣布对那些立了大功的人将使他们地位尊贵而一定给予奖赏，所以能使人们在法制的范围内尽自己最大的努力，并忠于职守而以身殉职。君主使人们都洞察孟贲、夏育的实情，不因为勇于牺牲而看轻自己的生命；臣民即使被盗跖那样的贪心迷惑了，也不为了利益而轻易地去送命：这样的话，那么保住国家政权的措施就都完备了。

注释

1 **豫：**通"预"，预备。 **尾生：**古代极守信用的人，相传他与一女子在桥下约会，女子未来而水却涨起来了，他坚持不离开而抱着桥柱被淹死了。

用 人

导读

用人，就是使用臣子。文章着重论述了君主使用臣子时应该遵守的基本原则。

本篇论述的用人原则主要有：

一、"循天顺人"。使用臣子必须遵循客观规律，不能不顾客观条件的限制而苛求臣下，不能"立难为而罪不及"，而应该顺应世道人情，"立可为之赏，设可避之罚"。如此，就能"用力寡而功立"，"刑罚省而令行"，"上下之恩结矣"。

二、"守法术"，"明赏罚"。因为"释法术而心治，尧不能正一国"，"释法制而妄怒，虽杀戮而奸人不恐"；而"使中主守法术"，"则万不失矣"，"明赏罚"，"则白黑分矣"。"故至治之国，有赏罚而无喜怒"，"有刑法而死，无螫毒"，一切依法办事，使"下得循法而治"。

三、根据臣下的实际才能和功绩授予官职。明君任用的臣子，应该是"效功于国以履位，见能于官以受职，尽力于权衡以任事"。由于这种臣子都经过了实际工作的考验，所以都能胜任自己的职务，因而"内无伏怨之乱，外无马服之患"。

四、专职专任，不兼官兼事。"明君使事不相干，故莫讼；使士不兼官，故技长；使人不同功，故莫争。"群臣之力不会因"争讼"而互相抵消，各项工作会因为"技长"而顺利进行，那么整个官僚机构就能发挥出最大的效率了。这便是韩非在用人领域追求的理想境界。

五、既关心、爱护臣民，又严加提防。因为如果"君人者不轻爵禄，不易富贵”，对臣民“劳苦不抚循，忧悲不哀怜”，那么臣民不但“不能尽力而务功”，而且还会“叛主”。如果君主“不察私门之内，轻虑重事”，就会有“易身之患”。当然，爱护、提防臣下的着重点应在近处而不在远处。如果“不谨萧墙之患而固金城于远境，不用近贤之谋而外结万乘之交于千里”，那么一旦有什么政治风波，君主就会有大祸了。

以上几个方面如果都能做到，那么“君高枕而臣乐业，道蔽天地，德极万世矣”，这便是韩非精心研究用人术的出发点和归宿。

原文

闻古之善用人者，必循天顺人而明赏罚。循天，则用力寡而功立；顺人，则刑罚省而令行；明赏罚，则伯夷、盗跖不乱。如此，则白黑分矣。治国之臣，效功于国以履位[1]，见[2]能于官以受职，尽力于权衡以任事。人臣皆宜其能，胜其官，轻其任，而莫怀余力于心，莫负兼官之责于君。故内无伏怨之乱，外无马服之患[3]。明君使

译文

听说古代善于使用臣子的人，一定遵循自然的规律，顺应世道人情，而且严格又明确地实行赏罚。遵循了自然的规律，使用的力气虽然很少，而功业却可以建立起来；顺应了世道人情，刑罚虽然简省，而法令却可以推行；严格而又明确地实行赏罚，伯夷似的清廉之士与盗跖般的贪婪之徒就不会混淆了。像这样，是非黑白就分明了。治理得好的国家中的臣子，都是因为给国家作出了成绩才获得官位，都是因为在官位上表现出了才能才得到职务，都是因为在法度的规定之中尽了力才担任职事。臣下都能够处在适宜的岗位上得心应手地发挥自己的才能，胜任自己的官职，觉得自己的负担很轻松，而又没有谁在心里想留下一点力量，也没有谁对君主负有兼任其他职务的责任。所以君主在国内没有因为臣民潜藏在心底的怨恨而造成的祸乱，在国外没有因为臣下不称职而造成的赵括似的祸患。英明的君主使臣下的职事互不干涉，所以没有人再会争辩诉讼；使臣子不兼任其他职务，所以每个人的本领

事不相干，故莫讼；使士不兼官，故技长；使人不同功，故莫争。争讼止，技长立，则强弱不觳[4]力，冰炭不合形[5]。天下莫得相伤，治之至也。

都能长进；使人们不去建立同样的功劳，所以没有人再会竞争抢夺。争辩的事情止息了，本领长进的趋势确立了，那么强者和弱者就不会再去较量力量的大小，就像冰和炭不同时放在一个容器里因而不发生冲突一样。天下没有人能互相伤害，这是治国的最高境界啊。

注释

1 **效功于国以履位**：向国家献上功劳因而踏上了岗位。

2 **见**：同"现"。

3 **马服之患**：指赵括因无实战经验，所率赵军四十余万被秦将白起全歼。

4 **觳**(jué)：通"角"。

5 **形**：通"型"，容器。

原文

释法术而心治，尧不能正一国；去规矩而妄意度，奚仲[1]不能成一轮；废尺寸而差[2]短长，王尔不能半中。使中主守法术，拙匠守规矩尺寸，则万不失矣。君人者能去贤巧之所不能，守中拙之所万不失，则人力尽而功

译文

抛弃了法术凭主观的想法来治理政事，即使像尧那样的贤君也不能治理好一个诸侯国；丢掉了圆规、角尺而胡乱地凭主观意念来揣测，就是奚仲那样的造车专家也不能造出一个车轮；废除了尺和寸而辨别长短，就是王尔这样的巧匠也不能造出半个器物。使中等才能的君主掌握法术来治国，使笨拙的工匠遵照圆规、角尺及尺和寸来做工，那就万无一失了。统治民众的君主如果能够抛弃贤君、巧匠也不能成功的那种凭主观意念来办事的方法，而奉行中等才能的君主、笨拙的工匠都能万无一失的那种利用

名立。

明主立可为之赏，设可避之罚。故贤者劝赏[3]而不见子胥之祸，不肖者少罪而不见伛剖[4]背，盲者处平而不遇深溪，愚者守静而不陷险危。如此，则上下之恩结矣。古之人曰：“其心难知，喜怒难中也。”故以表[5]示目，以鼓语耳，以法教心。君人者释三易之数而行一难知之心，如此，则怒积于上而怨积于下。以积怒而御积怨，则两危矣。

法术、规矩来办事的方法，那么臣民的力量就会被充分地发挥出来而自己的功业和名望也就能建立起来了。

英明的君主设立臣民能够争取到的奖赏，设立臣民能够避免的刑罚。所以，有德才的人能够受到奖赏的鼓励而不会遇到伍子胥那样的灾祸，无德才的人也能够少犯罪而不会碰上像驼背的人被剖开背部那种无辜受刑的不幸，盲人待在平地上就不会遇到凹陷的山谷，愚笨的人保持安静就不会陷入危险的境地。像这样，那么君臣上下之间的恩情就结成了。古代的人说：“人的心计是难以了解的，人的喜怒是难以猜中的。”所以用标记来提示眼睛，用战鼓来呼唤耳朵，用法令来训导人心。统治人民的君主放弃以上三种容易实行的方法而运用使人难以了解的心计，像这样，那么在君主一方就会积聚起愤怒，在臣下一方就会积聚起怨恨。以积聚了愤怒的君主来统治积聚了怨恨的臣子，君臣双方就都危险了。

注释

1 **奚仲：**传说中车子的创造者。

2 **差(cī)：**区别。

3 **劝赏：**劝于赏，被奖赏所鼓励。

4 **伛：**驼背。

5 **表：**用木头制成的标记。

原文

明主之表易见，故约立；其教易知，故言用；其法易为，故令行。三者立而上无私心，则下得循法而治，望表而动，随绳而斫，因攒[1]而缝。如此，则上无私威之毒，而下无愚拙之诛。故上居明而少怒，下尽忠而少罪。

闻之曰："举事无患者，尧不得也。"而世未尝无事也。君人者不轻爵禄，不易富贵，不可与救危国。故明主厉[2]廉耻，招[3]仁义。昔者介子推[4]无爵禄而义随文公，不忍口腹而仁割其肌，故人主结其德，书图著其名。人主乐乎使人以公尽力，而苦乎以私夺威；人臣安乎以能受职，而苦乎以一

译文

英明君主的标准容易看清，所以他的约定能够确立在人们心中；他的教导容易理解，所以他的言论能够被人们运用；他的法制容易做到，所以他的命令能够贯彻执行。这三种情况确立了，而君主又没有什么个人的心计，那么臣下就可以遵照法令来治理政事，这就好像是看着标记来行动，随着墨线来砍削，根据裁剪来缝纫。像这样的话，那么君主就不会有滥用个人威势而给臣民所造成的毒害，而臣民也不会有因为愚蠢笨拙而受到的处罚。所以君主处在明智的境地而很少发怒，臣下竭尽忠诚而很少犯罪。

我听说过这样的话："办事不出毛病，就是圣明的尧也做不到。"而世间从来没有什么时候是安然无事的。君主如果不能看轻爵禄、富贵而把它们赏给臣民，那就不能够团结臣民和他们一起来挽救危乱的国家。所以英明的君主推崇廉耻，提倡仁义。从前介子推没有爵位、俸禄而凭着道义追随晋文公出逃，在途中不忍心让文公饿肚子而凭着仁爱之心割下自己腿上的肉给文公充饥，所以君主铭记他的德行，图书上著录他的名字。君主乐于使臣下为了国家和君主的利益使尽全力，而苦于被臣下为了私门和个人的利益夺去威权；臣下安于凭才能接受职务，而苦于拿自己一个人去担任两种职务。所以英明的君主去除臣下苦恼的事，而

负二。故明主除人臣之所苦，而立人主之所乐。上下之利，莫长于此。不察私门之内，轻虑重事；厚诛薄罪，久怨细过，长[5]侮偷快；数以德追祸[6]，是断手而续以玉也：故世有易身之患。

树立君主乐意的事。君臣上下的利益，没有比这个更长远的了。不审察大臣在家门之内的阴谋活动，轻率地考虑、决定重大的事情；过重地处罚犯轻罪的人，长期怨恨臣下的小过错，经常侮弄臣下来取得一时的快乐；屡次用赏赐来补偿自己给臣民造成的灾难，这就像砍断了别人的手臂又用玉去给他接上一样：所以世间有君主被臣下取而代之的祸患。

注释

1 **攒：**"劗"的通假字，劗，同"剪"。

2 **厉：**高，举。

3 **招：**揭，举。

4 **介子推：**又作介之推，春秋时晋国人，曾随从晋文公流亡国外。相传晋文公在流亡途中，由于钱财被随从里凫须偷走，以致断了粮而饿得走不动了，介子推出于对晋文公的忠诚，割下自己的腿肉给文公充饥，才使得文公能继续走下去。

5 **长：**常。

6 **德：**奖赏。 **追：**补救。

原文

人主立难为而罪不及，则私怨生；人臣失所长而奉难给[1]，则伏怨结。劳苦不抚循，忧悲不

译文

君主设立了难以做到的法律标准，然后去处罚那些没有达到标准的臣子，那么臣子私下的怨恨就会产生；臣子失去了他们所擅长的工作而去从事难以胜任的职事，那么臣子内心的怨恨就会积聚。君主对臣子的劳累辛苦不安抚慰问，对臣

哀怜；喜则誉小人，贤不肖俱赏；怒则毁君子，使伯夷与盗跖俱辱：故臣有叛主。

使燕王内憎其民而外爱鲁人，则燕不用而鲁不附。民见憎，不能尽力而务功；鲁见说[2]，而不能离死命而亲他主。如此，则人臣为隙穴，而人主独立。以隙穴之臣而事独立之主，此之谓危殆。

释仪的而妄发，虽中小不巧；释法制而妄怒，虽杀戮而奸人不恐；罪生甲，祸归乙，伏怨乃结。故至治之国，有赏罚而无喜怒，故圣人极[3]；有刑法而死，无螫毒[4]，故奸人服；发矢中的，赏罚当符[5]，故尧复生，羿复立[6]。如此，则上无殷、夏之患，下无比

子的忧虑悲哀不同情怜悯；高兴的时候就连没有德行的小人都加以称赞，对有德才的人和没有的人都加以赏赐；发怒的时候就连德行高尚的君子都加以诋毁，使伯夷似的清廉之士和盗跖般的贪婪之人都受到侮辱：所以臣子有背叛君主的。

假如燕王对内憎恨自己国家的民众而对外喜爱鲁国人，那么燕国人就不会听他役使而鲁国人也不会依附他。燕国的民众被憎恨，就不可能用尽全力来从事工作；鲁国人被喜爱，但不能不顾丧生的危险去亲近别国的君主。像这样的话，那么臣子就会成为墙上的缝隙和洞穴似的隐患，而君主就会孤立。用成了隐患的臣子来侍奉孤立的君主，这就叫作危险。

丢掉了箭靶而胡乱地射箭，即使射中了很小的东西，也不能算技术高超；抛弃了法律制度而胡乱地发怒，即使肆意屠杀，邪恶的坏人也不会恐惧；罪行产生于张三，处罚却落到李四头上，那么人们心头的怨恨就会积聚。所以治理得最好的国家，有赏罚的法规而不凭君主的喜怒来办事，所以圣明的法术之士能够尽心竭力地奉行法制；有因为触犯了刑法而被杀死的，没有因为君主的愤怒而造成的毒害，所以邪恶的坏人也就被慑服了；射箭能够射中箭靶，赏罚和功罪相当就像信符相合一样，所以就像圣明的君主尧复活了，就像神箭手羿再生了。像这样的话，那么君主就没有商纣王、夏

原文	译文
干之祸，君高枕而臣乐业，道蔽天地，德极万世矣。	桀那样被灭亡的灾难，臣下也没有比干那样被剖心的祸患，君主高枕无忧而臣下安居乐业，治国的原则就能普遍地实行于天下，恩德就能流传千秋万代了。

注释

1 **奉:**供奉。 **给:**丰足，指力量足够。

2 **说:**通"悦"。

3 **极:**与《安危》所说的实行法治后"使天下皆极智能于仪表，尽力于权衡"之"极"意义相同，指君主实行法制后圣明的法术之士能尽心竭力地奉行法制。

4 **螫(shì)毒:**毒害，即《大体》的"忿怒之毒"。螫，怒。

5 **当符:**合符。

6 此承上文而言，"赏罚当符"，所以如同圣明的尧复活了；"发矢中的"，所以如同神箭手羿复活了。

原文	译文
夫人主不塞隙穴而劳力于赭垩[1]，暴雨疾风必坏。[2]不去眉睫之祸而慕贲、育之死，不谨萧墙[3]之患而固金城于远境，不用近贤之谋而外结万乘之交于千里，飘风[4]一旦起，则贲、育不及救，而外交不及至，祸	君主不去堵塞墙上的缝隙、洞穴而在粉刷墙壁方面花费力气，那么狂风暴雨来了墙壁一定会倒塌。不除去眼前的祸患而思念孟贲、夏育似的勇士来为自己卖命，不谨防内部的祸患而在远方的边境上加固坚实的城堡，不采用附近贤能之士的计谋而在千里之远的地方向外和拥有万辆兵车的大国结交，这样，旋风一旦刮起来，孟贲、夏育似的勇士来不及援救，而国外的同盟者来不及赶来，灾祸没有比这种舍近求远所酿成的恶果更大的了。在现在这个

莫大于此。当今之世，为人主忠计者，必无使燕王说鲁人，无使近世慕贤于古，无思越人以救中国溺者。如此，则上下亲，内功立，外名成。	时代，为君主忠心谋划的人，一定不要使自己的君主像燕王爱鲁国人那样去爱别国的人，不要使近代的君主去仰慕古代的贤能之人，不要考虑用那些虽然善于游泳但地处边远的越国人来援救中原地区的落水者。像这样，那么君主和臣下就能互相亲近，在国内功业可以建立，在国外名声可以成就。

注释

1 **赭垩**(zhě è)**：**泛指涂料，这里用作动词。赭，红土。垩，白土。

2 这两句喻指君主不除去奸臣等隐患而粉饰太平，等遇到政治风浪，就会亡国。

3 **萧墙：**门屏，宫室内用以分隔内外的小墙。

4 **飘风：**旋风，这里喻指政治上的风暴。

功　名

导读

功名，即功业与名声。文章主要论述君主立功成名的因素，着重阐发了作者的势治学说。

文章首先指出，英明的君主之所以能立功成名，主要是依靠了“天时”“人心”“技能”“势位”。接着，韩非着重论述了“势位”。他认为，“势位”对于君主的统治来说，是具有首要意义的决定性因素。只有“位高”“势重”，才能“制天下”。在强调了“势位”的重大作用以后，他又冷静地分析

了君主势位的成因，认为“人主者，天下一力以共载之，故安；众同心以共立之，故尊”，如果“位不载于世”，即使“德若尧、舜，行若伯夷”，也会“功不立，名不遂”。所以，君主虽然和臣下“异使”，还是应该得到臣下的密切配合，只有“众人助之以力，近者结之以成，远者誉之以名，尊者载之以势”，才能建立丰功伟绩而英名永存。

总之，君权至高无上，可以宰制天下，臣民得无条件地服从，但君权又来自臣民的支持，这是韩非势治学说中不可或缺的两个方面。人们往往只知其前者，而忽视了这极为重要的后者，这样去理解韩非的势治学说显然是不全面的。因此，本篇对于我们全面把握韩非的势治学说，具有极为重要的意义。

原文

明君之所以立功成名者四：一曰天时，二曰人心，三曰技能，四曰势位。非天时，虽十尧不能冬生一穗；逆人心，虽贲、育不能尽人力。故得天时，则不务而自生；得人心，则不趣而自劝[1]；因技能，则不急而自疾[2]；得势位，则不进而名成。若水之流，若船之浮，守自然之道，行毋穷之令，故曰明主。

译文

英明的君主用来立功成名的东西有四种：一是天时，二是人心，三是技能，四是权势地位。如果违背了天时，即使有十个尧一样的圣明君主也不能使庄稼在冬天长出一穗；如果违背了人心，即使是孟贲、夏育这样的勇士也不能使人们尽心竭力。所以得到了天时，即使不用努力，庄稼也会自己长出来；获得了人心，即使不加督促，人们也会自觉地卖力；依靠技能，即使工作不紧张，事情自会很快办成；有了权势和地位，即使不去追求，名声自会形成。好像水的流动，好像船的漂浮，遵循自然的规律，推行不会行不通的法令，所以被称为英明的君主。

注释

1 **趣**(cù)：督促。 **劝**：劝勉。

2 **疾:**快速。

原文

夫有材而无势,虽贤不能制不肖。故立尺材于高山之上,则临千仞[1]之溪,材非长也,位高也。桀为天子,能制天下,非贤也,势重也;尧为匹夫,不能正三家,非不肖也,位卑也。千钧得船则浮,锱铢[2]失船则沉,非千钧轻、锱铢重也,有势之与无势[3]也。故短之临高也以位,不肖之制贤也以势。人主者,天下一力以共载[4]之,故安;众同心以共立之,故尊。人臣守所长,尽所能,故忠以尊主。主御忠臣,则长乐生而功名成。名实相持而成,形影相应而立,故臣主同欲而异使[5]。人

译文

如果有了才能而没有权势,那么即使德才好的人也不能够制服德才不好的人。所以将一尺长的木头树立在高山之上,就可以俯视七八千尺深的山涧,这并不是因为木头本身长,而是因为它的位置高。桀做了天子,能够控制天下,这并不是因为他贤能,而是因为他的权势大;尧是平民百姓的时候,不能够管好三户人家,并不是因为他没有德才,而是因为他的地位太低下了。千钧重的东西有了船就可以浮起来,而几钱轻的东西没有船就会沉下去,这并不是因为千钧的重量轻而几钱的重量重,而是因为千钧的东西有了浮力而几钱的东西没有浮力啊。所以短的东西能够俯视高处的东西,是靠了它的地位;德才不好的人能够制服贤能的人,是靠了他的权势。君主这种人,天下的人齐心协力来共同爱戴、拥护他,所以地位才稳固;民众同心同德来共同推举、辅佐他,所以地位才尊贵。臣子坚持发挥自己的特长,尽自己的能力,所以他们对君主的忠诚可以用来使君主尊贵。君主使用这种忠心耿耿的臣子,那么长期安乐的局面就会产生,而功业名声也就能形成了。名称和实际内容相互支撑才能形成,形体和影子相互对应才能确立,所以臣子和君主在治理国家时虽然有共同的欲望却有不同的职

主之患在莫之应，故曰：“一手独拍，虽疾无声。”人臣之忧在不得一，故曰：“右手画圆，左手画方，不能两成。”故曰：至治之国，君若桴[6]，臣若鼓，技若车，事若马。故人有余力易于应，而技有余巧便于事。立功者不足于力，亲近者不足于信，成名者不足于势，近者已[7]亲，而远者不结，则名不称实者也。圣人德若尧、舜，行若伯夷，而位不载于世，则功不立，名不遂。故古之能致功名者，众人助之以力，近者结之以成[8]，远者誉之以名，尊者载之以势。如此，故太山之功长立于国家，而日月之名久著于天地。此尧之所以南面而守名，舜之所以北面而效功也。

事。君主的祸患在于没有人响应他，所以说：“一只手单独拍打，即使迅猛也没有声音。”臣子的忧患在于不能专任一职，所以说：“右手画圆，左手画方，不能够同时画成。”所以说：治理得最好的国家，君主就像鼓槌，臣子就像鼓，技能就像车，政事就像马。所以，人们有多余的力量，就容易响应君主的号召；而技能有了超乎寻常的工巧，就有利于办好政事。如果为君主立功的人不够有力，跟君主亲近的人不够忠诚，使君主成名的人不够权威，在君主身边的人不和君主亲近，而远离君主的人不和君主团结，那便是名不副实的君主了。圣人即使德行像尧、舜一样高尚，行为像伯夷一样清廉，但如果他的地位不被社会所拥戴，那么他的功业就不能建立，他的名声就不能成就。所以，古代能够获得功名的人，总是众人用实力来帮助他，身边的人以真诚来和他结交，远离他的人拿名誉来称颂他，地位尊贵的人用权威来拥护他。像这样，那么泰山似的丰功伟绩就会长期地树立在国家之中，而太阳、月亮般的光辉名声就会永久地昭著于天地之间。这就是尧处在君位上时能够保住名声，舜处在臣位上时努力作出功绩的原因啊。

注释

1 **仞：**古代长度单位，七尺为一仞。

2 **锱铢**(zī zhū)：古代重量单位，说法不一，一般从《说文解字》，一锱为一两的四分之一，一铢为一两的二十四分之一。古代"锱铢"连用，常用来喻指极轻微的东西。

3 **势**：力，这里表示浮力。

4 **载**：通"戴"。

5 **同欲**：共同的欲望，指君臣都希望安定。 **使**：事。

6 **桴**(fú)：通"枹"(fú)，鼓槌。

7 **已**：当作"不"。

8 **成**：通"诚"。

大 体

导读

大体，即大局，指事物的整体和关键。韩非从整个宇宙出发，论述了顾全大局的君主应该掌握的治理社会的关键原则，并给人们描述了他心目中的理想境界。

韩非认为，治理社会的关键原则是"因道全法"。所谓"因道"，指遵循宇宙发展的客观规律，即文章中所说的"因山谷、日月所照、四时所行、云布风动"，"不逆天理"，"守成理，因自然"，"因天命"，"寄形于天地"，"历心于山海"，"以道为舍"。所谓"全法"，指顾全法律，一切按照国家的法度来办事，即文章中所说的"不以智累心，不以私累己；寄治乱于法术，托是非于赏罚，属轻重于权衡"；"不急法之外，不缓法之内"；"祸福生乎道法而不出乎爱恶，荣辱之责在乎己而不在乎人"；"使人无离法之罪"，"上无忿怒之毒，下无伏怨之患"。"因道"是"全法"在哲学上的理论根据，"全法"是"因道"在政治上的具体体现。"因道全法"，就成全了"大体"，所以它是这篇文章的主旨，也是韩非的哲学思想和政治思想的核心。我们要了解韩非思想的“大体”，首先得把握“因道全法”这一关键的观点。

文章还给我们描绘了“至安之世”的美好图景。在那种社会里，“万物备”，“国家富”；法“纯朴不散”，君臣“上下交朴”；既没有战争、祸乱，也无须杀敌立功，政治简朴，社会安定；人人幸福，“心无结怨，口无烦言”。这便是韩非的政治理想，是其提倡的法治社会的最高境界。

原文

古之全大体者：望天地，观江海，因山谷、日月所照、四时所行、云布风动；不以智累心，不以私累己；寄治乱于法术，托是非于赏罚，属[1]轻重于权衡；不逆天理，不伤情性；不吹毛而求小疵，不洗垢而察难知[2]；不引绳之外，不推绳之内；不急法之外，不缓法之内；守成理，因自然；祸福生乎道法而不出乎爱恶；荣辱之责在乎己而不在乎人。故至安之世，法如朝露，纯朴不散，心无结怨，口无烦言。故车马不疲弊于

译文

古代顾全大局的人：能够瞭望天地来了解它们的变化规律，观察长江大海来摸索它们的流动情况，顺应和凭借山谷的高低、日月的光照、四季的运行、云层的分布、风向的变动；不让聪明才智来拖累自己的大脑，不让私利来拖累自己的身体；把国家的安定和混乱寄托在法术上，把对事情的肯定和否定寄托在赏罚上，把物体的轻重托付在秤锤、秤杆上；不违背自然的规律，不伤害人的本性；不吹毛求疵，不打破沙锅问到底；严格地按照法律准绳办事，就像木工按照墨线砍削木材那样，既不把墨线任意拉到外面，也不把墨线任意推到里面；对法令规定之外的事情不去严加管束，对法令规定之内的事情决不怠慢马虎；遵守既定不变的法则，顺应和凭借客观的自然界；灾祸与幸福产生于是否遵守了自然界的客观规律和国家的法令制度，而不产生于君主主观的喜爱和厌恶；招致光荣和耻辱的责任在于自己，而不在于别人。所以大治之世，法令制度就像早晨的露水一样滋润，纯洁、质朴而不杂

远路，旌旗不乱于大泽，万民不失命于寇戎，雄骏不创寿于旗幢[3]；豪杰不著名于图书，不录功于盘、盂[4]，记年之牒[5]空虚。故曰：利莫长于简，福莫久于安。

乱，人们心里没有郁积的怨恨，嘴里没有气愤的争吵。所以战车、军马不在遥远的道路上劳累拖垮，战旗不在辽阔的沼泽中纵横交错，百姓不因外敌侵犯而丧失生命，英雄勇士不夭折在战旗之下；豪杰不把名字著录在图书上，不把功绩铭刻在盘、盂上，以至记录每年大事的史册都空着没有什么可记载。所以说：没有什么比政治的简朴更能取得长远的利益，没有什么比社会的安定更能使幸福长久。

注释

1 **属**(zhǔ)：托付。

2 **洗垢而察难知**：洗去表面的污垢而去观察内部不易了解的东西，比喻彻底追查错误的根源。

3 **骏**：通“俊”。 **幢**(chuáng)：古代作为仪仗用的一种旗帜，这里指将帅的旗帜。

4 **盘、盂**：都是圆形的青铜器。古代的人常在盘、盂上面刻铸文字以记载功绩。以上两句指英雄豪杰没有什么功名可以记载，这是因为天下太平，英雄无用武之地。

5 **记年之牒**：指史册。古代史籍往往按照年代来记录政治、军事、外交等历史事件，所以称“记年之牒”。史册空白，是因为天下太平，没有重大的事情可以记载。牒，简札，用来写字的小而薄的木片，指简札编成的簿册。

原文

使匠石[1]以千岁之寿，操钩，视规矩，举绳墨，而正太山；使贲、育带干将[2]而齐

译文

让技术高超的匠石以一千岁的寿命，带上画曲线、量弧度的弯钩，按照圆规、角尺所画的标准，拿起墨线，去校正泰山；让孟贲、夏育那样的勇士带着干将那样的锋利的宝剑去整治百

万民：虽尽力于巧，极盛于寿，太山不正，民不能齐。故曰：古之牧天下者，不使匠石极巧以败太山之体，不使贲、育尽威以伤万民之性，因道全法，君子乐而大奸止；澹然闲静，因天命，持大体，故使人无离法之罪，鱼无失水之祸。如此，故天下少不可。

上不天则下不遍覆，心不地则物不毕载。太山不立好恶，故能成其高；江海不择小助，故能成其富。故大人寄形于天地而万物备，历心于山海而国家富。上无忿怒之毒，下无伏怨之患，上下交朴，以道为舍。故长利积，大功立，名成于前，德垂于后，治之至也。

姓：即使他们在技巧上花尽了力气，又特别长寿，但是泰山还是不能被校正，百姓还是不能被治理好。所以说：古代统治天下的人，不让匠石那样的能工巧匠用尽技巧去破坏泰山的形体，不让孟贲、夏育那样的勇士使尽威武去伤害百姓的本性，而是遵循自然界的普遍规律，顾全国家的法令制度，所以君子享受安乐而巨奸停止作恶；淡泊清静，顺应大自然的安排，把握住事物的整体和关键，所以使人们没有违反法律的罪过，使鱼儿没有脱离河水的灾祸。像这样，所以在天底下很少有行不通的。

上面如果没有辽阔的天空，那么世界就不能被全部覆盖；宇宙的中心如果没有宽厚的大地，那么万物就不能全部被承载。泰山不存在喜爱与憎恶之心，对泥土、石块兼收并蓄，所以能够形成它的高大；长江大海不挑剔微小的帮助，对细小的流水都能接受，所以能够形成它们的浩瀚。所以识大体的君主将自己的形体寄寓于天地，像天地那样覆盖和承载万物，从而使万物都齐备；留心于泰山和江海，像泰山、江海那样没有爱憎之心，不挑剔微小的帮助，从而使国家富裕。君主没有因为愤怒而对臣民造成毒害，臣民没有因为郁积在心底的怨恨而对君主造成祸患，君臣上下都质朴，把遵循客观规律作为自己行动的归宿。所以长远的利益积聚了，伟大的功业建立了，名声形成在生前，德泽流传到后世，这是政治的最高境界啊。

注释

1 **匠石:**古代巧匠,名石,以技术高超著称。

2 **干将:**古代宝剑名,此泛指锋利的宝剑。

难 三

导读

难(nàn),就是辩难。文章对前人的行事、言论进行了辩驳和责难,从而申述了作者的政治主张。

由于篇幅较大,《难》分为四篇,“一”“二”“三”“四”便是其篇次的标记。每一篇又分若干章,一章就是一篇完整的驳论文。除《难四》外,前三篇的每一章都分为两节,第一节先陈述历史故事,有时也兼及前人对此事迹的评论,第二节用“或曰”来引出韩非对上述事迹或评论的辩驳和责难。《史记》“太史公曰”的体例,很可能发轫于此,由此可见《难》篇对后世史学的影响。

至于韩非的辩驳,虽然不无瑕疵,但大多思想犀利,思路开阔,振聋发聩,读之令人耳目一新。这些文字不但充分体现了当时百家争鸣的学术气氛,而且能大大增进读者的思辨力。此类文体对后代问难体文章的写作多有影响,在我国文体史上具有重要的开创作用。

本篇分为八章:

第一章批判了儒家“举善”而不言恶的风尚,说明君主治国应该“求善而赏之,求奸而诛之”,所以要使臣子既报善,又告奸,对不告奸的行为应加惩罚,这样才能避免臣下“乱成而不上闻”的“亡王”恶果。

第二章说明君主对臣子必须提高警惕,如果“臣仇而明不能烛”,还“多假之资”,那就会亡国绝嗣。

第三章说明防止祸乱的关键在于维护严格的等级制度，“必借人成势而勿使侵害己”。

第四章说明政治的关键在于察知下情，批驳了孔子关于实行仁政、“选贤”“节财”的主张。

第五章批判了子产“尽聪明、劳智虑”来察奸的办法，说明君主治国察奸的方法应该是“因物以治物”“因人以知人”。

第六章说明君主不受侵害的关键在于信赖自己而依靠自己的权势。

第七章批判了《管子》关于根据眼见的现象来决定赏罚的主张，说明君主亲眼见到的现象，并不是臣子的实情，如果“好恶在所见”，那么臣下就一定会“饰奸物以愚其君”。

第八章批判了《管子》关于君主要开诚布公的主张。说明“法莫如显”，要使国内的人都知道；但“术不欲见”，君主必须“藏之于胸中”来“潜御群臣”。所以，君主不能将所有的话都公开。韩非在这里对“法”“术”作了精辟的概括和论述，从而使本文成了反映其法术思想的重要篇章之一。

原文

鲁穆公问于子思曰[1]：“吾闻庞[穴間]氏之子不孝，其行奚如？”子思对曰：“君子尊贤以崇德，举善以观[2]民。若夫过行，是细人之所识也，臣不知也。”子思出。子服厉伯[3]入见，问庞[穴間]氏子，子服厉伯对曰：“其过三。”皆

译文

鲁穆公问子思说：“我听说庞[穴間]氏的儿子不孝，他的行为是什么样子？”子思回答说：“君子尊重贤人来推崇、弘扬道德，推举好人好事来给民众作示范。至于那种错误的行为，这是小人们所知道的，我不知道。”子思出去了。大夫子服厉伯进来拜见，鲁穆公问他有关庞[穴間]氏儿子的情况，子服厉伯回答说：“庞[穴間]氏儿子的错误有三条。”这些都是鲁穆公从来没有听说过的。从此之后，鲁穆公就尊重子思而鄙视子服厉伯。

有人说：鲁国的政权，三代都被季氏所把

君之所未尝闻。自是之后，君贵子思而贱子服厉伯也。

或曰：鲁之公室[4]，三世劫于季氏[5]，不亦宜乎？明君求善而赏之，求奸而诛之，其得之一也。故以善闻之者，以说[6]善同于上者也；以奸闻之者，以恶奸同于上者也：此宜赏誉之所及也。不以奸闻，是异于上而下比周于奸者也，此宜毁罚之所及也。今子思不以过闻而穆公贵之，厉伯以奸闻而穆公贱之。人情皆喜贵而恶贱，故季氏之乱成而不上闻，此鲁君之所以劫也。且此亡王之俗，取、鲁之民[7]所以自美，而穆公独贵之，不亦倒乎？

持，不也是应该的吗？英明的君主寻觅有善行的人去奖赏他，搜索邪恶的人去惩罚他，奖赏和惩罚得到的效果是一样的。所以，把好人好事报告给君主的人，是因为他喜欢好人好事的心情和君主是相同的；把坏人坏事报告给君主的人，是因为他憎恨坏人坏事的心情和君主是相同的：这两种人都应该是奖赏和表扬所施加的对象。不把坏人坏事报告给君主，这是和君主不同心而在下面和坏人紧密勾结啊，这种人应该是谴责和处罚所施加的对象。现在子思不把庞糲氏儿子的错误报告给穆公而穆公却尊重他，厉伯把庞糲氏儿子的错误报告给穆公而穆公却鄙视他。人的心情都是喜欢受尊重而厌恶被鄙视的，所以季氏犯上作乱的事已经成功了也没有人向上报告，这就是鲁国的君主被挟持的原因啊。况且这种丧权亡身的风俗，只是陬邑、曲阜一带的人用来自我赞美的东西，而穆公却偏偏要尊崇它，不也是把是非给颠倒了吗？

注释

1 **鲁穆公：**鲁国君主。**子思：**孔子的孙子，战国时鲁国人，曾为鲁穆公之师。

2 **观：**使……观，给人看。

3 **子服厉伯：**子服景伯之孙，鲁国大夫。

4 **公室：**国君的家庭，也指诸侯国的政权。

5 **三世**:指鲁成公(前590—前573年在位)、鲁襄公(前572—前542年在位)、鲁昭公(前541—前510年在位)。**季氏**:指季文子、季武子、季平子。

6 **说**:通“悦”。

7 **取、鲁之民**:指子思之类的儒家之徒。取,通“郰”(zōu),也作‘陬’,邑名,位于今山东曲阜东南,孔子的家乡。鲁,指鲁国国都,在今山东曲阜。

原文

文公[1]出亡,献公使寺人披攻之蒲城[2],披斩其袪,文公奔翟[3]。惠公即位,又使攻之惠窦[4],不得也。及文公反国,披求见。公曰:“蒲城之役,君令一宿,而汝即至;惠窦之难,君令三宿,而汝一宿,何其速也!”披对曰:“君令不二。除君之恶,惟恐不堪。蒲人、翟人,余何有焉?今公即位,其无蒲、翟乎?且桓公置射钩而相管仲[5]。”君乃见之。

或曰:齐、晋绝祀[6],不亦宜乎?桓公能用管仲之功而忘射钩之怨,文公能听寺人之言

译文

晋文公外逃,献公派宦官披到蒲城攻打他,宦官披斩断了他的衣袖,于是文公逃跑到翟。晋惠公登上君位后,又派宦官披去惠窦攻打他,没有抓获他。等到文公后来返回晋国,宦官披来求见。文公传话说:“蒲城之战,献公命令你一夜赶到,你却马上就赶到;惠窦之战,惠公命令你三夜赶到,你却一夜就赶到了,怎么这样快呀!”宦官披回答说:“对于君主的命令,不能三心二意。除掉君主憎恨的人,我只怕不能胜任。您当时是君主憎恨的蒲人、翟人,我对你又有什么呢?现在您登上了君位,难道就没有像蒲人、翟人那样的敌人了吗?再说,齐桓公也曾把管仲射中自己带钩的深仇丢在一边而任命他当自己的相国。”于是文公就接见了他。

有人说:齐国、晋国的宗庙断绝祭祀,不也是应该的吗?齐桓公能利用管仲的功劳而忘记他射中自己带钩的怨仇,晋文公能听从宦官披的话而不追究他斩断自己袖子的罪行,这表明桓公、文公能够宽容这两个

而弃斩袪之罪，桓公、文公能容二子者也。后世之君，明不及二公；后世之臣，贤不如二子。不忠之臣以事不明之君，君不知，则有燕操[7]、子罕、田常之贼；知之，则以管仲、寺人自解。君必[8]不诛而自以为有桓、文之德，是臣仇而明不能烛，多假之资，自以为贤而不戒，则虽无后嗣，不亦可乎？且寺人之言也，直饰君令而不贰者[9]，则是贞于君也。“死君后生，臣不愧，而后为贞。”[10]今惠公朝卒而暮事文公，寺人之不贰何如？

人。他们后代的君主，明智及不上桓公和文公；而后代的臣子，贤能及不上管仲和宦官披。拿不忠诚的臣子来侍奉不明智的君主，君主如果不察觉，就会遭到燕将公孙操、子罕、田常似的残杀；君主如果察觉了，奸臣们就会用管仲、宦官披的例子来为自己开脱。君主如果不惩处他们而自以为有桓公、文公的德行，这是以仇人为臣而自己的明智又不能洞察他们的阴谋，还较多地提供给他们活动的条件，自以为他们有德才而不加以戒备，那么即使丧失了政权而没有了继承人，不也是应该的么？况且宦官披的话，只是花言巧语地说：执行君主的命令而没有二心，就是忠于君主。常言道：“君主死而复生，活着的臣子在他面前不感到惭愧，然后才能算是忠贞。”现在惠公刚刚死去而他马上就去侍奉文公，宦官披的没有二心究竟是什么样的呢？

注释

1 **文公：**指晋文公重耳，晋献公之子。晋献公宠爱骊姬，想立幼子为嗣，于是逼死太子申生，重耳也因遭骊姬之谗而出奔。

2 **寺人：**宦官。 **披：**即“勃鞮”之合音，寺人之名，字伯楚。 **蒲城：**重耳的封邑，其地在今山西隰县北。晋献公二十二年(前655)，派寺人披伐蒲追杀重耳(即晋文公)，重耳出逃时被寺人披斩断袖口。后来重耳回国即位为君，寺人披前来求见，晋文公派人拒绝他，他辩解说：“过去追杀您是为了尽力奉行君命而除去国君之恶。现在您难道就没有仇人了？

您若用我，我哪会辜负君命？”文公于是接见了他，他便告发了吕甥、郄芮谋杀文公之事，晋文公因而免于其难。

3 **翟(dí)**：我国古代北方的少数民族，当时居于晋国屈邑之北，即在今山西石楼北。晋文公重耳之母为翟之狐氏女，故重耳出亡时曾奔翟。

4 **惠窦**：地名，位于渭水边。

5 **桓公置射钩而相管仲**：齐襄公昏乱，为了避难，管仲、召忽奉公子纠出奔鲁国，鲍叔牙奉公子小白出奔莒国(在今山东莒县)。齐襄公被杀后，小白返回齐国，鲁国也发兵送回公子纠，而使管仲带兵拦截小白，管仲射中小白带钩。小白装死，管仲以为小白已死，便不再忙着赶路，所以小白先入齐国立为国君，即齐桓公。接着，桓公打败鲁军，迫使鲁国杀了公子纠，把管仲囚禁后交还齐国。管仲被送回齐国后由鲍叔牙推荐而被桓公任命为相。以上几句实是说：“您也会有敌人，您如果不记前仇用我，我也会一心一意执行您的命令，您还是任用我吧。”

6 **齐、晋绝祀**：指齐、晋两国国君丧失了政权而断绝祭祀。

7 **燕操**：燕将公孙操，他于公元前 272 年杀死其君燕惠王。

8 **必**：如果。

9 **直**：只。 **饰**：美化。

10 **死君后生**：当作“死君复生”。

原文

人有设桓公隐[1]者曰：“一难[2]，二难，三难，何也？”桓公不能对，以告管仲。管仲对曰：“一难也，近优[3]而远士；二难也，去其国而数之海；三难也，君老而晚置太

译文

有个给齐桓公出谜语的人说：“一难，二难，三难，这是什么？”齐桓公不能回答，把它告诉给管仲。管仲回答说：“第一个灾难，是君主接近优伶而远离贤士；第二个灾难，是君主离开了自己的国都而屡次到渤海去游玩；第三个灾难，是君主年老而很晚才册立太子。”桓公说：“说得好。”于是急得也不选择吉日就在宗庙里举行了册立太子的礼仪。

子。”桓公曰：“善。”不择日而庙礼太子。

或曰：管仲之射隐，不得也。士之用不在近远，而俳优侏儒固人主之所与燕也[4]，则近优而远士而以为治，非其难者也。夫处势而不能用其有，而悖不去国，是以一人之力禁一国。以一人之力禁一国者，少能胜之。明能照远奸而见隐微，必行之令，虽远于海，内必无变。然则去国之海而不劫杀，非其难者也。楚成王[5]置商臣以为太子，又欲置公子职，商臣作难，遂弑成王。公子宰[6]，周[7]太子也，公子根[8]有宠，遂以东州[9]反，分而为两国。此皆非晚置太子之患也。夫分势不二[10]，庶孽卑，宠无藉，虽处大臣，晚置太子可也。然则晚置太子，庶孽不乱，又非其难也。物之所谓

有人说：管仲的猜谜，没有猜中。贤士被任用不在于和君主离得近还是离得远，而优伶侏儒本来就是和君主一起娱乐的人，那么接近优伶、远离贤士来治国，并不是君主的灾难。君主处在有权势的地位上不能运用自己掌握的权力，却糊涂地认为治国只要不离开国都，这是想凭一个人的力量来控制一个国家。凭一个人的力量来控制一个国家的人，是很少能胜过他们的。如果君主的明智能够洞察远处的奸邪并发现隐蔽的祸苗，又坚决实施禁令，那么即使到渤海去远游，国都内也绝不会发生变乱。这样的话，君主离开国都到渤海去游玩并不会被挟持或杀害，所以这也不是君主的灾难。楚成王把商臣立为太子，后来又想立公子职做太子，商臣作乱，就杀了楚成王。公子宰，是周朝的太子，他弟弟公子根受到了君主的宠爱，就凭借东周的封地背叛了公子宰，将周朝分成了两个国家。这些都不是晚立太子的祸患。如果把权势分给儿子时不三心二意而专给太子，妃妾生的儿子地位被降低了，受到了宠爱也没有什么可以凭借，那么他们即使处在大臣的位置上，晚立太子也是可以的。这样看来，晚立太子，其他的儿子也不会作乱，所以这也不是君主的灾难。事情之中称得上难的：一定要给予别人权力来形成他的威势但又不使他侵害自己，这可以

难者:必借人成势而勿使侵害已,可谓一难也;贵妾不使二后,二难也;爱孽不使危正適[11],专听一臣而不敢偶君,此则可谓三难也。

说是第一个困难;提高姬妾的地位但又不使她们和王后地位相等,这可以说是第二个困难;宠爱妃妾生的儿子但又不使他们危害正妻生的长子,专门听从一个大臣但又使他不敢和君主匹敌,这就可以说是第三个困难了。

注释

1 **隐:**后世又写作“讔”,又称“隐语”,是一种隐藏起本意而借用其他的事物或词语来譬喻、暗示某事某物的话,后来演变成为谜语。

2 **难:**读阳平声时,表示困难;读去声时,表示祸患。这里作为谜面,可任意作解。下面管仲所说的“难”,是把它理解为“祸患”。下文韩非所说的“物之所谓难者”以下,则把它理解为“困难”。

3 **优:**俳优,演员,以歌舞诙谐供人娱乐的人。

4 **侏儒:**供人取乐的矮人。 **燕:**通“宴”,娱乐。

5 **楚成王:**即熊恽,公元前 671—前 626 年在位。

6 **公子宰:**一作公子朝,周威公长子,即西周惠公。

7 **周:**指战国时的小国西周,它是周考王分封的诸侯国,开国君主是西周桓公(考王弟,名揭),建都河南(王城位于今河南洛阳西部)。

8 **公子根:**周威公的小儿子,号东周惠公。

9 **东州:**即东周。公元前 367 年西周威公(周桓公之子)去世后,公子根在东部独立,建都于巩(在今河南巩义西南),于是西周国被分裂成西周、东周两个小国。州,读为“周”。

10 **二:**三心二意。此针对楚成王而言。

11 **適**(dí)**:**通“嫡”。

原文

叶公子高[1]问政于仲尼，仲尼曰："政在悦近而来远。"哀公问政于仲尼，仲尼曰："政在选贤。"齐景公问政于仲尼，仲尼曰："政在节财。"三公出，子贡问曰："三公问夫子政一也，夫子对之不同，何也？"仲尼曰："叶都大而国小，民有背心，故曰'政在悦近而来远'。鲁哀公有大臣三人，外障距[2]诸侯四邻之士，内比周而以愚其君，使宗庙不扫除、社稷不血食者，必是三臣也，故曰'政在选贤'。齐景公筑雍门[3]，为路寝[4]，一朝而以三百乘之家赐者三，故曰'政在节财'。"

或曰：仲尼之对，亡国之言也。

叶民有倍[5]心，而

译文

叶公子高向孔子询问治国的方法，孔子说："治国的方法在于使附近的人喜欢自己，使远方的人前来归附。"鲁哀公向孔子询问治国的方法，孔子说："治国的方法在于选拔贤人。"齐景公向孔子询问治国的方法，孔子说："治国的方法在于节约财物。"叶公、哀公、景公出去后，子贡问道："他们三个向先生询问治国的方法是一样的，而先生回答他们却并不相同，为什么呢？"孔子说："叶公封地内臣下占据的城市规模大而叶公占据的首都规模小，民众有背叛之心，所以我说'治国的方法在于使附近的人喜欢自己而使远方的人前来归附'。鲁哀公有孟孙、叔孙、季孙等三个大臣，他们对外阻挡、拒绝四方邻近的诸侯国的贤士到鲁国来，对内互相勾结来愚弄自己的君主，使鲁国的宗庙得不到打扫管理、鲁国的土地神和谷神得不到杀牲祭祀的，一定是这三个大臣，所以我说'治国的方法在于选拔贤人'。齐景公建造雍门，修筑路寝台，在一个早上拿拥有三百辆兵车的封地赐给人就有三次，所以我说'治国的方法在于节约财物'。"

有人说：孔子的回答，是使国家灭亡的言论啊。

叶公封地内的民众有背叛之心，而孔子用"使附近的人喜欢自己而使远方的人前来归附"的话去劝说叶公，那就是要使民众向往

说之"悦近而来远"，则是教民怀惠。惠之为政，无功者受赏，而有罪者免，此法之所以败也。法败而政乱，以乱政治败民，未见其可也。且民有倍心者，君上之明有所不及也。不绍[6]叶公之明，而使之悦近而来远，是舍吾势之所能禁而使与下行惠以争民，非能持势者也。夫尧之贤，六王之冠也。舜一徙而成邑，而尧无天下矣。有人无术以禁下，恃为舜而不失其民，不亦无术乎？明君见小奸于微，故民无大谋；行小诛于细，故民无大乱。此谓"图难于其所易也，为大者于其所细也"[7]。今[8]有功者必赏，赏者不德君，力之所致也；有罪者必诛，诛者不怨上，罪之所生也。民知诛赏之皆起于身也，故

统治者的仁爱。仁爱作为一种治国的方法，就是让没有功劳的人得到奖赏，而有罪的人得到赦免，这是法制败坏的根源啊。法制败坏，政治就会混乱，用混乱的政治去治理道德沦丧的民众，我还没有看见过它能行得通。况且民众有背叛之心，是因为君主的明察还有不周到的地方。孔子不去增进叶公的明察，却让他去使附近的人喜欢自己而使远方的人前来归附，这是舍弃了自己的权势所具有的能够制服民众的职能而让他和臣下同样采用施行恩惠的办法去争取民心，这是不能保住权势的啊。尧的贤明，在尧、舜、禹、商汤、周文王、周武王这六个帝王中居于首位。他的臣子舜搬迁一次就引来民众而形成一个小城，于是尧就没有统治天下的大权了。如果有个人没有法术来禁止臣下，而只是依赖效法舜来争取不失掉民心，不也是没有统治手段了么？英明的君主在事情还处于萌芽状态时就能发现微小的奸邪，所以臣民就不会有篡权杀君的大阴谋；在邪恶还处在微小的阶段时就能对它进行小小的惩处，所以臣民不会有翻天覆地的大暴乱。这叫作"解决困难的事要在它容易解决的时候下手，治理大事要在它细小的时候做起"。有功的人一定受到奖赏，受赏的人不感激君主，因为这是出力得来的；有罪的人一定受到惩罚，受罚的人不怨恨君主，因为这是犯罪造成的。民众知道

疾功利于业，而不受赐于君。“太上，下智有之。”[9] 此言太上之下民无说[10]也，安取怀惠之民？上君之民无利害[11]，说以“悦近来远”，亦可舍已。

哀公有臣外障距、内比周以愚其君，而说之以“选贤”，此非功伐之论也，选其心之所谓贤者也。使哀公知三子外障距、内比周也，则三子不一日立矣。哀公不知选贤，选其心之所谓贤，故三子得任事。燕子哙贤子之而非孙卿[12]，故身死为僇；夫差智太宰嚭[13]而愚子胥，故灭于越。鲁君不必知贤，而说以“选贤”，是使哀公有夫差、燕哙之患也。明君不自举臣，臣相进也；不自贤，功自徇[14]也。论之于任，试之于事，课之于功，

受罚和受赏都产生于自身的行为，所以就会在耕战等事业上急切地谋取功利，而不指望从君主那里受到分外的恩赐。《老子》说：“最高明的君主，民众只知道有他这么一个人。”这是说最高明的君主统治的民众对君主没有什么喜欢可言，哪里还能找得到怀念君主恩德的人呢？高明的君主统治的民众对君主没有什么喜欢和憎恶，所以用“使附近的人喜欢自己，使远方的人前来归附”的话来劝说，也可以取消了吧。

哀公有臣子对外阻挡、拒绝贤人到鲁国来，对内互相勾结来愚弄自己的君主，而孔子用“选拔贤人”来劝说他，这并不是主张评定功劳来选拔贤人，而是在选拔君主心目中所谓的贤人。假如哀公知道孟孙、叔孙、季孙这三个人对外阻挡、拒绝贤人来鲁国，对内互相勾结来愚弄自己，那么这三个人一天也待不下去。哀公不懂得如何选拔贤人，而只是选拔自己心目中所谓的贤人，所以这三个人能担任职务。燕王子哙认为子之贤能而认为荀况不中用，所以自己被杀死而成为奇耻大辱；夫差认为太宰嚭聪明而认为伍子胥愚蠢，所以被越国灭掉。鲁哀公不一定懂得什么是贤能，而孔子却用“选拔贤人”的话去劝说，这是要使哀公有夫差、燕王子哙那样的祸患。英明的君主不主观地提拔臣子，臣子自会互相进荐；不自以为谁贤能，立功的人自会求上

故群臣公政[15]而无私，不隐贤，不进不肖。然则人主奚劳于选贤？

景公以百乘之家赐，而说以“节财”，是使景公无术使智□之侈[16]，而独俭于上，未免于贫也。有君以千里养其口腹，则虽桀、纣不侈焉。齐国方三千里而桓公以其半自养，是侈于桀、纣也；然而能为五霸冠者，知侈俭之地也。为君不能禁下而自禁者谓之劫，不能饰下而自饰[17]者谓之乱，不节下而自节者谓之贫。明君使人无私，以诈而食者禁；力尽于事、归利于上者必闻，闻者必赏；污秽为私者必知，知者必诛。然故忠

门来。在任用中鉴别他们，在办事中试验他们，在功效上考核他们，所以群臣办事公正而没有私心，不埋没贤人，不推荐德才不好的人。这样的话，那么君主为什么还要在选拔贤人方面去操劳呢？

景公拿具有上百辆兵车的封地赐给臣下，而孔子用“节约财物”的话去劝说，这是使景公没有办法去了解君主应有的奢侈，而独自一个人在上面节俭，这还是不能避免贫穷。如果有君主用方圆千里的封地上的赋税收入供养自己的口腹，那么即使是夏桀、商纣王这样的暴君也不会比他更奢侈了。齐国的土地方圆几千里而齐桓公拿它的一半收入来供养自己，这样看来，他比夏桀、商纣王更奢侈；但是他却能成为五霸中的第一个，这是因为他懂得什么地方可以奢侈，什么地方必须节俭。做了君主，不能禁止臣下而只是约束自己的，叫作被劫持；不能整治臣下而只是检点自己的，叫作混乱；不能节制臣下而只是使自己节俭的，叫作贫穷。英明的君主使人们没有私心，对那些用诈骗的手段来混饭吃的行为坚决加以禁止；对那些把力量都花在事业上而又把得到的利益都归给君主的人一定能知道，知道了一定给予奖赏；对那些干肮脏的勾当来谋取私利的人一定能察觉，察觉了一定加以惩罚。这样的话，那么忠臣为公家竭尽忠诚，民众为家庭竭尽全力，群臣百官在朝廷上清白廉洁、克己奉公，君主就是比景公加倍地奢侈，也不是国家的祸患。这样看来，用“节约财物”来劝说景公，并不是他

臣尽忠于公，民士竭力于家，百官精[18]克于上，侈倍景公，非国之患也。然则说之以"节财"，非其急者也。

夫对三公一言而三公可以无患，"知下"之谓也。知下明，则禁于微；禁于微，则奸无积；奸无积，则无比周[19]。无比周[20]，则公私分；分私分，则朋党散；朋党散，则无外障距、内比周之患。知下明，则见精沐[21]；见精沐，则诛赏明；诛赏明，则国不贫。故曰：一对而三公无患，"知下"之谓也。

的当务之急啊。

回答叶公、哀公、景公时用一句话就可以使他们没有祸患，应该说"了解下情"。对下情了解清楚了，就能在邪恶还处于萌芽状态时加以禁止；在邪恶处于萌芽状态时就加以禁止，那么邪恶的人就不会越积越多；邪恶的人没有积聚，民众就不会有背叛之心。对下情了解清楚了，那么公私就能分清；公私分清了，那么狼狈为奸的私党就会被拆散；私党被拆散了，就不会有对外阻挡拒绝贤人、在内结党营私的祸患。对下情了解清楚了，观察问题就会明白；观察问题明白，进行惩罚、奖赏就能英明无误；惩罚奖赏英明无误，国家就不会贫穷。所以说：要用一句话来回答而使三公都没有祸患，就应该说"了解下情"。

注释

1 **叶公子高**：楚国大夫沈诸梁，字子高，食邑于叶（即今河南叶县西南），故称"叶公子高"。

2 **距**：通"拒"。

3 **雍门**：城门名，是齐国都城的西门。

4 **路寝**：君主居住的正厅，此指建有齐景公正室的高台，即路寝之台。

5 **倍**：通"背"。

6 **绍**：继续。

7 引文出自《老子》第六十三章。

8 **今**：犹“夫”，提示之词。

9 **智**：通“知”。引文出自《老子》第十七章。

10 **说**：通“悦”。

11 **无利害**：即上文的“不德君”“不怨上”，指对君主无爱憎。

12 **孙卿**：即荀子（约前 313—约前 238 年），名况，战国时赵国人，齐襄王时曾任学宫祭酒，时人尊为“卿”。由于“荀”“孙”音近，所以亦称“孙卿”。

13 **嚭**：同“嚭”（pǐ），即伯嚭，吴国太宰，他善于逢迎，深得吴王夫差宠信。吴国破越，他受越国贿赂，许越媾和，并屡进谗言，谮杀伍子胥。公元前 473 年，吴国灭亡，他被越王所杀。

14 **徇**（xùn）：谋求。

15 **政**：通“正”。

16 后一个“使”犹“以”。 **智**：通“知”。 **□**：当作“君”。

17 **饰**：通“饬”，整饬。

18 **精**：清廉。

19 **无比周**：当作“民无倍心”。

20 **无比周**：当作“知下明”。

21 **精沐**：清明如洗。

原文

郑子产晨出，过东匠之闾，闻妇人之哭，抚其御之手而听之。有间，遣吏执而问之，则手绞其夫者也。异日，其御问曰：“夫子何以知之？”子产曰：“其声惧。凡人于其亲爱也，始病而忧，临死而惧，已死而哀。今哭已死，

译文

郑国的子产早晨外出，经过东匠巷的大门时，听见有个女人在哭，就按住他的车夫的手让车子停下来细听哭声。过了一会儿，子产派差役把这个女人抓来审问，原来是个亲手勒死丈夫的人。后来有一天，他的车夫问他说：“先生凭什么发觉了她的罪行？”子产说：“她的哭声很恐惧。大凡人对于自己亲爱的人，刚刚生病的时候是担忧，快死的时候是恐惧，已经死了

不哀而惧，是以知其有奸也。”

或曰：子产之治，不亦多事乎？奸必待耳目之所及而后知之，则郑国之得奸者寡矣。不任典成之吏[1]，不察参伍之政，不明度量，恃尽聪明、劳智虑而以知奸，不亦无术乎？且夫物众而智寡，寡不胜众，智不足以遍知物，故因物以治物。下众而上寡，寡不胜众者，言君不足以遍知臣也，故因人以知人。是以形体不劳而事治，智虑不用而奸得。故宋人语曰：“一雀过，羿必得之，则羿诬矣。以天下为之罗，则雀不失矣。”[2]夫知奸亦有大罗，不失其一[3]而已矣。不修其理，而以己之胸察为之弓矢，则子产诬矣。《老子》曰：“以智治国，国之贼也。”[4]其子产之谓矣。

就悲哀。现在她哭已经死去的丈夫，不是悲哀而是恐惧，因此知道她有奸情啊。”

有人说：子产处理事情，不也太多事了么？奸邪一定要靠自己耳闻目睹以后才能察觉它们，那么郑国能发现的奸邪也就很少了。不使用那些主管解决案子的官吏，不了解将多方面的情况放在一起加以比照、检验的政治手段，不彰明法度，而依靠竭尽自己的听力、视力，劳累自己的智慧与思虑去了解奸邪，不也是太没有政治手段了么？况且天下的事物众多而个人的智力有限，有限的智力不能胜过众多的事物，个人的智力是不能够用来普遍了解事物的，所以要凭借事物来治理事物。臣子人数众多而君主为数不多，所谓不多不能胜过众多，是说君主不能够靠自己一个人来普遍了解臣子，所以要依靠人来了解人。君主依靠人来了解人，因此身体不劳累而事情就治理好了，智慧与思虑不使用而奸邪就被发现了。所以宋国人的俗话说：“一只麻雀飞过，羿说自己一定能射中它，那么羿就是在胡扯了。把天下作为捕雀的罗网，那麻雀才一只也逃不掉啊。”察知奸邪也有一个大网，只要不失去道术就行了。现在子产不整顿法制，却把自己的主观臆测作为猎获奸邪的弓箭，那么子产也就是在胡来了。《老子》说：“用智慧治理国家，是国家的祸害。”大概就是在说子产这类人了。

注释

1 **典:**主管。 **成:**调解判决狱讼。

2 **宋人:**指宋国人庄周。 **诬:**妄,不实事求是。引文见《庄子·庚桑楚》。

3 **一:**指道。

4 引文见《老子》第六十五章。

原文

秦昭王问于左右曰:"今时韩、魏孰与始强?"左右对曰:"弱于始也。""今之如耳、魏齐孰与曩之孟尝、芒卯[1]?"对曰:"不及也。"王曰:"孟尝、芒卯率强韩、魏,犹无奈寡人何也;今以无能之如耳、魏齐,帅弱韩、魏以攻秦,其无奈寡人何亦明矣。"左右对曰:"甚然。"中期[2]推琴而对曰:"王之料天下过矣!夫六晋之时[3],知氏[4]最强,灭范、中行而从[5]韩、魏之兵以伐赵,灌以晋水[6],城之未沉者三板[7]。知伯

译文

秦昭王问身边的侍从说:"现在的韩国、魏国和它们刚建国的时候相比,哪个更强大?"侍从回答说:"比刚建国时衰弱了。"昭王又问:"现在的如耳、魏齐和从前的孟尝君、芒卯相比怎么样?"侍从回答说:"及不上啊。"昭王说:"孟尝君、芒卯率领强大的韩、魏联军,尚且不能把我怎么样;现在拿无能的如耳、魏齐,率领衰弱的韩、魏之兵来攻打秦国,他们不能把我怎么样也就很明显的了。"侍从回答说:"说得很对。"中期推开琴回答说:"大王对天下形势的估计错了!在晋国六卿执政的时候,智伯最强大,他灭掉范氏、中行氏以后又率领了韩氏、魏氏的军队去攻打赵襄子,用晋水来淹赵襄子的封邑晋阳,城墙没有沉没的地方只有六尺高了。智伯外出,魏宣子在车子中间驾车,韩康子在车子右边当陪乘卫士。智伯说:'开始的时候我还不知道河水可以灭掉别人的封邑,我如今才明白了这个道理。汾水可以淹没安邑,绛水可以淹没平阳。'魏宣子用肘碰了一下韩康子,韩康子踩了一下魏

出，魏宣子御，韩康子为骖乘[8]。知伯曰：‘始吾不知水可以灭人之国，吾乃今知之。汾水可以灌安邑[9]，绛水可以灌平阳[10]。’魏宣子肘韩康子，康子践宣子之足，肘足接乎车上，而知氏分于晋阳之下。今足下虽强，未若知氏；韩、魏虽弱，未至如其晋阳之下也。此天下方用肘足之时，愿王勿易之也。”

或曰：昭王之问也有失，左右、中期之对也有过。凡明主之治国也，任其势。势不可害，则虽强天下无奈何也，而况孟尝、芒卯、韩、魏，能奈我何？其势可害也，则不肖如如耳、魏齐及韩、魏，犹能害之。然则害与不侵，在自恃而已矣，奚问乎？[11]自恃，其不可侵，则强与弱奚其择焉？失在不自恃，而问其奈何也，其不侵也幸矣。申子曰：“失

宣子的脚，肘和脚在车上互相接触，而智伯的封地就在晋阳城下被瓜分了。现在您虽然强大，还不如当年的智伯；韩国、魏国虽然衰弱，还没有落到像他们在晋阳城下屈从智伯的地步。现在是天下各国正在用肘、脚相碰暗中勾结的时候，希望大王不要轻视他们啊。”

有人说：昭王的发问有失误，侍从、中期的回答有过错。凡是英明的君主治理国家，依靠自己的权势。自己的权势如果不可侵犯，那么即使是强大的各国联盟也对我无可奈何，更何况是孟尝君、芒卯、韩国、魏国，能把我怎么样呢？自己的权势如果可以被侵害，那么即使无能得像如耳、魏齐以及现在的韩国、魏国，也能侵害我。这样看来，是受到侵害还是不受到侵害，在于信赖自己罢了，还要问什么呢？信赖自己，昭王就不可能被侵害，那么对于敌人的强大和弱小他还要去挑选什么呢？昭王的失误在于不信赖自己，却还问敌人能把我怎么样，他不被侵害实在是很侥幸的了。申子说：“不运用法术来解决问题而只是靠相信别人的话来找答案，那就疑惑了。”这大概就是说的秦昭王吧。智伯说话没有分寸，让韩康子、魏宣子跟着自己却还在谋划用河水去灌灭他们的封邑，这就是智伯国灭身死、头骨成为杯子的缘故啊。现在昭王

之数而求之信[12]，则疑矣。”其昭王之谓也。知伯无度，从韩康、魏宣而图以水灌灭其国，此知伯之所以国亡而身死、头为饮杯之故也。今昭王乃问孰与始强，其畏有水人之患乎？虽有左右，非韩、魏之二子也，安有肘足之事？而中期曰“勿易”，此虚言也。且中期之所官，琴瑟也。弦不调，弄不明，中期之任也，此中期所以事昭王者也。中期善承其任，未慊[13]昭王也，而为所不知[14]，岂不妄哉？左右对之曰“弱于始”与“不及”，则可矣；其曰“甚然”，则谀也。申子曰：“治不逾官，虽知不言。”今中期不知而尚言之。故曰：昭王之问有失，左右、中期之对皆有过也。

却问目前的韩国、魏国和当初的韩国、魏国哪个强大，难道是害怕有智伯那种想用河水去灌灭韩、魏而反使自己国灭身死的祸患吗？再说，昭王说话时，虽然有侍从在身边，但他们并不是韩康子和魏宣子，哪会有用肘、脚相碰而暗中勾结的事呢？而中期却说“不要轻视他们”，这是不切实际的话啊。况且中期所掌管的是琴瑟。琴弦没调节好，曲调没弹清楚，是中期的责任，因为这是中期用来侍奉昭王的工作。中期胜任自己的职务，并没有使昭王感到不满，现在却谈论起他不懂的事情，哪能不荒谬呢？侍从回答昭王说“比刚建国时衰弱”和“及不上”，倒是可以的；但他们说“很对”，那就是在阿谀奉承了。申子说：“处理事情不超越自己的职责，分外的事情即使知道了也不说。”现在中期连不懂的事情也还要对它发表意见。所以说：昭王的发问有失误，侍从、中期的回答都有过错。

注释

1 **如耳：**战国时魏国大夫。 **魏齐：**战国时魏国相国。 **孟尝：**即孟尝君田文，齐滑王时曾任齐相，公元前294年因田甲叛乱而出奔到魏，任魏昭王相。 **芒卯：**即孟卯，战国时齐国人，因善辩而被魏安釐王任用为将。

2 **中期：**秦国的乐师。

3 **六晋之时:**即智氏、赵氏、韩氏、魏氏、范氏、中行氏等六卿在晋国执政的时期。由于晋国的政权为这六家所把持,所以称“六晋”。

4 **知氏:**指智伯瑶。

5 **从:**使动用法,使……跟从,与“率”同义。

6 **晋水:**源出今山西太原西南悬瓮山,东北流经营西古城,注入汾河。

7 **板:**古代筑墙时的夹板,一板长一丈(或为八尺、六尺),宽二尺。

8 **骖(cān)乘:**陪乘在车子右边的卫士。

9 **汾水:**即今山西境内的黄河支流汾河,中下游处历代略有变迁。 **安邑:**即今山西夏县西北禹王城,战国初魏国建都于此。

10 **绛水:**源出今山西绛县北,西北流至今侯马南注入浍水。 **平阳:**在今山西临汾西南,战国初为韩国都城。此文“汾水可以灌安邑,绛水可以灌平阳”只是随意之言,非实事。实际上,汾水不可能灌安邑,绛水不可能灌平阳。

11 **恃:**本义是指心理上的信赖。不信赖自己而去问别人,自己的决断就容易被别人的回答所左右,那么自己的权势就会受到侵害,所以说“害与不侵,在自恃而已”。如果信赖自己,就不必再问别人,所以说“奚问乎”。

12 **失之数而求之信:**等于说“失答案于法术而求答案于人言”。之,指代解决问题的方案之类。

13 **慊(qiàn):**不满足。

14 **为所不知:**即下文“不知而尚言之”。为,通“谓”。

原文

《管子》[1]曰:“见其可,说之有证[2];见其不可,恶之有形[3]。赏罚信于所见,虽所不见,其敢为之乎?见

译文

《管子》说:“看见合法可做的事,喜欢它就要有实际的效验而给予奖赏;看见非法而不可做的事,厌恶它就要有具体的体现而给予惩罚。对于已经看见的事情,赏罚都确实兑现了,那么即使有察见不到的地方,人们还敢做坏事

其可，说之无证；见其不可，恶之无形。赏罚不信于所见，而求所不见之外[4]，不可得也。”

或曰：广廷严居，众人之所肃也；宴[5]室独处，曾、史之所僈[6]也。观人之所肃，非行情也。且君上者，臣下之所为饰也。好恶在所见，臣下之饰奸物以愚其君，必也。明不能烛远奸、见隐微，而待[7]之以观饰行，定赏罚，不亦弊[8]乎？

吗？看见合法可做的事，喜欢它却没有什么实际的表示；看见非法而不可做的事，厌恶它却没有具体的表现。君主对于已经看见的事情，赏罚都不能确实兑现，那么要求人们在察见不到的地方不干坏事，实在是不可能的啊。”

有人说：在议事的大堂上庄重就座，人人都有恭敬的表现；在休息的厢房中一个人待着，就是曾参、史鱼似的正直之士也会有轻慢随便的行为。在公开场合观察到人们恭敬的表现，并不是他们行为的真实情况。况且君主这种人，臣下是要对他掩饰自己的。君主对臣下的爱憎取决于君主所看见的表面现象，那么臣下掩饰邪恶的事来愚弄自己的君主，也就是必然的了。君主的明察如果不能洞悉远离自己的邪恶、发现隐藏着的苗头，而依靠观察掩饰过的行为来防备臣下，决定赏罚，不也是要受蒙蔽了吗？

注释

1 **《管子》**：是一部法家学者依托管仲之名而纂集的杂家著作，其内容以法家言论为主，也包含了其他各家的言论。下面的引文见《管子·权修》。

2 **说**：通“悦”。 **证**：证验，此指实际的奖赏。

3 **形**：具体表现，这里指实际的惩罚。

4 **外**：弃，指抛弃恶行、不干坏事。

5 **宴**：安闲地休息。

6 **僈**：通“慢”。

7 **待**：对付，防备。

8 **弊**:通“蔽”。

原文

《管子》曰:“言于室,满于室;言于堂,满于堂:是谓天下王。”[1]

或曰:管仲之所谓“言室满室,言堂满堂”者,非特谓游戏饮食之言也,必谓大物也。人主之大物,非法则术也。法者,编著之图籍、设之于官府而布之于百姓者也;术者,藏之于胸中以偶[2]众端而潜御群臣者也。故法莫如显,而术不欲见[3]。是以明主言法,则境内卑贱莫不闻知也,不独满于堂;用术,则亲爱近习莫之得闻也,不得满室。而《管子》犹曰“言于室满室,言于堂满堂”,非法术之言也。

译文

《管子》说:“在房间里说话,声音能响彻整个房间;在殿堂上讲话,声音能传遍整个殿堂:这样开诚布公,就可以称作天下的帝王。”

有人说:管仲所说的“在房间里说话而说话声响彻整个房间,在殿堂上讲话而说话声传遍整个殿堂”,并非只是指说那种关于游戏、饮食方面的话,而一定是指说那种关于国家大事的话。君主的大事,不是法治就是术治。法,是编写进图书中、设置在官府里而公布到民众中去的东西;术,是藏在君主心里用来对照、验证各方面的事情从而暗地里用它来驾驭群臣的东西。所以法没有比公开更好的了,而术还是不要暴露为好。因此,英明的君主谈起法来,国内就是那些地位卑贱的人也没有听不到的,不只是传遍整个殿堂;但用起术来,就连君主宠爱的亲信都没有谁能打听得到,因此不能让自己的说话声响彻房间。而《管子》却还说什么“在房间里说话而说话声要响彻整个房间,在殿堂上讲话而说话声要传遍整个殿堂”,这不是合乎法术的言论啊。

注释

1 引文出自《管子·牧民》:“言室满室,言堂满堂,是谓圣王。”满于室,讲话的声音充满房间,即整个房间的人都能听到,表示光明磊落、开诚布公。

2 **偶:**合。

3 **见:**同“现”。

难 势

导读

难(nàn),指责难、辩驳;势,指权势、威势,它是一种具有绝对权威而不能不服从的强制力。难势,指责难、辩驳慎到的势治学说。文章讨论了“贤”“势”两者在政治中的地位和作用,以及如何完善势治的问题。全文分为三大部分。

第一部分引述了《慎子》的话,其观点是:“贤智未足以服众,而势位足以御贤者。”贤人必须依靠权势才能治天下。显然,慎到片面地强调了“势”的作用。

第二部分根据荀子所说的“慎子蔽于法而不知贤”的观点,批判了慎到“择贤而专任势”的唯势论,认为“势”是“便治而利乱”的东西,所以权势必须依靠贤人才能治理好天下。作者在“贤”“势”两者之间强调了“贤”的作用,但并未否定“势”的作用,它集中反映了作者“贤”“势”并治的思想。

第三部分是对第二部分议论的辩驳。作者认为,君主大多是中等人才,他们“抱法处势则治,背法去势则乱”,有了“法”作保证,即使不“贤”,也可以凭借“势”把国家治理好,而并不一定要依靠“贤”。如果一定要等待贤君来治理国家,那就只能是“千世乱而一治”,所以“贤”“势”并治不如“法”“势”兼治,应该提倡“法”“势”兼治而不必“待贤”。这些议论,表面上似乎是在维护慎到的势治学说而批判对方所提倡的贤治之说,实际上并没有简单地肯定或否定前面的任何一种说法,而是在间接或直接的批判中完善和发展了前面的两种说法，即以“法”“势”兼治之说来取代慎到专任“势”而不言“法”的学说以及对方的“贤”“势”并治之说。这样，就既可避免“专任势”所带来的“为虎傅翼”之祸，又可避免“待贤”所带来的“千世乱而一治”的局面。这种“法”“势”兼治的思想，无疑将慎到的势治学说发展到了一个新的高度。

原文

《慎子》[1]曰：“飞龙乘云，腾蛇[2]游雾，云罢雾霁[3]，而龙、蛇与螾[4]、蚁同矣，则[5]失其所乘也。贤人而诎[6]于不肖者，则权轻位卑；不肖而能服于贤者，则权重位尊也。尧为匹夫，不能治三人；而桀为天子，能乱天下。吾以此知势位之足恃而贤智之不足慕也。夫弩弱而矢高者，激于风也；身不肖而令行者，得助于众也。尧教于隶属而民不听；至于南面而王天下，令则行，禁则止。由此观之，贤智未足以服众，而势位足以御贤者也。”

译文

《慎子》说：“飞龙驾着云，螣蛇在雾中流动，如果云消雾散，那么龙、蛇就跟蚯蚓、蚂蚁一样了，这是因为它们失去了飞行、流动时所凭借的东西啊。贤能的人屈服于无能之辈，那是因为他们的权力小、地位低；无能之辈却能制服贤能的人，那是因为他们的权力大、地位高。尧如果是一个普通老百姓，那就连三个人也管不了；而桀做了天子，就能搞乱天下。我因此而知道权势、地位值得依靠而贤能、才智不值得羡慕。弩弓软弱而射出来的箭却很高，那是因为被风力推动了；本身无德才而发布的命令却能付诸实施，那是因为他从众人那里得到了帮助。尧处在奴隶一类的地位时去施教，民众就不听从他；等到他在朝廷上向南坐着而统治天下的时候，命令一下达人们就立即行动，禁约一发布人们就停止不做。由此看来，贤能、才智还不能够用来制服民众，而权势、地位却完全可以用来驾驭贤人啊。”

注释

1 **《慎子》**:战国时赵国人慎到所著。

2 **腾蛇**:同“螣蛇”,传说中能飞的神蛇。

3 **霁**:雨止,引申指消散。

4 **螾**:同“蚓”。

5 **则**:因为。

6 **诎**(qū):通“屈”。

原文

应《慎子》曰:飞龙乘云,腾蛇游雾,吾不以龙、蛇为不托于云、雾之势[1]也。虽然,夫择[2]贤而专任势,足以为治乎?则吾未得见也。夫有云、雾之势而能乘游之者,龙、蛇之材美也;今云盛而螾弗能乘也,雾醲而蚁不能游也,夫有盛云醲雾之势而不能乘游者,螾蚁之材薄也。今桀、纣[3]南面而王天下,以天子之威为之云雾,而天下不免乎大乱者,桀、纣之材薄也。且其人以

译文

有人回答《慎子》说:飞龙驾着云飞行,螣蛇在雾中流动,我并不认为龙、蛇是不依靠云、雾的浮力的。但即使这样,舍弃贤能而单纯使用权势,就足够用来治理好国家了吗?那可是我从来没有见到过的。有了云、雾的浮力而能腾云驾雾,是因为龙、蛇的资质好啊;现在浓云密布而蚯蚓并不能在上面飞行,大雾弥漫而蚂蚁并不能在里面游动,有了厚云、浓雾的浮力却不能驾驭、游动,是因为蚯蚓、蚂蚁的才能浅薄啊。桀、纣在朝廷上向南坐着而统治天下的时候,把天子的威势作为自己凭借的云、雾,但天下仍然不可避免地发生了严重的混乱,这是因为桀、纣的才能浅薄啊。而且,慎到认为尧的权势可以用来治理好天下,但尧的权势和桀用来搞乱天下的权势又有什么不同呢?权势这种东西,并不能一定使贤能的人使用它而无德才的人就不用它。贤能的人利用了它,天下就能治理好;无德才的人利用了它,天下就会

尧之势以治天下也，其势何以异桀之势也——乱天下者也？夫势者，非能必使贤者用已而不肖者不用已[4]也。贤者用之，则天下治；不肖者用之，则天下乱。人之情性，贤者寡而不肖者众，而以威势之利济乱世之不肖人[5]，则是以势乱天下者多矣，以势治天下者寡矣。夫势者，便治而利乱者也。故《周书》[6]曰："毋为虎傅[7]翼，将飞入邑，择人而食之。"夫乘不肖人于势，是为虎傅翼也。桀、纣为高台深池以尽民力，为炮烙[8]以伤民性。桀、纣得成肆行者，南面之威为之翼也。使桀、纣为匹夫，未始行一而身在刑戮矣。势者，养虎狼之心而成暴乱之事者也，此天下之大患也。势之于治乱，本末[9]有位也，而语专言势之足以治天下者，则其智之所至者浅矣。夫良马固车，使臧获御之，则为人笑；王良

被搞乱。从人的天性来看，世界上贤能的人少而没有德才的人多，所以，如果用威力、权势的便利去帮助人，那么凭借权势来搞乱天下的人就多了，而利用权势来治理好天下的人就少了。可见权势这种东西，既有利于治理好天下，也有利于搞乱天下。所以《周书》上说："不要给老虎添加翅膀，否则它就要飞到城里，把人抓来吃了。"使没有德才的人凭借权势，这是给老虎添加翅膀啊。桀、纣筑高台、挖深池而耗尽了民间的人力、物力，设置了炮烙的酷刑而伤害了民众的性命。桀、纣能够干成这种放肆的行径，是因为天子的威势辅翼了他们。假如桀、纣只是平民百姓的话，他们还没有开始做一件坏事而早就被处死了。可见权势这种东西，是滋养虎狼般的凶狠之心而酿成暴虐、昏乱之事的因素，所以它是天下的大祸害。权势对于国家的治乱兴衰，本来就没有什么固定的对应关系，可是慎到的言论却专讲权势足够用来治理好天下，他的智力所能达到的程度未免太浅陋了。好的马、坚固的车，如果让奴婢去驾驭它，就会被人讥笑；让王良驾驭它，就能日行千里。车马并没有什么不同，有的人驾驭它能一天赶到千里之外，有的人驾驭它却被人讥笑，

御之，而日取[10]千里。车马非异也，或至乎千里，或为人笑，则巧拙相去远矣。今以国位为车，以势为马，以号令为辔，以刑罚为鞭策，使尧、舜御之，则天下治，桀、纣御之，则天下乱，则贤不肖相去远矣。夫欲追速致远，不知任王良；欲进利除害，不知任贤能：此则不知类之患也。夫尧、舜，亦治民之王良也。[11]

这是因为他们驾车技术的巧拙相差得太远了。现在把国家的君位比作车子，把权势比作马，把号令比作缰绳，把刑罚比作鞭子，让尧、舜来驾驭，那么天下就大治，让桀、纣来驾驭，那么天下就大乱，这是因为他们的德才好坏相差得太远了。想要赶上快速飞奔的车马而到达远方，却不知道任用王良；想要获取利益、消除祸害，却不知道任用贤能的人：这就是不懂得类比的祸患啊。尧、舜也就是治理人民的王良啊。

注释

1 **势**：力。下文说："夫'势'者，名一而变无数者也。"所以本篇的"势"有几种含义，它有时表示抽象概念，有时表示具体概念，如"力""威势""趋势"等，这里表示浮力。

2 **择**：通"释"，舍弃。

3 **纣**：商朝末代帝王，传说中的暴君。

4 **已**：此，之，指代权势。

5 **而**：如果。 **乱世之不肖**：衍文。

6 **《周书》**：即《逸周书》，是周朝的史书，记载周代的诰誓号令。

7 **傅**：通"附"，附加。

8 **炮烙**(páo luò)：原作"炮格"，古时的一种酷刑，让受刑者在烧红的铜柱上行走而被烤死。

9 **末**：当为"未"字之误。

10 **取**：通"趋"，快走。

11 这一段文字是韩非就学于荀卿时所作。

原文

复应之曰：其人以势为足恃以治官[1]；客曰“必待贤乃治”，则不然矣。夫“势”者，名一而变无数者也。势必于自然，则无为言于势矣。吾所为言势者，言人之所设也。今曰：“尧、舜得势而治，桀、纣得势而乱。”吾非以尧、桀为不然也。虽然，非一人之所得设也。夫尧、舜生而在上位，虽有十桀、纣不能乱者，则势治也；桀、纣亦生而在上位，虽有十尧、舜而亦不能治者，则势乱也。故曰：“势治者则不可乱，而势乱者则不可治也。”此自然之势也，非人之所得设也。若吾所言，谓人之所得势[2]也而已矣，贤何事焉？何以明其然也？客[3]曰：“人有

译文

又有人回应这个责难慎子的人说：慎子他这个人认为权势是足够用来治理国家的；而责难他的论客却说“一定要等有了贤能的人才能把国家治理好”，这就不对了。“势”这个东西，名称虽然只有一个，但它变化的意思却是数不清的。如果势一定是源于自然生成的，那就用不着再去议论了。我之所以要议论势，是要议论人为设立的威势。现在论客说：“尧、舜得到了权势而天下大治，桀、纣得到了权势而天下大乱。”我并不是认为尧、桀他们不是这样。但即使这样，他们的权势也并不是独自一个人所能建立的。如果尧、舜生来就处在君主的位置上，那么即使有十个桀、纣也不能扰乱天下，那就是势所必治；如果桀、纣也是生来就处在君主的位置上，那么即使有十个尧、舜也不能把天下治理好，那就是势所必乱。所以说：“势所必治的就不可能被扰乱，而势所必乱的就不可能被治理好。”但这种势只是一种自然生成的客观趋势，它并不是人们所能建立的。至于我所要说的势，是指人们所能设立的威势罢了，贤人在这里又有什么用呢？用什么来说明它是这样的呢？论客说过：“有一个卖矛和盾的人，夸耀自己的盾坚固，说：‘没有什么东西能够刺破它。’一会儿又赞美自己的矛说：‘我的矛很锋利，没有什么东西刺不破。’有人责难他说：‘用你

鬻矛与楯者，誉其楯之坚：'物莫能陷也。'俄而又誉其矛曰：'吾矛之利，物无不陷也。'人应之曰：'以子之矛，陷子之楯，何如？'其人弗能应也。"以为不可陷之楯与无不陷之矛为名[4]不可两立也。夫贤之为势不可禁，而势之为道也无不禁；以不可禁之势[5]，此矛楯之说也。夫贤、势之不相容亦明矣。且夫尧、舜、桀、纣千世而一出，是比肩随踵而生也。世之治者不绝于中，吾所以为言势者，中也。中者，上不及尧、舜，而下亦不为桀、纣，抱法处势则治，背法去势则乱。今废势背法而待尧、舜，尧、舜至乃治，是千世乱而一治也；抱法处势而待桀、纣，桀、纣至乃乱，是千世治而一乱也。且夫治千而乱一，与治一而乱千也，是犹乘骥、駬而分驰也，相去亦远矣。夫

的矛，刺你的盾，将会怎样？'那个人就不能回答了。"论客认为不可能被刺破的盾与没有什么东西不能刺破的矛在逻辑上是不可以同时并存的。贤人是威势不可以禁止的，而威势作为一种政治手段，是没有什么东西不能禁止的；论客将不可以禁止的贤人与没有什么不能禁止的威势相提并论，这实在是上述那种关于矛和盾的说法啊。所以贤能和威势不相容也就很清楚了。况且尧、舜、桀、纣这样的人一千世出现一个，这就已经算是肩膀挨着肩膀、脚跟接着脚跟似地密集降生了。而世上的统治者接连不断地产生于中等人才之中，我之所以要议论威势，就是为了这些资质中等的君主。这种资质中等的君主，与上等的相比则及不上尧、舜，而与下等的相比也不是桀、纣那样的人，他们如果坚守法度、掌握了权势，就可以把国家治理好；如果背离了法度、丢掉了权势，就会使国家陷于混乱。现在如果抛弃了权势、背离了法度而去期待尧、舜，要到尧、舜来了才能使天下太平，这就是要在一千世的混乱以后才有一世太平；现在如果坚守法度、掌握了权势去等待桀、纣，到桀、纣来了才能使天下混乱，这就是在一千世的太平之后才有一世混乱。这太平一千世才混乱一世，和太平一世而混乱一千世，就像是骑了千里马背道而驰一

弃隐栝[6]之法，去度量之数，使奚仲[7]为车，不能成一轮。无庆赏之劝、刑罚之威，释势委法，尧、舜户说而人辨之，不能治三家。夫势之足用亦明矣，而曰"必待贤"，则亦不然矣。且夫百日不食以待粱肉，饿者不活；今待尧、舜之贤乃治当世之民，是犹待粱肉而救饿之说也。

夫[8]曰："良马固车，臧获御之，则为人笑；王良御之，则日取乎千里。"吾不以为然。夫待越人之善海游者以救中国之溺人，越人善游矣，而溺者不济矣。夫待古之王良以驭今之马，亦犹越人救溺之说也，不可亦明矣。夫良马固车，五十里而一置[9]，使中手御之，追速致远，可以及也，而千里可日致也，何必待

样，相差得也实在太远了。如果抛弃了矫正木材的办法，丢掉了测量的技术，就是让善于造车的奚仲来制造车子，也不能做出一个车轮。如果没有表扬、奖赏的鼓励和用刑处罚的威慑，抛开了权势，放弃了法治，让尧、舜挨家挨户地去劝说、逐个逐个地去给人们辨析事理，那就连三户人家也管不好。所以威势值得利用也就很明白了，而论客说"一定要等待贤能的人来治理国家"，那也就不对了。再譬如说，让人一百天不吃东西去等着吃上等的米饭、鲜肉，那么这个饿坏了的人也就活不成了；现在如果要等到尧、舜这样的贤人来了才去治理当代的民众，这就如同那用等待一百天以后的上等饭菜来解救饿死鬼的说法啊。

论客说："好的马、坚固的车，奴婢去驾驭它，就会被人讥笑；王良驾驭它，就能日行千里。"我并不认为这话是对的。如果要等待善于在大海中游泳的越国人来抢救中原地区的落水者，那么越国人虽然很善于游泳，但那落水的人肯定不能得救了。要等待古代的王良来驾驭现在的车马，也好比是让越国人来抢救中原落水者的论调，行不通也是显而易见的了。而且有了好的马、坚固的车，每五十里就设立一个换马接力的驿站，即使让技术中等的车夫去驾驭它，要想赶速度，到达远方，也是可以办得到的，而上千里

古之王良乎？且御，非使王良也，则必使臧获败之；治，非使尧、舜也，则必使桀、纣乱之。此味，非饴蜜也，必苦莱、亭历也[10]。此则积辩累辞、离理失术、两末之议也[11]，奚可以难夫道理之言乎哉？客议未及此论也。

的路程也是可以在一天之内到达的，为什么一定要等待古代的王良呢？况且，论客一说到驾车，要是不用王良，那就一定要让奴婢去败坏它；一说到治理国家，要是不用尧、舜，那就一定要让桀、纣去搞乱它。这就好比是吃东西，不是去尝饴糖、蜂蜜，就一定是吃苦藜、葶苈。这就只是一种累积辩辞、堆砌辞藻、违背情理、丧失规范、不是走这个极端就是走那个极端的议论啊，怎么可以用来责难那种合乎道理的言论呢？论客的议论还及不上这种法度、权势并治的理论啊。

注释

1 **官：**官方，指国家。

2 **势：**当作"设"。

3 **客：**指早年的韩非。下面的引文见《韩非子·难一》。

4 **名：**概念，与"名学"之"名"同义，这里作状语。

5 **以不可禁之势：**当作"以不可禁之贤与无不禁之势"。

6 **隐栝(kuò)：**又作"檃栝"，竹木的矫正工具，它可以用来矫正使竹木平直，也可以用来矫正使之弯曲，这里用作动词，指矫正使标准弯曲。

7 **奚仲：**传说中车子的创造者。

8 **夫(fú)：**犹"彼"，他，指责难慎子的论客。

9 **置：**驿站，古代供传递公文或命令的人歇脚或换马的地方，这里用作动词。

10 **莱：**又名"藜"，一种嫩叶可食用的野菜，俗名红心灰藋。**亭历：**即"葶苈"，一年生草本植物，叶子呈卵形或长椭圆形，开黄色小花。

11 **失术：**失道。 **两末：**两端。

问 田

导读

问田，就是询问田鸠。这题目不过是取文章第一句中的两个字组成的，非关文章宏旨。

全文分两部分。第一部分通过徐渠与田鸠的问答，阐述了将帅、丞相必须出自基层、逐级提拔的任人原则。第二部分通过堂谿公与韩非的对话，反映了“废先王之教”而“立法术，设度数”在当时的艰巨性，充分表现了韩非为民献身的崇高志趣。

原文

徐渠问田鸠曰：“臣闻智士不袭[1]下而遇君，圣人不见[2]功而接上。今阳成义渠[3]，明将也，而措于毛[4]伯；公孙亶回，圣相也，而关于州部[5]：何哉？”

田鸠曰：“此无他故异物，主有度、上有术之故也。且足下独不闻楚将宋

译文

徐渠问田鸠说：“我听说聪明智慧的人不用沿着低级的官职逐级上升就能被君主赏识，德才杰出的人不用做出成绩就能被君主接纳。现在的阳成义渠，是个明智的将领，可是他曾经被安置在屯长那样的低级职位上；公孙亶回，是个德才杰出的相国，可是他也曾经被安排在州部这样的基层行政机构工作：这是为什么呢？”

田鸠说：“这没有其他的缘故和特别的因素，是因为君主治国有法度、国君任人有手段啊。而且，您难道没听说过楚国因为任用宋觚为大将而败坏了楚王的政事，魏国因为任用冯离为相国而使君主的国家名存实亡吗？这两国

觚而失其政，魏相冯离而亡其国？二君者驱于声词，眩乎辩说，不试于毛伯，不关乎州部，故有失政亡国之患。由是观之，夫无毛伯之试、州部之关，岂明主之备哉？”

的君主被他们的名声和花言巧语所驱使，被他们的诡辩和游说所迷惑，因而没有把宋觚安置在屯长的职位上加以考验，也没有把冯离安排在州部进行锻炼，所以有政事败坏、国家危亡的祸殃。由此看来，没有低级职务的实际考验与基层单位的在职锻炼就提拔为将相，哪里是英明君主的措施呢？”

注释

1 **袭：**沿袭。

2 **见：**同“现”。

3 **阳成义渠：**赵简子之臣，春秋战国之际的将军。阳城，复姓。

4 **毛：**当作“屯”，“屯伯”即“屯长”，是古代军队中最低一级组织“伍”（由五人组成）的长官。

5 **关：**用，措置。 **州部：**州一级的衙署，是古代地方上的基层行政机构。

原文

堂谿公[1]谓韩子曰：“臣闻服礼辞让，全之术也；修行退智，遂[2]之道也。今先生立法术，设度数，臣窃以为危于身而殆于躯。何以效[3]之？所闻先生术[4]曰：‘楚不用吴起而削乱，秦行商

译文

堂谿公对韩非说：“我听说遵行周代的礼制、退避谦让，是保全自身的方法；修养品德、隐藏才智，是成就名声的途径。现在您建立起法治、术治的学说，设置了法度、权术的理论，我私下以为这会危害到您的身体而毁坏了您的躯体。用什么来证明我的这个结论呢？我听说您的论述说：‘楚国不任用吴起而削弱混乱，秦国实行了商鞅的法制而国富兵强。这两位先生的主张已被证明是正确的了，但是吴起被分裂肢体而商鞅被五马分尸，这是他们没有碰上好

君而富强。二子之言已当矣，然而吴起支[5]解而商君车裂者，不逢世遇主之患也。’逢遇不可必也，患祸不可斥也。夫舍乎全遂之道而肆乎危殆之行，窃为先生无取焉。”

韩子曰：“臣明先生之言矣。夫治天下之柄，齐民萌之度，甚未易处也。然所以废先王之教而行贱臣之所取者，窃以为立法术，设度数，所以利民萌便众庶之道也。故不惮乱主暗上之患祸，而必思以齐民萌之资利者，仁智之行也；惮乱主暗上之患祸，而避乎死亡之害，知明而不见民萌之资夫利身者[6]，贪鄙之为也。臣不忍向贪鄙之为，不敢伤仁智之行。先生有幸臣之意，然有大伤臣之实。”

世道、没有遇到明君贤主而遭到的灾祸啊。’一个人的遭遇是不可能凭主观意志加以确定的，灾祸也是不可能凭主观意志加以排除的。放弃了保全自身、成就名声的道路而无所顾忌地去干那些有生命危险的事，我个人以为您不该采取这种做法啊。”

韩非说：“我明白您的话了。治理天下的权柄，整治民众的法度，的确很不容易处理啊。但是，我之所以要废除前代君主的礼教而奉行敝人所采取的政治主张，是因为我个人认为建立法治、术治的学说，设置法度、权术的理论，是用来造福人民、便利群众的方法啊。那些不怕昏庸的君主、愚昧的国君所制造的祸患，而坚定地为整治民众的财产利益着想，是仁爱明智的行为；害怕昏乱的君主、愚昧的国君所带来的祸患，逃避死亡的灾难，智慧聪明却不顾民众的财产利益而只顾有利于自己，是贪生怕死、自私卑鄙的行为。我不忍心采取那种贪生怕死、自私卑鄙的做法，不敢损伤仁爱明智的行为。您虽然有爱护我的心意，但实际上却大大地伤害了我。”

注释

1 **堂谿公：**夫概的后代，与韩昭侯同时，可能在韩国做官。堂谿，复姓。

2 **遂:**成就,指成名。

3 **效:**证明。

4 **术:**学术,学说。

5 **支:**通“肢”。

6 **知:**通“智”。 **夫:**当为“而”之形讹。

定 法

导读

定法,即确定法度,指修正申不害的术治学说与商鞅的法治学说来确定自己的政治原则。它是我们了解韩非法术思想及其思想渊源的重要篇章。

文章以问答的形式首先阐明了术治和法治的基本内容:“术者,因任而授官,循名而责实,操杀生之柄、课群臣之能者也。此人主之所执也。法者,宪令著于官府,刑罚必于民心,赏存乎慎法而罚加乎奸令者也。此臣之所师也。”同时,韩非充分强调了它们的地位和作用:“君无术则弊于上,臣无法则乱于下,此不可一无,皆帝王之具也。”可见法术兼治是韩非的政治原则。文章接着剖析了申不害单用术、商鞅单行法所造成的弊端以及这两家学说的不足之处,给读者指明了前车之鉴,具有深远的思想意义。术与法虽然都是“帝王之具”,所以“申不害言术而公孙鞅为法”都值得利用,但利用时应该采取批判的态度而有所扬弃,不能盲目地全盘接受。这种思想方法显然值得借鉴。

原文

问者曰："申不害、公孙鞅[1]，此二家之言，孰急于国？"应之曰："是不可程也。人不食，十日则死；大寒之隆，不衣亦死。谓之衣食孰急于人，则是不可一无也，皆养生之具也。今申不害言术而公孙鞅为法。术者，因任而授官，循名而责实，操杀生之柄、课群臣之能者也。此人主之所执也。法者，宪令著于官府，刑罚必于民心，赏存乎慎法而罚加乎奸[2]令者也。此臣之所师[3]也。君无术则弊[4]于上，臣无法则乱于下，此不可一无，皆帝王之具也。"

译文

发问的人说："申不害、公孙鞅，这两家的学说，对于治理国家来说，哪一家更为要紧呢？"韩非回答他说："这是不可以进行估量比较的。人要是不吃东西，十天就死了；冷到了极点，要是不穿衣服也会死。如果要评论穿衣和吃饭哪一样对人更为要紧，那么应该说它们都是不可或缺的，因为它们都是维持生命所必须具备的东西。现在申不害主张术治而公孙鞅推行法治。术治就是根据各人的能力来授予相应的官职，按照官职名分来责求其实际的功效，掌握住生杀大权、考核各级官吏的才能这一整套方法。这是君主所掌握的。法治就是法令明确地著录在官府中，刑罚制度一定贯彻到民众的思想意识中去，奖赏只给予谨守法令的人而刑罚施加于触犯禁令的人这一整套制度。这是臣下所遵循的。君主如果没有术治，就会在上面受蒙蔽；臣子如果没有法治，就会在下面产生混乱：所以这两样东西是不可或缺的，它们都是成就帝王大业的工具啊。"

注释

1 **申不害：**战国时期法家代表人物，公元前351年被韩昭侯任为相国，直至前337年去世。 **公孙鞅：**即商鞅。

2 **奸：**同"奸"；奸，通"干"，犯。

3 **师：**师法，遵循。

4 **弊**:通“蔽”。

原文

问者曰:“徒术而无法,徒法而无术,其不可何哉?”对曰:“申不害,韩昭侯[1]之佐也。韩者,晋之别国也。晋之故法未息,而韩之新法又生;先君之令未收,而后君之令又下。申不害不擅其法,不一其宪令,则奸多。故利在故法前令,则道[2]之;利在新法后令,则道之;利在故新相反、前后相悖,则申不害虽十使昭侯用术,而奸臣犹有所谲[3]其辞矣。故托万乘之劲韩,七十年[4]而不至于霸王者,虽用术于上,法不勤饰[5]于官之患也。

公孙鞅之治秦

译文

发问的人说:“只运用术治而不实行法治,只实行法治而不运用术治,两者都不行,为什么呢?”韩非回答说:“申不害,是韩昭侯的辅佐大臣。韩国,是晋国中分出来的一个国家。晋国的原有法律还没有废除,而韩国的新的法律又产生了;前代君主的政令还没有收回,而后代君主的政令又下达了。申不害不去统一旧法和新法,也不去统一先后下达的政令,那么奸邪的事就增多了。所以,奸臣们看到自己的利益存在于原有的法律和从前的政令之中,就会按照这些原有的法律、政令来办事;他们看到自己的利益存在于新的法律和后来的政令之中,就会按照这些后来的法律、政令来办事;如果他们的利益存在于旧法和新法相互对立、从前的政令和后来的政令相互违背之中,那么申不害即使以十倍的努力让韩昭侯运用术治,奸臣们仍然有办法来玩弄他们的言辞进行诡辩了。所以韩国的君主依靠拥有万辆兵车的强大韩国,经过了七十年也还是没有能够达到称霸称王的地步,这是他们虽然在上面运用了术治,但没有用法制经常对官吏进行整顿所造成的危害啊。

公孙鞅治理秦国的时候,设立了告发奸邪、株连定罪的制度来求得犯法的真实情况,把老

也，设告相坐[6]而责其实，连什伍而同其罪，赏厚而信，刑重而必。是以其民用力劳而不休，逐敌危而不却，故其国富而兵强；然而无术以知奸，则以其富强也资人臣而已矣。及孝公[7]、商君死，惠王[8]即位，秦法未败也，而张仪[9]以秦殉韩、魏。惠王死，武王[10]即位，甘茂以秦殉周[11]。武王死，昭襄王[12]即位，穰侯[13]越韩、魏而东攻齐，五年而秦不益尺土之地，乃城[14]其陶邑之封。应侯[15]攻韩八年，成其汝[16]南之封。自是以来，诸用秦者，皆应、穰之类也。故战胜，则大臣尊；益地，则私封立：主无术以知奸也。商君虽十饰其法，人臣反用其资。故乘强秦之资，数十

百姓连结成了十家为一什、五家为一伍的联保组织而对联保的人家定同样的罪，奖赏优厚而且守信用，刑罚严厉而且一定执行。因此，他治理下的民众，努力耕作，即使劳累了也不休息，追击敌人，即使危险也不退却，所以他治理的秦国国富而兵强；但是他没有运用术治来识别奸臣，那就只能把他造成的富强给臣下作为资助罢了。等到秦孝公、商鞅死了以后，秦惠文王登上了王位，秦国的法制还没有完全被破坏掉，而张仪已把秦国的力量牺牲在对韩国、魏国的威逼利诱上来谋取私利了。秦惠文王死了以后，秦武王登上了王位，甘茂拿秦国的力量牺牲在进军周王朝都城的征战中。秦武王死了以后，秦昭襄王登上了王位，穰侯魏冉越过韩国、魏国而向东去攻打齐国，经过五年而秦国没有增加一尺土地，但他自己却扩大了陶邑的封地。应侯范雎攻打韩国达八年之久，也成就了他汝水南面的封地。从商鞅死了以来，许多在秦国执政的人，都是应侯、穰侯一类的人。所以打仗打赢了，那么大臣就尊贵起来了；扩展了地盘，那么臣子的个人封地就建立起来了：这是因为君主没有运用术治去了解奸臣啊。所以商鞅即使以十倍的努力去整顿他的法制而使国家富强起来了，但臣下却反过来利用他所提供的资本为自己谋利益。所以，秦国的君主凭借着强大的秦国这种条件，经过了几十

年而不至于帝王者，法不勤饰于官、主无术于上之患也。”	年也还没有能达到称帝称王的地步，这是没有用法制对官吏经常加以整顿、君主在上面没有运用术治的祸患啊。”

注释

1 **韩昭侯**：战国时韩国国君。

2 **道**：由，依照。

3 **谲**(jué)：诡诈，使动用法。

4 **七十年**：指申不害之时到韩非写《定法》篇的时间。

5 **饰**：通“饬”，整治。

6 **相坐**：相连定罪，即“连坐”，指联保组织中有一人犯罪，其他的人如果不告发，就连带一同受罚。

7 **孝公**：秦孝公。商君是惠王即位之后被诬告攻杀的，此为行文方便，所以与孝公之死连写。

8 **惠王**：指秦惠文王。

9 **张仪**：战国时魏国人，是主张连横的代表人物。

10 **武王**：指秦武王，战国时秦国君主，公元前310—前307年在位。

11 **甘茂**：秦武王时为左丞相。**周**：周室，指东周王朝的都城洛邑（在今河南洛阳王城公园一带）。公元前308年，甘茂为了给秦武王打通三川（黄河、洛水、伊水）之路以窥周室，带兵攻打韩国的宜阳（在今河南宜阳西），次年攻克宜阳，秦武王至周而卒。

12 **昭襄王**：即秦昭王。

13 **穰**(ráng)**侯**：即魏冉，秦昭王时他四次任相，因功封于穰邑（位于今河南邓州），又加封陶邑（在今山东定陶西北），号称穰侯。

14 **城**：通“盛”，引申指扩大。

15 **应侯**：即范雎(jū)，他游说秦昭王，驱逐了专权的秦相魏冉，于公元前266年任秦相，受封于应邑（今河南鲁山东），号应侯。

16 **汝**：汝水，其上游即今河南之北汝河。

原文

问者曰："主用申子之术，而官行商君之法，可乎？"对曰："申子未尽于法也[1]。申子言：'治不逾官，虽知弗言。''治不逾官'，谓之守职也，可；'知而弗言'，是不谓过也。人主以一国目视，故视莫明焉；以一国耳听，故听莫聪焉。今知而弗言，则人主尚安假借矣？商君之法曰：'斩一首者，爵一级，欲为官者为五十石之官；斩二首者，爵二级，欲为官者为百石之官。'官爵之迁与斩首之功相称也。今有法曰：'斩首者令为医、匠。'则屋不成而病不已[2]。夫匠者，手巧也；而医者，齐[3]药也：而以斩首之功为之，则不当其

译文

发问的人说："让君主运用申子的术治，而让官吏奉行商君的法制，就行了么？"韩非回答说："申子关于术治的理论还不周到，商君对于法律的规定也还没有完善。申子说：'官吏办事不能超越自己的职权，对于职权以外的事情即使知道了也不要说。''办事不超越自己的职权'，是说要谨守自己的职责，这还可以；至于'对职权以外的事情即使知道了也不要说'，这就是要人们不告发别人的罪过了。君主用全国人民的眼睛来观察，所以观察起来没有谁能比君主看得更明白的了；君主用全国人民的耳朵来聆听，所以听起来没有谁能比君主听得更清楚的了。现在要是大家都知道了而不说，那么君主还能凭借什么去了解情况呢？商君的法令说：'砍掉敌国一个有爵位者的头，就赏给他爵位一级，想要做官的就让他做俸禄为五十石的官；砍掉敌国两个有爵位者的头，就赏给他爵位两级，想要做官的就让他做俸禄为一百石的官。'官职和爵位的晋升与砍杀敌人首级的功劳是相当的。现在如果有一条法令说：'砍杀敌人首级而立功的人让他们去做医生、工匠。'那么房屋就会盖不成而疾病也就治不好。因为工匠，要靠手艺精巧；而医生，要会调配药剂：如果凭砍头的功劳去做这些工作，那就和他们的才能不相适应了。现在拿商君所说的做官来说，是要靠智慧和才能的；现在再拿他所说的砍杀

能。今治官者，智能也；今斩首者，勇力之所加也。以勇力之所加而治智能之官，是以斩首之功为医、匠也。故曰：二子之于法术，皆未尽善也。”

敌人首级来说，是靠了勇敢和气力的施展。现在让施展勇敢和气力而立功的人去担任需要智慧和才能的官职，这就是让砍杀敌人首级而立功的人去做医生、工匠。所以说：商君和申子这两个人对于法治和术治，都还没能达到尽善尽美的境界啊。”

注释

1 **申子未尽于法也：**当作“申子未尽于术，商君未尽于法也”。

2 **已：**治愈。

3 **齐**(jì)**：**通“剂”，剂量，这里用作动词，表示按一定的剂量调配。

诡 使

导读

诡，违背；诡使，就是倒行逆施。本文的主旨在于阐明当时君主所崇尚的世俗观念以及采取的政治措施是与正确的治国原则相违背的。所以，它实是一篇劝说君主的谏词。

文章首先阐明了三条治国之道：“利”“威”“名”。这是韩非一贯强调的政治原则。接着，他便一针见血地点明了本文的主旨：“上之所贵与其所以为治相反也。”然后，韩非一一罗列了与治国之道相违背的种种世俗观念，同时也严肃地向君主指出：这种种世俗观念之所以存在，是因为君主“贵其所以乱，而贱其所以治”。因此，“世之所以不治者，非下之罪，上失其道也”。接着，韩非又陈说了现实政治中的种种弊端，进一步斥责了“用事者”的过错。最后，韩非追本穷源，认为“凡乱上反世者，常士有二心私学者也”，但君主却还“尊之以名，化之以实”，使他们“无功而显、无劳而富”。所以，与治国之道相违背的“私词”“私意”“私欲”就永远“禁塞”不了了。

本篇虽侧重于对现实政治的批判，但破中有立，在批判世俗观念与政治弊端的同时，也较为全面地阐述了韩非自己的政治主张，如“立名号”、“设爵位”、行“威利”、重“法令”、反“私学”、求“安静”、主耕战、轻“末作”、“赏利一从上出”等，所以，本文也是研究韩非政治思想的重要篇章。

原文

圣人之所以为治道者三：一曰“利”[1]，二曰“威”，三曰“名”。夫利者，所以得民也；威者，所以行令也；名者，上下之所同道也。非此三者，虽有不急矣。今利非无有也，而民不化上；威非不存也，而下不听从；官非无法也，而治不当名[2]。三者非不存也，而世一治一乱者，何也？夫上之所贵与其所以为治相反也。

译文

圣人用来作为治国原则的东西有三种：一是奖赏带来的利益，二是刑罚造成的威势，三是法律规定的名分。奖赏带来的利益，是用来取得民心的；刑罚造成的威势，是用来推行法令的；法律规定的名分，是君臣共同遵循的。除去这三条原则，即使有其他的办法，也无关紧要了。现在奖赏的利益不是没有，但民众却不被君主所感化；刑罚的威势不是不存在，但臣民却仍然不听从；官府不是没有法律，但实际的治理却不符合明文的规定。这三条原则不是不存在，但社会一会儿安定一会儿混乱，这是为什么呢？就是因为君主所推崇的东西和他应该用来治国的原则相违背了。

注释

1 **利：**利益，指奖赏、爵禄所带来的好处，所以“利”有时也直接表示奖赏。本篇的“利”，两种用法都有。

2 **名：**这里指法律。

原文

夫立名号，所以为尊也；今有贱名轻实者[1]，世谓之“高”。设爵位，所以为贱贵基也；而简上不求见[2]者，世谓之“贤”。威利，所以行令也；而无利轻威者，世谓之“重”。法令，所以为治也；而不从法令为私善者，世谓之“忠”。官爵，所以劝民也；而好名义不进仕者，世谓之“烈士”。刑罚，所以擅威也；而轻法不避刑戮死亡之罪者，世谓之“勇夫”。民之急名也，甚其求利也，如此，则士之饥饿乏绝者，焉得无岩居苦身以争名于天下哉？故世之所以不治者，非下之罪，上失其道也。常贵其所以乱，而贱其所以治，是故下之所欲，常与上之所以为治相诡也。

译文

设立君主的名位、称号，是用来形成尊贵的地位的；现在有人鄙视君主的名位，轻视君主的实权，社会上却称之为“清高”。设置官位，是用来作为区别低贱和高贵的基础的；但怠慢君主而不求任用、显达的人，社会上却称之为“贤能”。赏罚造成的利益、威势，是用来推行法令的；但不贪图奖赏的利益而轻视刑罚威势的人，社会上却称之为“稳重”。法律命令，是用来治国的；但不遵从法令而为私人做好事的人，社会上却称之为“忠诚”。官位、爵禄，是用来激励民众的；但崇尚名声而不入朝做官的，社会上却称之为“贞节之士”。刑罚，是用来使威势专断一切的；但轻视法律而奋不顾身地去以身试法触犯死罪的人，社会上却称之为“勇士”。民众急于追求名声，比他们追求实利更厉害，像这样的话，那么读书人中那些沦落到饥饿贫困的境地而走投无路的人，哪能不隐居深山折磨自己以便在天下争得名声呢？社会之所以不能被治理好，并不是臣民的罪过，而是因为君主失去了正确的治国原则。君主常常尊重那些酿成祸乱的行为，而鄙视那些导致安定的措施，所以臣民追求的，常常和君主应该用来治国的原则相违背。

注释

1 **贱名轻实者:**指伯夷之类的人。

2 **见(xiàn):**同“现”,指出仕。

原文

今下而听其上,上之所急也。而惇悫纯信,用心怯言,则谓之“窭”[1]。守法固,听令审,则谓之“愚”。敬上畏罪,则谓之“怯”。言时节,行中适[2],则谓之“不肖”。无二心私学,听吏从教者[3],则谓之“陋”。

译文

现在臣下听从他们的君主,这是君主迫切追求的。但是忠厚诚实、纯朴守信,做事认真、说话谨慎,却被称为“寒酸拘谨”。严格地遵守法律,慎重地服从命令,却被称为“愚蠢无知”。尊敬君主,害怕犯罪,却被称为“胆小怕事”。言论适合时宜而有节制,行为得当而适度,却被称为“没有德才”。不和君主离心离德去做个人的学问,听从官吏教训而接受法治教育,却被称为“孤陋寡闻”。

注释

1 **谓之“窭(jù)”:**这句以下,“谓之”都承上省去了主语“世”。窭,贫寒,局促。

2 **中适:**中正适度,与上句“时节”同义,指合乎法度。

3 **吏、教:**即《五蠹》“以吏为师”“以法为教”之“吏”“教”。

原文

难致[1],谓之“正”。难予[2],谓之“廉”。难禁,谓之“齐”。有令不听从,谓之“勇”。无利于上,谓之“愿”。少欲、宽惠、行德,谓之

译文

不听君主的召唤,被称为“正直”。不接受君主的赏赐,被称为“廉洁”。不服从君主的制约,被称为“平等”。有了命令不听从,被称为“勇敢”。不贪图君主的赏赐,被称为“厚道”。淡泊寡欲、宽宏大量地给人恩惠、进行施舍,被称为“仁爱”。庄重厚道而自高自大,

"仁"。重厚自尊，谓之"长者"。私学成群，谓之"师徒"。闲静安居，谓之"有思"。损仁逐利[3]，谓之"疾"。险躁佻[4]反覆，谓之"智"。先为人而后自为，类名号[5]，言泛爱天下，谓之"圣"[6]。言大本，称而不可用，行而乖于世者，谓之"大人"[7]。贱爵禄，不挠上者，谓之"杰"。下渐[8]行如此，入则乱民，出则不便也。上宜禁其欲，灭其迹[9]，而不止也，又从而尊之，是教下乱上以为治也。

被称为"长者"。私人讲学成群结队，被称为"师徒"。清闲、宁静、安心地隐居在家，被称为"有头脑"。昧着良心去求利，被称为"敏捷机灵"。能说会道、吵吵嚷嚷、说话轻佻、反复无常，被称为"聪明"。先为别人着想然后才为自己考虑，将区分贵贱的名位、称号一视同仁，主张普遍地爱天下所有的人，被称为"圣人"。宣扬治理天下的根本原则，赞许的东西并不能付诸实施，做的事又违背了社会现实的人，被称为"大人"。鄙视爵位、俸禄，不屈服于君主的人，被称为"俊杰"。臣下被浸润的德行像这样，他们在国内就会扰乱民众，到国外就会做出对国家不利的事情。君主应该禁止他们追求这种社会风尚，消除他们对这种社会风尚的效法，就是这样做也还不能制止啊，现在却又去尊重这些社会风尚，这是在教臣下犯上作乱而把它们作为治国的原则啊。

注释

1 **难致：**难以招引。

2 **难予：**难以给予。

3 **损仁逐利：**损害了仁爱之道去追求利益，与"为富不仁"的意义类似。

4 **佻：**轻佻。

5 **类名号：**将区别贵贱的名位、称号同等看待，这是墨子的主张。类，同，等。

6 **圣：**指孔子、墨子而言。孔丘主张"泛爱众"，墨翟主张"兼爱"，这两家思想是先秦最显赫的学派。

7 **大人：**指德行高尚的人。

8 **渐**(jiān)**:**浸润,此为被动词,作定语。

9 **迹:**追随。

原文

凡所[1]治者,刑罚也,今有私行义者尊。社稷之所以立者,安静也,而躁险谗谀者任。四封之内所以听从者,信与德[2]也,而陂知倾覆者使[3]。令之所以行,威之所以立者,恭俭听上,而岩居非世者显。仓廪之所以实者,耕农之本务也,而綦组、锦绣、刻画为末作者富[4]。名之所以成,城池之所以广者,战士也,死士之孤饥饿乞于道,而优笑酒徒之属乘车衣丝。赏禄,所以尽民力易下死也,今战胜攻取之士劳而赏不沾,而卜筮、视手理、狐《虫》为顺辞[5]于前者日赐。上握度量,所

译文

大致说来,国家之所以能治理好,是靠刑罚,但现在有人私下里施行仁义却受到了尊重。国家的政权之所以能保持,是靠安定平静,但那些吵吵嚷嚷、能说会道、造谣中伤、阿谀奉承的人却得到了任用。四周国界之内之所以能听从君主,是靠信用与奖赏,但那些奸邪巧诈、倾轧陷害别人的人却得到了使用。命令之所以能贯彻执行,威势之所以能树立起来,是靠臣民恭敬、谦卑听从君主,但那些隐居深山而非议现实的人却赫赫有名。粮仓之所以能充实,是靠农民的重要劳动,但编织丝带、织锦刺绣、雕刻绘画这种从事不重要工作的人却发了财。君主的名望之所以能够成就,城市之所以能够扩展,是靠战士,但现在阵亡士兵的孤儿忍饥挨饿在路上讨饭,而那些供君主取乐的演员、陪同君主吃喝的酒鬼之辈却乘着车子穿着绸缎悠然自得。奖赏、俸禄,是用来充分调动民众的力量、换取臣民为君主卖命的,但现在打了胜仗、攻城略地的战士虽然劳苦却和奖赏不沾边,而那些在君主面前占卜算卦、看手纹预测命运、用“获取雄狐”的《蛊》卦之类编造奉承话的人天天都得到赏赐。君主掌握的法律制度,是用来使

以擅生杀之柄也，今守度奉量之士欲以忠婴[6]上而不得见，巧言利辞行奸轨以幸偷世者数御[7]。据法直言，名刑相当[8]，循绳墨[9]诛奸人，所以为上治也，而愈疏远，谄施[10]顺意从欲以危世者近习。悉租税，专民力，所以备难充仓府也，而士卒之逃事伏匿、附托有威之门以避徭赋而上不得者万数。夫陈善田利宅，所以战士卒也，而断头裂腹、播骨乎原野者，无宅容身，身死田夺，而女妹有色、大臣左右无功者，择宅而受，择田而食。赏利一从上出，所以善制下也，而战介[11]之士不得职，而闲

君主控制生杀之权的，但现在维护法律、奉行制度的人想用忠言去打动君主却得不到接见，而那些花言巧语、内外作恶、以侥幸的心理欺世盗名的人却屡次得到进用。根据法令直言不讳，检验名实是否相符，遵照法律的准绳去惩处坏人，这是为君主治理国家所采取的措施，但这样的人却越来越被疏远，而那些阿谀奉承、搞歪门邪道、顺着君主的心意说话、按照君主的欲望办事以至于危害社会的人却被亲近宠爱。把租税全部收起来，把民众的人力、物力全部集中起来，是用来防备祸患、充实粮仓国库的，但是士卒中那些逃避耕战躲藏起来、依附于权贵之门来逃避徭役赋税以使君主不能使用的人数以万计。陈设肥沃的田地和便利的住宅，是用来激励士兵作战的，但是可能会被砍掉脑袋剖腹、尸骨被抛撒在战场上的战士，却没有住宅能容身，自己一死，田地也就被剥夺了，而那些大臣、亲信没有什么功劳，只是因为他们的女儿、妹妹长得漂亮而嫁给了君主，就能挑选好的住宅而取得它，选择好的田地而靠它生活。奖赏一律从君主手中发放出来，是用来更好地控制臣民的，但披着铠甲作战的士兵得不到官职，而无所事事、避世隐居的人却尊贵显赫。君主拿这样的事实来进行教育诱导，名声哪会不低下？君位怎能不危险？使君主名声低下、君位危险的，一定是下面那些不服从法令、对君主有异心而从事私人学术、反对现实社会的人，可是现在不但不禁止他们的行为、不破坏他们的聚会

居之士尊显。上以此为教，名安得无卑？位安得无危？夫卑名危位者，必下之不从法令、有二心务私学、反逆世者也，而不禁其行、不破其群以散其党，又从而尊之，用事者过矣。上世之所以立廉耻者，所以属[12]下也，今士大夫不羞污泥丑辱而宦，女妹私义之门不待次而宦。赏赐，所以为重也，而战斗有功之士贫贱，而便辟[13]优徒超级。名号诚信，所以通威也；而主掩障，近习女谒并行[14]百官、主爵迁人，用事者过矣。大臣官人，与下先谋比周，虽不法行[15]，威利在下，则主卑而大臣重矣。

以便拆散他们的私党，却还去尊重他们，这就是执政者的错误了。古代之所以要树立有关廉洁和羞耻的道德观念，是为了激励臣下，但现在那些士大夫厚颜无耻地去干那种肮脏下流、丑恶耻辱的勾当却当上了官，把女儿、妹妹嫁给了君主因而和君主有了私人交情的人家就不必依照官阶的次第来升官。赏赐，是用来使人贵重的办法，但拼命作战而立了功劳的士兵却贫穷卑贱，而善于谄媚逢迎的小人以及供君主取乐的优伶之徒却得到了越级提拔。君主的名位、称号和他的实权确实相符，是用来使君主的威势上通下达的手段，但是现在君主被蒙蔽，而君主的亲信和为人说情的宫女却都能任用群臣百官，掌管对官员的授爵和晋升，这就是当权者的过错了。大臣委任官职的时候，首先和部下密谋策划、结党营私，即使不合法度，也照干不误，这样，威势和利禄便都掌握在臣子手中，那么君主就地位低下而大臣就贵重了。

注释

1 **所：**当作“所以”。

2 **德：**指奖赏。

3 **陂：**不正。 **知：**通“智”，智巧。

4 **綦**（qí）**：**鞋带。**组：**丝带。**锦：**用彩色经纬丝织出各种图案花纹的丝织品。

这几个字都用作动词。

5 **狐《虫》为顺辞：**虫，“蛊”字之误，《蛊》是《周易》中的卦名。据《左传·僖公十五年》载，卜徒父算卦时遇到《蛊》卦，他顺对方心意而编造出来的占辞说：“千乘三去，三去之余，获其雄狐。”所以韩非称之为“狐《蛊》”，并说他“为顺辞”。

6 **婴：**通“撄”，扰动。

7 **轨：**通“宄”。古代外奸叫“奸”，内奸叫“宄”。 **御：**进用。

8 **名刑相当：**相当于“形名参同”。

9 **绳墨：**木工画直线用的墨线，引申指法律的准绳。

10 **施**(yí)**：**通“迤”(yǐ)，斜。

11 **介：**铠甲。

12 **属：**“厉(厲)”字之误。厉，通“励”。

13 **便辟**(pián pì)**：**善于阿谀逢迎而得到君主宠爱的人。

14 **行：**使用。

15 **虽不法行：**犹“虽不法犹行”。

原文

夫立法令者，以废私也。法令行而私道废矣。私者，所以乱法也。而士有二心私学、岩居窞路、托伏深虑[1]，大者非世，细者惑下，上不禁，又从而尊之以名，化[2]之以实，是无功而显、无劳而富也。如

译文

设置法令，是用来废除私利的。法令贯彻执行以后，谋私的歪门邪道就被废除了。私利是扰乱法制的根源。但有些读书人对君主有异心而从事私人学术、在山中隐居而弄得疲惫羸弱、依附于权贵之门躲藏起来冥思苦想，重则诽谤现实，轻则蛊惑人心，君主对此不加禁止，却还去用美好的名誉使他们得到尊重，用实际的利益使他们改变穷困的处境，这是没有立功而显贵、没有费力而富裕啊。像这样，那么读书人中那些怀有异心从事私人学术的人，怎么能不挖空心思、努力施展其智巧进行招摇撞骗和诽谤法令来追求

此，则士之有二心私学者，焉得无深虑、勉知[3]诈与诽谤法令以求索与世相反者也？凡乱上反世者，常士有二心私学者也。故《本言》曰："所以治者，法也；所以乱者，私也。法立，则莫得为私矣。"故曰：道私者乱，道法者治。上无其道，则智者有私词，贤者有私意。上有私惠，下有私欲，圣智成群，造言作辞，以非法措于上。上不禁塞，又从而尊之，是教下不听上、不从法也。是以贤者显名而居，奸人赖赏而富。贤者显名而居，奸人赖赏而富，是以上不胜下也。

跟社会现实相背离的东西呢？凡是犯上作乱、反对现实社会的，常常是读书人中那些怀有异心从事私人学术的人。所以《本言》说："国家之所以安定，是靠法制；国家之所以混乱，是因为私利。法制建立了，那就没有人能谋取私利了。"所以说：依从私利来治国，国家就混乱；遵循法制来治国，国家就安定。君主没有掌握统治术，那么聪明的人就会有维护私利的言论，贤能的人就会有谋取私利的意图。君主有了满足臣下私利的赏赐，臣下就有谋取私利的欲望，那些谋私的圣人、智者就会成群结队，编造胡言乱语，杜撰奇谈怪论，用非法的手段来对付君主。君主不但不加禁止，还去尊敬这些人，这是在教臣下不听从君主、不服从法令啊。因此，那些所谓的贤人以显赫的名声处在高位，那些奸邪的人靠赏赐而大发横财。所谓的贤人以显赫的名声处在高位，奸邪的人靠赏赐而大发横财，因此君主不能制服臣民。

注释

1 **窞(dàn)路：**即"瘅露"，疲惫羸弱。 **托伏：**与上文"逃事伏匿、附托有威之门"同义。

2 **化：**改变，指君主用实际利益改变他们的困境。

3 **知：**通"智"。

六　反

导读

六反，就是六种反常现象，其具体含义即文章第一节所说的六种应该受到斥责的“奸伪无益之民”却受到了世俗的称誉，六种应该受到称誉的“耕战有益之民”却受到了世俗的诋毁。但全文内容并不局限于此，它实是一篇涉及很广的批判世俗观念与儒家学说的政论文。

韩非首先批判了社会上存在的“六反”现象，在批判中阐明了自己对各类人物的评价，并进一步向君主指明，民众从“私利”“私害”出发来毁誉各种人物，君主如果受到世俗舆论的蒙蔽，就会使赏罚失当而不能使国家富强。

接着，韩非进一步对儒家的各种论调作了批判，同时阐明了自己的政治主张。其批判分为三个层次：

一、从功利主义以及威严可以服人的观点出发，批判了学者鼓吹的“去求利之心，出相爱之道”的主张。他认为，“人主之大利”是“霸王”，“人臣之大利”是“富贵”，君臣只要都从自己的最大利益出发，君主“审于法禁”“必于赏罚”，臣下“尽力致死”而立功伐、致爵禄，就能使国富兵强而成就“霸王之业”。接着，他又从“母积爱而令穷，吏用威严而民听从”的事实出发，认为君主应该“不养恩爱之心而增威严之势”，“使民以法禁而不以廉止”，只有这样，才能使民众为自己拼死尽力。

二、从赏罚的“劝”“禁”作用出发，批判了学者的“轻刑”主张。他认为，赏罚的目的，并不在奖励有功者与惩办有罪者，而在于通过奖惩起到激励民众、畏慑奸邪的作用。为了强化这种作用以达到大治不乱的目的，就必须实行“厚赏”“重罚”。“上设重刑者而奸尽止”，重刑根本不会“伤民”。相反，如果“轻刑罚”，那就不仅是在“乱国”，也是在“为民设陷”，这才是“伤民”。

三、从人性贪婪邪恶、难以满足的观点出发，批判了学者“爱民”“足民”的主张。韩非认为，“爱民”，会使人们“骄恣”而“肆于为非”；“足民”，会使人们“侈泰”而“爂于用力”，而且，“足民”也“不能足使为天子”。所以，君主应该“适其时事”“论其税赋”“厚其爵禄”“重其刑罚”来治国，这才是“帝王之政”。

在批判了上述种种论调之后，文章在末节揭示了这些论调得以风行的原因，这就是“世主”之“不听其言”“不任其身”。所以，君主应该“听其言而求其当，任其身而责其功”，如此，“则无术不肖者穷矣”。可见，在韩非的眼里，只有实际的功利才是检验人们言行的唯一标准。这种主张，对于制止“虚旧之学”“矜诬之行”的泛滥，无疑是有效的，当然，这也是解决上述种种问题的关键。

原文

畏死远难，降北之民也，而世尊之曰“贵生之士”。学道立方[1]，离法之民也，而世尊之曰“文学[2]之士”。游居厚养，牟食之民也，而世尊之曰“有能之士”。语曲牟知[3]，伪诈之民也，而世尊之曰“辩智之士”。行剑攻杀，暴憿[4]之民也，而世尊之

译文

贪生怕死、逃避危难，在战场上就一定是投降败北的逃兵，但社会上却把他们尊称为“珍重生命的高士”。学习古代帝王之道而创立自己的学说，是背离法度的腐儒，而社会上却把他们尊称为“研究古代文献的学士”。到处游说、寄居他国以取得丰厚的待遇，是侵夺别人食物的寄生虫，而社会上却把他们尊称为“有才能的贤士”。讲起歪理来很聪明，是虚伪诡诈的骗子，而社会上却把他们尊称为“雄辩聪明的谋士”。动用利剑行凶杀人，是凶残冒险的暴徒，而社会上却把他们尊称为“刚正勇敢的斗士”。救活乱臣贼子、窝藏邪恶之人，是

曰“磏[5]勇之士”。活贼匿奸，当死之民也，而世尊之曰“任誉之士”[6]。此六民者，世之所誉也。赴险殉诚，死节之民也，而世少之曰“失计之民”也。寡闻从令，全法之民也，而世少之曰“朴陋之民”也。力作而食，生利之民也，而世少之曰“寡能之民”也。嘉厚纯粹，整穀[7]之民也，而世少之曰“愚戆[8]之民”也。重命畏事，尊上之民也，而世少之曰“怯慑之民”也。挫贼遏奸，明上之民也，而世少之曰“谮[9]谗之民”也。此六民者，世之所毁也。奸伪无益之民六，而世誉之如彼；耕战有益之民六，而世毁之如此：此之谓“六反”。布衣循私利而誉之，世主听虚声而礼之，

应该判处死刑的罪犯，但社会上却把他们尊称为“提供担保、辩护的义士”。这六种人，是社会上所称赞的。为国家赴汤蹈火、为君主尽忠捐躯，是为节操而牺牲的烈士，但社会上却把他们贬低为“不会打算的傻瓜”。少听那些胡言乱语而一心服从君主的命令，是守法的良民，但社会上却把他们贬低为“没开化、见识少的笨蛋”。努力耕作来谋生，是创造财富的能人，但社会上却把他们贬低为“无能的草包”。善良厚道、单纯质朴，是正派诚实的君子，但社会上却把他们贬低为“愚蠢幼稚的白痴”。重视命令而小心谨慎地办理公事，是尊重君主的贤人，但社会上却把他们贬低为“胆小怕事的窝囊废”。挫败乱臣贼子、制止坏人作恶，是使君主明察而不受蒙蔽的人，但社会上却把他们贬低为“阿谀奉承、说人坏话的马屁精”。这六种人，是社会上所诋毁的。邪恶诡诈、无益于国家的人有六种，但社会上竟像那样来称赞他们；耕地作战、有益于国家的人有六种，但社会上却像这样来诋毁他们：这就叫作“六种反常”。平民百姓考虑到私利因而称赞那些无益于国家的人，当代的君主听到了这种虚假的名声就礼貌地敬重他们，君主敬重的人，奖赏的好处就一定会加到他们头上。平民百姓考虑到对自己有害而诋毁那些有益于国家的人，当代的君主被这种世俗偏见所蒙蔽而鄙视他们，君主鄙视的人，刑罚的灾难就

礼之所在，利必加焉。百姓循私害而訾之，世主壅于俗而贱之，贱之所在，害必加焉。故名赏在乎私恶当罪之民，而毁害在乎公善宜赏之士，索国之富强，不可得也。

一定会加到他们头上。所以，名誉、奖赏给了那些谋私作恶、该受惩罚的人，而诋毁、刑罚却给了那些为国家做好事、应该得到奖赏的人，这样的话，想求得国家的富强，是不可能的啊。

注释

1 **立方**:立道，指“文学之士”根据儒家经典而立其“离法”之说。方，道。

2 **文学**:文献典籍。这里用作动词。

3 **牟**:大。 **知**:通“智”。

4 **儌**(jiǎo):同“侥”，侥幸。

5 **磏**:磨刀石，引申指人的行为方正、有棱角。

6 **任**:担保。 **誉**:赞美，这里表示辩护。

7 **愨**:通“悫”，诚实，谨慎。

8 **戇**(zhuàng):刚直而愚蠢，鲁莽。

9 **讇**:同“谄”。

原文

古者有谚曰：“为政犹沐也，虽有弃发，必为之。”爱弃发之费而忘长发之利，不知权者也。夫弹痤者痛[1]，饮药者苦，为苦惫之故不弹痤饮药，则身不活，病不已[2]矣。

今上下之接，无子父

译文

古代有谚语说：“治理国家好比洗头，即使会掉些头发，但一定要洗。”舍不得掉几根头发的耗费而忘记了洗头能促使头发生长的好处，就是不懂得权衡利弊得失的人了。用石针割治痈疮是痛的，吃药是苦的，但如果因为痛苦的缘故而不愿割治痈疮、吃药，那就命也活不成，病也治不好了。

现在君臣之间的接触交往，并没有父

之泽，而欲以行义禁下，则交必有郄[3]矣。且父母之于子也，产男则相贺，产女则杀[4]之。此俱出父母之怀衽[5]，然男子受贺，女子杀之者，虑其后便、计之长利也。故父母之于子也，犹用计算之心以相待也，而况无父子之泽乎？

今学者之说人主也，皆去求利之心，出相爱之道，是求人主之过父母之亲也，此不熟于论恩，诈而诬也，故明主不受也。圣人之治也，审[6]于法禁，法禁明著，则官法；必于赏罚，赏罚不阿，则民用官。官治则国富，国富则兵强，而霸王之业成矣。霸王者，人主之大利也。人主挟大利以听治，故其任官者当能，其赏罚无私，使士民明焉：尽力致死，则功伐可立而爵禄可致，爵禄致而富贵之业

子之间那样的恩泽，而君主却想用德行道义去控制臣下，那么君臣之间的关系就一定会出现裂痕了。再说父母对于子女，生了儿子就祝贺他，生了女儿就亏待她。子女都是父母所生，但是儿子却受到祝贺，女儿就亏待她，这是因为父母考虑到自己以后的利益、从自己的长远利益打算的缘故啊。所以，父母对于子女，尚且以盘算对自己是否有利的观念去对待他们，更何况是没有父子之恩的君臣呢？

现在学者游说君主，都叫君主去掉求利的思想，而从相爱的原则出发，这是要求君主对臣民的爱超过父母对子女的爱，这是一种不善于讨论恩爱的无知之谈，是一种欺骗和杜撰，所以英明的君主是不接受的。圣人治理国家，明确地制定法律禁令，法律禁令明白清楚了，那么官府就能依法办事；坚决地实行赏罚，赏罚不偏私了，那么民众就能为官方出力。整个官僚机构治理好了，那么国家就富裕了；国家富了，那么兵力就会强大：这样，称霸称王的大业也就能成功了。称霸称王，是君主最大的利益。君主怀着称霸称王的大目标来治理国家，所以他任用官吏的时候要求有相当的才能，他进行赏罚的时候就没有偏私，使战士、民众都明白这样的道理：尽力拼命，那么功劳就可以建立而爵位、俸禄就可以得到，爵位、俸禄得到了，

成矣。富贵者，人臣之大利也。人臣挟大利以从事，故其行危至死，其力尽而不望[7]。此谓"君不仁，臣不忠，则不可以霸王矣"。[8]

那么荣华富贵的事业就成就了。荣华富贵，是臣子最大的利益。臣子怀着荣华富贵的大目标去做事，所以他们的行动即使很危险也能坚持到死，他们的力量即使用尽了也没有什么怨恨。这叫作"君主对臣下不讲仁爱，臣下对君主不讲忠诚，就可以称霸称王了"。

注释

1 **弹：**古代用玉石磨制成的石针，可以之刺激穴位来治病，或刺破皮肤、除去脓血来治疗痈疽。 **痤(cuó)：**结成块状的毒疮，浮浅的叫"痈"或"痤"，深厚的叫"疽"。

2 **已：**止，指治愈。

3 **郄：**通"隙"。

4 **杀(shài)：**薄，指亏待。

5 **怀衽：**犹言怀抱。衽，衣衿。

6 **审：**明悉。

7 **望：**怨恨。

8 **君不仁，臣不忠，则不可以霸王矣：**第三个"不"字为衍文。《韩非子·外储说右下》说："治强生于法，弱乱生于阿，君明于此，则正赏罚而非仁下也。爵禄生于功，诛罚生于罪，臣明于此，则尽死力而非忠君也。君通于不仁，臣通于不忠，则可以王矣。"意思是：国家的安定强大产生于依法办事，国家的衰弱动乱产生于偏袒枉法，君主明白了这个道理，就会公正地实施赏罚而不是用仁爱之道去治理臣下。爵位、俸禄来自自己所立的功劳，杀戮、惩罚来自自己所犯的罪行，臣子明白了这个道理，就会拼命卖力而并不是因为忠于君主。君主彻底明白了不用仁爱的道理，臣子彻底明白了不用忠诚的道理，这样的国家就可以称王天下了。

原文

夫奸，必知则备，必诛则止；不知则肆，不诛则行。夫陈轻货于幽隐，虽曾、史可疑也；悬百金[1]于市，虽大盗不取也。不知，则曾、史可疑于幽隐；必知，则大盗不取悬金于市。故明主之治国也，众其守而重其罪，使民以法禁而不以廉止。母之爱子也倍父，父令之行于子者十母；吏之于民无爱，令之行于民也万父。母积爱而令穷，吏用威严而民听从，严爱之策亦可决矣。且父母之所以求于子也，动作则欲其安利也，行身则欲其远罪也。君上之于民也，有难则用其死，安平则尽其力。亲以厚爱关[2]子于

译文

邪恶的人，一定会被察觉，才会有所戒备；一定会受到惩处，才会停止作恶，不被察觉，就会放肆作恶；不受到惩处，就会为所欲为。如果把轻便得可以随身携带的货物放置在幽暗隐蔽的地方，即使是曾参、史鱼那样的廉洁正直之士也值得怀疑；把百金悬挂在市场上，即使是大盗也不会拿。不被察觉，那么曾参、史鱼之类的廉洁正直之士在幽暗隐蔽的地方就值得怀疑；一定能被察觉，那么大盗不会拿悬挂在市场上的黄金。所以英明的君主治理国家，多设置对奸邪之行的防范措施而加重对奸邪之行的惩处，使民众因为严格的法令而受到约束，不依赖他们品德的廉洁而停止作恶。母亲对子女的爱是父亲的两倍，但在子女那里得到执行的父命却是母亲的十倍；官吏对于民众没有什么恩爱，但他们在民众中得到贯彻执行的命令却是父亲的万倍。母亲积聚了母爱，但她对子女的号令却行不通；官吏利用刑罚的威严，民众就听从了；威严和仁爱的策略究竟应该采用哪一种也就可以决断了。况且父母对于子女所企求的是，在行为举止方面希望他们安全有利，在立身处世方面则希望他们远离罪过。君主对于民众，有了祸患就利用他们为自己卖命，安定太平的时候就使他们为自己竭尽全力。父母怀着深厚的爱要把子女安置在安全有利的环境中而子女仍然不听从他们，君主凭着没有仁爱、不为他们谋

安利而不听，君以无爱利求民之死力而令行。明主知之，故不养恩爱之心而增威严之势。故母厚爱处，子多败，推爱也；父薄爱教笞，子多善，用严也。

利来求取民众为自己拼命卖力而命令却能贯彻执行。英明的君主懂得这个道理，所以不培养自己的仁爱而加强自己威严的权势。所以母亲以深厚的爱对待子女，子女多半道德败坏，这是因为施行了仁爱啊；父亲没有深厚的爱，管教子女用竹板鞭打，子女多半品行善良，这是因为利用了威严啊。

注释

1 **金**：古代货币单位，即“镒”(yì)，先秦以黄金二十两或二十四两为一镒，也称一金。

2 **关**：处置。

原文

今家人之治产也，相忍以饥寒[1]，相强[2]以劳苦，虽犯军旅之难、饥馑之患，温衣美食者，必是家也；相怜以衣食，相惠以佚乐，天饥岁荒，嫁妻卖子者，必是家也。故法之为道，前苦而长利；仁之为道，偷乐而后穷。圣人权其轻重，出其大利，故用法之

译文

现在一般人家治理家业的时候，如果家长用忍受饥寒来抑制家庭成员的欲望，用吃苦耐劳来勉励家庭成员劳动，那么即使遭到战争的祸患、饥荒的灾难，能够穿暖吃好的，一定是这种家庭；如果家长用丰衣足食来怜爱家庭成员，用安逸享乐来疼爱家庭成员，那么如果碰上自然灾害造成的荒年，嫁掉妻子卖掉孩子的，一定是这种家庭。如果把法制作为治国的原则，虽然开始的时候艰苦，但有长远的利益；如果把仁爱作为治国的原则，虽然苟且得到了暂时的快乐，但后来却会困苦。圣明的君主权衡这两种原则的利弊得失，从自己称霸称王的长远利益出发，所以利用法制对人民的强制作用，而

相忍，而弃仁人之相怜也。学者之言，皆曰"轻刑"，此乱亡之术也。凡赏、罚之必者，劝、禁也。赏厚，则所欲之得也疾；罚重，则所恶之禁也急。夫欲利者必恶害，害者，利之反也。反于所欲，焉得无恶？欲治者必恶乱，乱者，治之反也。是故欲治甚者，其赏必厚矣；其恶乱甚者，其罚必重矣。今取于轻刑者，其恶乱不甚也，其欲治又不甚也。此非特无术也，又乃无行[3]。是故决贤不肖、愚知之美[4]，在赏罚之轻重。且夫重刑者，非为罪人也。明主之法，揆[5]也。治贼，非治所揆也；治所揆也者，是治死人也。[6]刑盗，非治所刑也；治所刑也者，是治胥靡也。故曰：

抛弃仁爱之人对人民的怜爱。学者们的意见，都说要"减轻刑罚"，这是使国家混乱灭亡的措施啊。大凡赏、罚坚决，是为了鼓励立功和禁止犯罪。君主奖赏优厚，那么他想要得到的东西就会迅速取得；君主惩罚严厉，那么他所厌恶的东西就能很快禁止。想要得利的人必然厌恶受害，受害是得利的反面。违反自己的欲望，哪能不厌恶？想要把国家治理好的人一定厌恶混乱，混乱是治理的反面。所以，迫切想把国家治理好的人，他的奖赏一定很优厚；那种非常厌恶混乱的人，他的刑罚一定很严厉。现在主张减轻刑罚的人，他对混乱的厌恶肯定不深，他对治理好国家的欲望也不强烈。这种人不但没有掌握治国的策略，而且也没有合乎法制的德行。所以，判断一个人德才好不好、头脑笨不笨的标准，就在他实行赏罚的轻重。况且加重刑罚，并不是为了要惩处人。英明君主的法律，是衡量人们行为的准则。惩治乱臣贼子，并不只是为了惩治法律所规定的罪行；如果只是为了惩治法律所规定的罪行，这就只是在惩治死人了。惩罚小偷，并不只是为了惩治被判刑的小偷；如果只是为了惩治被判刑的小偷，这就只是在惩治囚犯了。所以说：加重对一个坏人的惩罚以便制止国境内的邪恶，这才是进行惩治的目的。受到重罚的，是小偷和强盗；而恐惧的，是善良的民众。想要把国家治理好的

重一奸之罪而止境内之邪，此所以为治也。重罚者，盗贼也；而悼惧者，良民也。欲治者奚疑于重刑？若夫厚赏者，非独赏功也，又劝一国。受赏者甘利，未赏者慕业，是报一人之功而劝境内之众也，欲治者何疑于厚赏？

人对于重刑为什么还要怀疑呢？至于那丰厚地奖赏，并不只是为了奖赏有功的人，也是为了激励全国的人。受到奖赏的人乐于得利，没有受到奖赏的人羡慕受赏者的家业，这是报偿了一个人的功劳而激励了国境内所有的民众。想要把国家治理好的人对于重赏为什么还要怀疑呢？

注释

1 **相**：指代性副词，这里偏指家庭成员，下同。 **忍**：抑制，约束。

2 **强**(qiǎng)：勉励。

3 **行**：此指正义的合乎道德、法制的行为。

4 **知**：通“智”。 **美**：“策（筴）”字之误，谋略。

5 **揆**：度量。

6 韩非的本意是：明主之法是惩戒性的，而不是惩办性的。它是人们约束自己的行为准则，而不是用来陷人于死地的罗网。它的作用主要在于使人戒惧，而不在于置人于死地。所以，惩治罪犯是为了杀一儆百，如果仅仅是为了惩治罪犯，那就等于在惩治一个死人，并不能真正使法起到对其他人的震慑作用。

原文

今不知治者皆曰：“重刑伤民。轻刑可以止奸，何必于重哉？”此不察于治者也。夫以重止者，未必以轻止也；以轻止者，必以重止矣。

译文

现在不懂得治国的人都说：“重刑会伤害民众。轻刑就可以用来禁止奸邪了，为什么一定要用重刑呢？”这是不懂得治国之道的话。用重刑能制止的，并不一定能用轻刑加以制止；用轻刑能制止的，就一定能用重刑来制止了。因此君主设立

是以上设重刑者而奸尽止，奸尽止，则此奚伤于民也？所谓重刑者，奸之所利者细，而上之所加焉者大也。民不以小利加大罪，故奸必止者也。所谓轻刑者，奸之所利者大，上之所加焉者小也。民慕其利而傲[1]其罪，故奸不止也。故先圣有谚曰："不踬于山，而踬于垤。"山者大，故人慎之；垤微小，故人易之也。今轻刑罚，民必易之。犯而不诛，是驱国[2]而弃之也；犯而诛之，是为民设陷也。是故轻罪者，民之垤也。是以轻罪之为民道也，非乱国也，则设民陷也，此则可谓伤民矣！

重刑，坏人坏事就都被禁止了，坏人坏事全都被禁止了，那么重刑对于民众又有什么伤害呢？所谓重刑，就是指坏人得到的好处很小，而君主加到他们头上的罪名却很大。人们绝不会为了一点小小的好处而甘愿被加上重大的罪名，所以坏人就一定会停止作恶。所谓轻刑，就是指坏人得到的好处很大，而君主加到他们头上的罪名却很小。人们羡慕很大的好处而不在乎很小的罪名，所以坏人就不会停止作恶。所以先前的圣人有谚语说："人不会被高山绊倒，却会被小土堆绊倒。"山高大，所以人们对它小心谨慎；土堆微小，所以人们忽视它。现在如果减轻刑罚，民众一定会忽视它。如果民众犯了罪而不加惩处，这就是在治国的同时把国家给抛弃了；如果民众犯了罪而处罚他们，这就是在给民众设置陷阱。所以，轻微的惩处，犹如民众的小土堆。因此，把轻刑作为治理民众的原则，不是搅乱了国家，就是给民众设置了陷阱，这才可以说是伤害民众啊！

注释

1 **傲**：傲慢而轻视。

2 **驱国**：以驾驭车马比喻治国。驱，驾驭。

原文

今学者皆道书策[1]之颂语，不察当世之实事，曰："上不爱民，赋敛常重，则用不足而下恐上[2]，故天下大乱。"此以为足其财用以加爱焉，虽轻刑罚，可以治也。此言不然矣。凡人之[3]取重赏罚，固已足之之后也，虽财用足而后厚爱之，然而轻刑，犹之乱也。夫当家之爱子，财货足用；货财足用，则轻用；轻用，则侈泰。亲爱之，则不忍；不忍，则骄恣。侈泰，则家贫；骄恣，则行暴。此虽财用足而爱厚，轻利[4]之患也。凡人之生也，财用足则隳[5]于用力，上懦则肆于为非。财用足而力作者，神农[6]也；上治懦而行修者，曾、史也。夫民之不及神农、曾、史亦明矣。老

译文

现在学者都称说典籍中歌功颂德的空话，而不明了当代的实际情况，都说："君主不爱民众，赋税的征收一直很重，那么民众就会因为资财不够而怨恨君主，所以天下大乱。"这是认为，使民众资财富足，用这种方法对民众施加仁爱，那么即使减轻刑罚，也可以把国家治理好。这种说法是不对的。大凡君主采取厚赏重罚，本来就是已经使民众富足之后的事了，虽然在民众资财富足以后再去深深地爱他们，但如果减轻刑罚，还是会使人捣乱的。比如主持家业的家长十分溺爱子女，因而子女们的钱财完全够用；钱财完全够用，就会轻易乱花；轻易乱花，就会奢侈无度。而家长溺爱他们，就不去约束他们；不加约束，他们就骄横放纵起来。奢侈无度，那么家境就会贫穷；骄横放纵，那么行为就会暴虐。这样看来，即使资财富足而爱得深厚，但减轻处罚管教，还是会造成祸患的。大凡人的性情是，资财富足了就懒得用力劳动，君主软弱就会放肆为非作歹。资财富足了还尽力劳动的，是神农；君主管理软弱而行为仍然美好的，是曾参、史鱼。一般的民众及不上神农、曾参、史鱼也是很明白的了。老聃有句话说："懂得满足就不会遭受耻辱，知道适可而止就不会有危险。"因为危险和耻辱的缘故而不再在足够的生活条件之外谋求利益的人，只有老聃。

聃有言曰："知足不辱，知止不殆。"[7] 夫以殆辱之故而不求于足之外者，老聃也。今以为足民而可以治，是以民为皆如老聃也。故桀贵在天子而不足于尊，富有四海之内而不足于宝。君人者虽足民，不能足使[8]为天子，而桀未必以为天子为足也，则虽足民，何可以为治也？故明主之治国也，适其时事以致财物，论其税赋以均贫富，厚其爵禄以尽贤能，重其刑罚以禁奸邪，使民以力得富，以事致贵，以过受罪，以功致赏，而不念慈惠之赐，此帝王之政也。

现在以为使民众富足就可以治理好国家，这是把民众都当作是老聃似的人了。夏桀虽然高贵得处在天子的位置上，但并不满足于自己地位的尊贵；他虽然富裕得拥有了天下，但并不满足于已有的财宝。统治人民的君主即使能使民众的资财富足，也不能够使他们富足到当上天子，而如果碰上像夏桀那样的人，还不一定把当上天子看作为富足，那么，虽然使民众的资财富足了，又怎么可以用它来进行治国呢？所以英明的君主治理国家的时候，迎合天时、人事来获得财物，讨论、确定赋税的征收比例来调节贫富，加重爵位、俸禄来使贤能的人尽心竭力，加重刑罚来禁止坏人坏事，使民众因为出力而得到财富，因为给国家办事而获得尊贵，因为有了过错而受到惩处，因为立功而获得奖赏，而不指望君主仁慈恩惠的赏赐，这才是帝王的政治措施啊。

注释

1 **策：**通"册"。

2 **用：**资。 **恐：**"怨"字之误。

3 **人之：**当作"人主"。

4 **利：**"刑"字之误。

5 **㬐：**通"惰"。

6 **神农：**传说中的古代帝王。相传他创制耒、耜，教民从事农业生产，又曾尝百草,发现了药材,教人治病,故称神农。

7 引文见《老子》第四十四章。

8 **足使:**“足”下、“使”下均省“之”字。

原文

人皆寐,则盲者不知;皆嘿[1],则喑者不知。觉而使之视,问而使之对,则喑盲者穷矣。不听其言也,则无术者不知;不任其身也,则不肖者不知。听其言而求其当,任其身而责其功,则无术不肖者穷矣。夫欲得力士而听其自言,虽庸人,与乌获不可别也;授之以鼎俎[2],则罢健效矣[3]。故[4]官职者,能士之“鼎俎”也,任之以事,而愚智分矣。故无术者得于不用[5],不肖者得于不任。言不用而自文以为辩,身不任而自饰以为高。世主眩其辩、滥其高而

译文

人都睡着了,即使是盲人也不会被人发现;都沉默了,即使是哑巴也不会被人察觉。醒来让他们睁眼看东西,提问题叫他们回答,那么哑巴、盲人就走投无路了。不听取他的言论,即使是没有学识的人也不会被发觉;不任用他,即使是没有才干的人也不会被看透。听取他的言论而要求它和事实相符,任用他而责求他办事的功效,那么没有学识、才干的人就走投无路了。想要得到大力士而只是听他的自我介绍,即使是平庸无能的人也和大力士乌获没有区别;拿大鼎交给他们举一下,那么谁疲弱、谁强健就分明了。官职这种东西,就是考察贤能之士的“大鼎”啊,把职事交给他们去做,那么谁愚笨、谁聪明就能分清了。所以没有学识的人由于君主不听取他的言论而得志,没有才干的人由于君主不任用他而得志。他们的言论没被采用却还自我粉饰为有口才,他们没被任用却还自我粉饰为清高。当代的君主迷惑于他们的口才、贪图他们的清高而尊重他们,这是不等到他们看东西就确定他们视力好,不等到他们回答就确定他们口才好,这样,哑巴、盲人之类的人

尊贵之[6]，是不须视而定明也，不待对而定辩也，喑盲者不得矣。明主听其言必责其用，观其行必求其功，然则虚旧之学不谈，矜诬之行不饰矣。

就不会被发现了。英明的君主听取他们的言论时一定责求它们的实际效用，观察他们的行为时一定责求它们的功效，这样的话，空洞陈腐的学说就不会被宣扬，自吹自擂弄虚作假的行为就掩饰不住了。

注释

1 **嘿:**同“默”。

2 **鼎:**古代用青铜制成的鼎有的重量较大，人们常以举鼎来比试气力。**俎:**古代祭祀时放祭品的器物。此为连类而及之辞，无实义。

3 **罢:**通“疲”。 **效:**显明。

4 **故:**犹“夫”。

5 **得:**得志，指得到官职、爵禄、赏赐等。 **于:**由于。 **不用:**此句与上文“不听其言也，则无术者不知”相应，“不用”即指“不听其言”。

6 **眩:**惑。 **滥:**贪。

八　说

导读

八说，就是八种说法，指文章开头列举的八种世俗观念。除了批判这些世俗观念，韩非又广泛地论述了自己的政治主张。

首先，韩非较为全面地论述了其用人主张。他认为用人关系到国家的“存亡治乱”，为了使政事“无失”，他为君主设计了不少用人之术，如“贱德义贵，下必坐上，决诚以参，听无门户”，“程能而授事”，“迁官袭级，官爵受功”，“有奸者必知，知者必诛”，“有贵臣，无重臣”，“不求清洁之吏，而务必知之术”。他认为只有这样，才能使“智者不敢欺，愚者不得断”，“官不敢枉法，吏不敢为私利”。

其次，韩非又较为全面地论述了其法治主张。他认为：一、政治制度应该随着时代的变化而变化，现在处于“多事之时”“大争之世”，绝不能再“高慈惠”“道仁厚”，而必须“明其法禁，察其谋计”，实行严格的法治。二、制定的法令应该容易了解，便于实行。“察士然后能知之”“贤者然后能行之”的，都“不可以为法”。三、立法必须考虑到功利性。“法有立而有难，权其难而事成，则立之”。四、法令应该简明而完备。“法省而民讼简”，因此“明主之法必详尽事”。五、实行法治时必须排除一切干扰，必须“息文学而明法度，塞私便而一功劳”。否则，就会使“民之所师法也疑”。六、实行法治，必须严格，既要反对“仁人”的“罚多宥赦”“赏多无功”，也必须反对“暴人”的“憎心”和“妄杀”。七、实行法治，必须动真格，如果“说人不能利，恶人不能害”，臣民就不会“畏重己”。

原文

为故人行私谓之“不弃”，以公财分施谓之“仁人”，轻禄重身谓之“君子”，枉法曲亲谓之“有行”，弃官宠交谓之“有侠”，离世遁上谓之“高傲”，交争逆令谓之“刚材”，行惠取众谓之“得民”。“不弃”者，吏有奸也；“仁

译文

有人为老朋友的私事奔忙，世俗称之为“不抛弃朋友”；有人拿国家的财物施舍，世俗称之为“仁爱之人”；有人轻视俸禄而看重自身，世俗称之为“君子”；有人歪曲法制来偏袒亲人，世俗称之为“有德行”；有人放弃官职看重私交，世俗称之为“有义气”；有人逃离现实回避君主，世俗称之为“清高傲世”；有人互相争斗违抗禁令，世俗称之为“刚强之才”；有人施行恩惠收买民众，世俗称之为“得民心”。“不抛弃朋友”，官吏就会有邪恶的行为了；有了“仁爱之人”，国家的财产就会受到损害；有了“君子”，民众

人”者，公财损也；“君子”者，民难使也；“有行”者，法制毁也；“有侠”者，官职旷也；“高傲”者，民不事也；“刚材”者，令不行也；“得民”者，君上孤也。此八者，匹夫之私誉，人主之大败也。反此八者，匹夫之私毁，人主之公利也。人主不察社稷之利害，而用匹夫之私誉，索国之无危乱，不可得矣。

任人以事[1]，存亡治乱之机也。无术以任人，无所任而不败。人君之所任，非辩智，则修洁也。任人者，使有势也。智士者未必信也，为多其智，因惑其信也。以智士之计，处乘势之资而为其私急，则君必欺焉。为智者之不可信也，故任修士者，使断事也。修士者未必智，为洁其身，因惑其智。以愚人

就难以驱使了；有了“有德行”的行为，法制就会遭到破坏；有了“有义气”的行为，官职就会出现空缺；有了“清高傲世”的道德观，民众就不侍奉君主了；有了“刚强的人才”，禁令就不能实行了；有了“得民心”的行为，君主就孤立了。这八种道德说教，使普通百姓得到了有利于个人的赞誉，却使君主受到了极大的损害。和这八种相反的道德观念，会使普通百姓得到有害于自己的毁谤，但却符合君主的国家的利益。君主不去考察它们对国家是有利还是有害，却听从这些使普通百姓获得个人声誉的道德说教，这样，想求得国家不危险混乱，就不可能了。

把政事交给什么人，是国家存亡治乱的关键。如果君主没有手段来任用人，那么无论任用什么人都会把事情搞坏。君主任用的不是能说会道、聪明伶俐的人，就是品德优良、廉洁奉公的人。任用人，就是使他有权势。聪明的人不一定忠诚，因为赞赏他们的才智，就糊涂地认为他们诚实可靠。这种人用聪明人的计谋，凭着掌握权势的条件来干他们自己的要事，那么君主就一定会被他们欺骗。因为聪明的人不可信任，所以任用品德好的人，让他们来处理政事。品德好的人不一定聪明，因为觉得这种人廉洁，就糊涂地认为他们聪明。这种人以蠢人的糊

之所惽，处治事之官而为其所然，则事必乱矣。故无术以用人，任智，则君欺；任修，则君事乱。此无术之患也。明君之道：贱德义[2]贵，下必坐上[3]，决诚以参，听无门户，故智者不得诈欺；计功而行赏，程能而授事，察端而观失，有过者罪，有能者得[4]，故愚者不任事。智者不敢欺，愚者不得断，则事无失矣。

涂，待在治理政事的官位上而去干他们认为对的事情，那么政事就一定会被搞乱。所以，没有手段来任用人，如果任用聪明的人，君主就会受欺骗；如果任用品德好的人，君主的事情就会被搞乱。这是没有手段的祸患啊。英明君主的原则是：地位低的人可以议论地位高的人，部下不告发上司的罪行就同样定罪受罚，用检验的方法来判断事情的真相，听取意见时没有固定的门路，所以聪明的人不能欺骗君主；计算功劳后再实施奖赏，衡量才能后再授予职事，审视事情的起因来考察官吏的过失，有罪过的人就判罪处罚，有才能的人就奖励提拔，所以愚蠢的人就不可能承担职事。聪明的人不敢欺骗君主，愚蠢的人不得处理政事，那么国家的事情就没有失误了。

注释

1 **任人以事：**即“以事任人”，使人承担政事。

2 **德义：**当作“得议”。

3 **下必坐上：**指上司有罪，部下不告发，就一定判处部下与上司相同的罪。坐，判罪受罚，这里指“连坐”。

4 **得：**通“德”，奖赏。

原文

察士然后能知之，不可以为令，夫民不尽察。贤者然后能行之，

译文

只有明察之士才能懂得的东西，是不可以作为法令的，因为民众并不都是明察的。只有贤能之人才能做到的事情，是不可以作

不可以为法，夫民不尽贤。杨朱、墨翟[1]，天下之所察也，千世乱而卒不决，虽察而不可以为官职之令。鲍焦、华角[2]，天下之所贤也，鲍焦木枯，华角赴河，虽贤不可以为耕战之士。故人主之所察，智士尽其辩焉；人主之所尊，能士能尽其行焉。今世主察无用之辩，尊远功之行，索国之富强，不可得也。博习辩智如孔、墨，孔、墨不耕耨，则国何得焉？修孝寡欲如曾、史，曾、史不战攻，则国何利焉？匹夫有私便，人主有公利。不作而养足，不仕而名显，此私便也；息文学而明法度，塞私便而一功劳，此公利也。错法以道民也[3]，而又贵文学，则民之所师法也疑[4]；赏功以劝民也，而又尊行修，则民之产

为法律的，因为民众并不都是贤能的。杨朱、墨翟，是天下所公认的明察之人，但千百年来的混乱局面他们终究解决不了，所以他们的学说虽然是明察的，但不可以作为官府的法令。鲍焦、华角，是天下所公认的贤能之人，鲍焦抱着树木而死，华角投入黄河而亡，他们虽然贤能，但不能成为给国家种地打仗的人。所以，君主认为是明察的东西，有智慧的人就会在这上面尽力施展他们的口才去辨析；君主所推崇的东西，有能力的人就能在这上面竭尽自己的才干去大干。当代的君主把没有实际用处的辩说当作明察，又推崇没有实际功效的行为，要想求得国家的富强，是不可能的啊。即使像孔丘、墨翟那样博学多识、善辩聪明，但孔丘、墨翟之类的人不会耕地锄草，那么国家能从他们那里得到什么好处呢？即使像曾参、史鱼那样讲究孝道、节制私欲，但曾参、史鱼之辈不会战斗冲锋，那么国家能从他们那里得到什么益处呢？百姓有个人的利益，君主有国家的利益。不劳动而给养充足，不做官而名声显赫，这是个人的利益；消灭文献典籍而彰明法度，遏止个人私利而专门按照功劳来行赏，这是国家的利益。君主设置法律制度来引导民众，却又推崇文献典籍，那么民众所要遵守的法制也就有了相抗衡的东西；君主奖赏有功劳的人来鼓励民众，却又尊重修身养性、品德美好的人，那么民众对于生

利也惰。夫贵文学以疑法，尊行修以贰功[5]，索国之富强，不可得也。

产获利的事也就懒得去做了。推崇文献典籍来和法制相抗衡，尊重品德美好的人来和有功劳的人分庭抗礼，要想求得国家的富强，是不可能的啊。

注释

1 **杨朱**：战国时杨朱学派的创始人。 **墨翟**(dí)：春秋战国之际的思想家，墨家学派的创始人。

2 **鲍焦**：周代的隐士，他廉洁自守，不臣服天子，不结交诸侯，靠耕作生活，子贡讥笑他，他抱着树木枯死于洛水边。 **华角**：生平不详，可能也是周代的隐士。

3 **错**：通"措"。 **道**：通"导"。

4 **师**：效法，遵循。 **疑**：通"拟"，匹敌。

5 **贰功**：不专门按照功劳来行赏。贰，不专一。

原文

搢笏干戚[1]，不适有方铁铦[2]；登降周旋，不逮日中奏百[3]；《狸首》射侯[4]，不当强弩趋[5]发；干城距冲[6]，不若堙穴伏櫜[7]。古人亟于德[8]，中世逐于智[9]，当今争于力[10]。古者寡事而备简，朴陋而不尽[11]，故有珧铫而推车者[12]。古者人寡而

译文

古代的人腰带上插着朝板来议论，手里拿着盾牌、大斧等兵器道具来跳舞，敌不过现在长矛、铁锸的刺杀；古代讲究如何上阶登堂、下阶退堂以及如何和客人迎送周旋等礼仪来录用人才，不及现在以能否在一个上午奔跑一百里来选取人才；古代奏起《狸首》的乐章来举行射击箭靶的礼仪，抵不上现在强劲的弓弩快速发射；古代捍卫城墙、抵抗冲车的老办法，不如现在埋伏风箱用烟来熏敌人地道的新办法。上古的人在道德上急于争先，中古的人在智谋上角逐优劣，现在的人在力量上较量强弱。古时候事情少，因而设备很简单，

相亲，物多而轻利易让，故有揖让而传天下者。然则行揖让，高慈惠，而道仁厚，皆推政[13]也。处多事之时，用寡事之器，非智者之备也；当大争之世，而循揖让之轨，非圣人之治也。故智者不乘推车，圣人不行推政也。

器具质朴、简陋而不精致，所以有用蚌壳做成的锄头和用整块木料做成车轮的椎车。古时候人口稀少而互相亲爱，东西很多而轻视财利、容易谦让，所以有拱手让位而把统治天下的大权传给别人的。这样看来，那么奉行拱手谦让，崇尚慈善恩爱，以及称赞仁爱厚道，就都是椎车似的政治措施了。处在事情繁多的时代，而使用事情少的古代所使用的简陋器具，并不是聪明人的措施；面对争夺激烈的社会，而遵循拱手谦让的老规矩，并不是圣人的治国之道。所以聪明的人不乘坐原始时代的椎车，圣人不奉行原始时代的政治措施。

注释

1 **搢**(jìn)：插。 **笏**(hù)：古代大臣朝见君主时手中所拿的狭长板子，用于记事。 **干戚**：干是盾牌，戚是斧的一种，这里指舞蹈时所用的兵器道具。

2 **適**：通“敌”。 **有方**：当为“酋矛”之误，一种长矛。 **铦**(xiān)：一种顶端呈针状的长矛。

3 **奏**：通“走”，奔跑。

4 **《狸首》**：乐诗篇名，古代行射礼时奏《狸首》之乐作为发箭的节度。 **侯**：箭靶。

5 **趋**(cù)：通“促”。

6 **距**：通“拒”。 **冲**：冲车，古代用来冲城攻坚的兵车。

7 **堙**(yīn)**穴**：指用烟熏敌人攻城所挖的地道。堙，通“烟”。 **伏橐**(tuó)：指在灶口埋伏皮橐来吹烟。橐，无底而两头通的袋子，此指用牛皮制成的安装在炉灶旁的鼓风设备。

8 **古人亟于德**：指尧、舜、禹、商汤、周文王、周武王等禅让或征伐时首先考虑的是道德。亟，急。

9 **中世逐于智**:指春秋时期诸侯利用智谋争当盟主,挟天子以令天下。

10 **当今争于力**:指战国时期强国兼并、弱国防守完全靠实力。

11 **尽**:达到极限,完善。

12 **珧**(yáo):蚌壳。 **铫**(yáo):大锄。 **推车**:当作"椎车",是一种车轮用整块木料做成的原始车子。

13 **推政**:当作"椎政",指原始时代的政治措施。

原文

法所以制事,事所以名功也。法有立而有难,权其难而事成,则立之;事成而有害,权其害而功多,则为之。无难之法,无害之功,天下无有也。是以拔千丈之都,败十万之众,死伤者军之乘[1],甲兵折挫,士卒死伤,而贺战胜得地者,出[2]其小害计其大利也。夫沐者有弃发,除者伤血肉。为[3]人见其难,因释其业,是无术之事也。先圣有言曰:"规有摩而水有波[4],

译文

法律是用来制约事情的,事情是用来成就功绩的。法律有时候设立起来会产生祸患,权衡下来它虽有祸患,但事情却能办成,那就设立它;事情办成了如果会有害处,权衡下来它虽有害处,但成绩比害处多,那就去做。没有祸患的法律,没有害处的事情,天下是没有的。因此,攻克千丈见方的大城市,打败人数多达十万的敌人,自己死伤的将士占了全军的三分之一,铠甲、兵器被摧毁,士兵死的死、伤的伤,但还是庆贺战斗胜利、取得了土地,这是因为考虑到它的害处小而好处大。洗头的人会掉些头发,除掉病灶的人会伤及血肉。如果有人看到了它们的祸患,就不再干这些事,这就是没有学识的行为了。先前的圣人说过这样的话:"圆规有磨损,水面有波纹,我要换它们,但又没有门!"这是精通权变的言论啊。因此,学说有在道理上完全成立而远离实际的,言论有措辞笨拙而切于实用的。所以圣人不去追求那些没有毛病的空话,而致力于做那些不可改变的事情。人们

我欲更之,无柰之何!”此通权之言也。是以说有必立而旷于实者,言有辞拙而急于用者。故圣人不求无害之言,而务无易之事。人之不事衡石者,非贞廉而远利也,石不能为人多少,衡不能为人轻重,求索不能得,故人不事也。明主之国,官不敢枉法,吏不敢为私利,货赂不行,是境内之事尽如衡石也。此其臣有奸者必知,知者必诛。是以有道之主,不求清洁之吏,而务必知之术也。

之所以不去奉承秤和石之类的量器,并不是因为正直廉洁而不追求财利,而是因为石不能为人们增加或减少原有的数量,秤不能为人们减轻或加重原有的重量,对它们有什么要求是不可能得到的,所以人们就不在上面花力气了。在英明的君主所统治的国家里,官员不敢歪曲法令,属吏不敢谋取私利,贿赂的事行不通,这样,国内的政事就都像秤、石那样规范公正了。这样,他的大臣中若有干坏事的,就一定会被察觉;察觉了的,就一定加以惩处。因此,懂得统治术的君主,不去寻觅清白廉洁的官吏,而努力去掌握一定能察知臣下奸邪的方法。

注释

1 **乘:**当为“垂”字之形误,三分之一。

2 **出:**从……出发,考虑到。

3 **为:**如果。

4 **摩:**通“磨”,磨损。 **水:**指照面容的水镜。

原文

慈母之于弱子也,爱不可为前。然而弱子有僻行,使之随师[1];有恶病,使之

译文

慈祥的母亲对于幼小的孩子,爱得没有什么可以超在它前面的了。但是小孩有了邪恶的行为,还是要让他跟随老师学习;有了讨厌的疾病,还是要让他求医看病。如果不跟随老

事医。不随师，则陷于刑；不事医，则疑于死[2]。慈母虽爱，无益于振刑救死，则存子者非爱也。子母之性，爱也；臣主之权，策也。母不能以爱存家，君安能以爱持国？明主者通于富强，则可以得欲矣。故谨于听治，富强之法也。明其法禁，察其谋计。法明，则内无变乱之患；计得，则外无死虏之祸。故存国者，非仁义也。仁者，慈惠而轻财者也；暴者，心毅而易诛者也。慈惠，则不忍；轻财，则好与。心毅，则憎心见[3]于下；易诛，则妄杀加于人。不忍，则罚多宥赦；好与，则赏多无功。憎心见，则下怨其上；妄诛，则民将背叛。故仁人在位，下肆而轻犯禁法，偷幸而望于上；暴

师学习，就会犯法受刑；不求医看病，就恐怕会死亡。慈祥的母亲虽然很爱孩子，但这种爱对于从刑罚中把孩子拯救出来或从死亡中把孩子救活来说却毫无裨益，这样看来，使孩子得以生存的并不是爱。母子之间的天性，是互相亲爱；而君臣之间的权衡，却是互相算计。母亲不能用她的爱来保存家庭，君主哪能用爱来维持国家呢？英明的君主通晓了使国家富强的办法，就可以以之来实现称王称霸的愿望了。所以谨慎地处理政事，是使国家富强的方法。必须彰明法律禁令，审察谋划计策。法律彰明了，那么在国内就不会有事变叛乱的祸患；计策得当了，那么在国外就不会有死亡、被俘的灾难。所以保存国家的办法，并不是靠奉行仁义。仁爱的人，是心地仁慈宽厚而看轻钱财的人；残暴的人，是心地残忍而轻率地施行处罚的人。心地仁慈宽厚，就下不了狠心；看轻钱财，就喜欢施舍。心地残忍，那么憎恨别人的心思就会暴露给臣下；轻率地施行处罚，那么胡乱的杀戮就会降临到人们头上。不狠心，那么在处罚时就会有很多罪犯得到宽大赦免；喜欢施舍，那么在奖赏时就会有很多没有功劳的人得到奖赏。憎恨别人的心思暴露出来，那么臣下就会怨恨他们的君主；胡乱杀人，那么民众就会背叛君主。所以仁爱的人处在君位上，臣民就会肆无忌惮而轻易地违犯禁令，怀有侥幸心理而指望从君

人在位，则法令妄而臣主乖[4]，民怨而乱心生。故曰：仁暴者，皆亡国者也。

主那里得到非分的赏赐；残暴的人处在君位上，法令就会被滥用而臣下和君主就会离心离德，民众就会怨恨而叛乱的念头就会产生。所以说：仁爱和残暴的人，都是使国家灭亡的人。

注释

1 **随师：**韩非主张“以法为教”“以吏为师”，所以此“随师”实指跟随明法之“吏”学习。

2 **疑于死：**即“疑死”。疑，疑心，恐怕。于，动宾结构中的助词。

3 **见：**同“现”。

4 **乖：**背离。

原文

不能具美食而劝饿人饭，不为能活饿者也；不能辟草生粟而劝贷施赏赐，不能为富民者也。今学者之言也，不务本作[1]而好末事，知道虚圣以说民[2]，此劝饭之说。劝饭之说，明主不受也。

书约而弟子辩[3]，法省而民讼简，是以圣人之书必著论，明主之法必详尽事。尽

译文

不能准备好美味佳肴而只是劝快要饿死的人吃饭，这并不是能救活饥饿者的人；不能除草开荒、生产粮食而只是劝君主借贷施舍、奖赏恩赐，不能算是使民众富足的人。现在学者们的言论，不着力于带有根本意义的开荒农耕而喜欢谈论施舍赏赐之类毫无重要意义的事情，只是巧诈地称道虚假的圣人来使民众高兴，这实是些不拿出美味佳肴而劝饥民吃饭似的空话。这种劝饥民吃饭似的空话，英明的君主是不会接受的。

书写得简单扼要，学生们就容易理解；法律制定得简省明确，民众的争辩就少而容易解决。因此圣人写的书一定使论点鲜明，英明的君主所制定的法律一定详尽地包括所要裁断

思虑，揣得失，智者之所难也；无思无虑，挈前言而责后功，愚者之所易也。明主虑愚者之所易，以[4]责智者之所难，故智虑力劳不用而国治也。

的事情。绞尽脑汁来估量得失，这是聪明的人也感到为难的事；不动脑筋，拿臣下事先发表的言论来责求他们以后办事的功效，这是愚笨的人也认为容易的事。英明的君主采取愚笨的人也认为容易的办法，不追求聪明的人也感到困难的办法，所以脑子不用考虑、体力不用操劳而国家就可以治理好了。

酸甘咸淡，不以口断而决于宰尹，则厨人轻君而重于宰尹矣。上下清浊，不以耳断而决于乐正[5]，则瞽工轻君而重于乐正矣。治国是非，不以术断而决于宠人，则臣下轻君而重于宠人矣。人主不亲观听，而制断在下，托食于国者也。

酸甜咸淡，君主不亲自用嘴来品尝而由厨师长来决断，那么厨师就看轻君主而尊重厨师长了。音调的高低、音质的清扬和凝浊，君主不亲自用耳朵来聆听而由音乐长官来决断，那么盲人乐师就看轻君主而尊重音乐长官了。治理国家的是非曲直，君主不亲自用法术来衡量、决断而由宠爱的亲信来决断，那么臣下就看轻君主而尊重亲信了。君主如果不亲自了解处理政事，使裁断的大权掌握在臣子手中，那么君主就成了寄生在国内的傀儡了。

注释

1 **本作**：根本性的劳作，指“辟草生粟”。

2 **知**：通“智”，智慧。 **说**：通“悦”。

3 **辩**：通“辨”，辨别，此指理解。

4 **以**：当作“不”。

5 **乐正**：主管音乐官署的长官。

原文

使人不衣不食而不饥不寒，又不恶死，则无事上之意。意欲不宰于君，则不可使也。今生杀之柄在大臣，而主令得行者，未尝有也。虎、豹必不用其爪牙而与鼷鼠同威[1]，万金之家必不用其富厚而与监门同资。有土之君，说人不能利，恶人不能害，索人欲畏重己，不可得也。

人臣肆意陈欲曰"侠"，人主肆意陈欲曰"乱"；人臣轻上曰"骄"[2]，人主轻下曰"暴"。行理同实，下以受誉，上以得非[3]。人臣大得，人主大亡。

明主之国，有贵臣，无重臣。贵臣者，爵尊而官大也；重臣者，言听而力多者也。明主之国，迁官袭[4]级，官爵受[5]功，故有贵臣。

译文

假如人们不穿衣、不吃饭而不感到饥饿和寒冷，又不厌恶死亡，那就不会有侍奉君主的心意了。人们的心思和欲望如果不能被君主控制，那就不可能被君主使唤了。生杀的大权掌握在大臣手中，而君主的命令仍能贯彻执行的，还从来没有过。虎、豹如果不使用自己的脚爪和牙齿，那么它们的威风就和小老鼠一样了；拥有大量资财的人家如果不使用自己的财富，那么他们的物质条件就和贫苦的看门人没有什么两样了。拥有国土的君主，喜欢某人却不能使他得利，憎恶某人却不能使他受害，这样的话，要求别人打心底里害怕、敬重自己，是不可能的啊。

臣下随心所欲地展现自己的欲望被称为"侠义"，君主随心所欲地展现自己的欲望却被称为"昏乱"；臣下轻视君主被称为"矫健倜傥"，君主轻视臣下却被称为"残忍暴虐"。这两种行为从道理上来讲其实质是相同的，但臣下因此而得到赞誉，君主却因此而受到诽谤。臣下得到了大好处，而君主却遭受了大损失。

在英明的君主所统治的国家里，只有地位高贵的臣子，没有操纵大权的臣子。地位高贵的臣子，是指他的爵位高而官职大；操纵大权的臣子，是指他的话能被君主听从而势力又大的人。在英明的君主统治的国家中，晋升官职按照官阶等级来进行，官职、爵位授

原文	译文
言不度[6]行而有伪，必诛，故无重臣也。	给有功劳的人，所以有地位高贵的臣子。对那些说话不估量一下是否能做到而弄虚作假的臣子，一定加以惩处，所以没有操纵大权的臣子。

注释

1 **必**：如果。 **而**：则。 **鼷**(xī)**鼠**：鼠名，一种体形很小的鼠。
2 **骄**：通"矫"，矫健，强壮，勇武。
3 **非**：通"诽"。
4 **袭**：因，沿袭，按照。
5 **受**：通"授"。
6 **度**(duó)：估量。

八 经

导读

八经，就是八条常规，即八条带有长久性的政治原则。文章全面而又扼要地阐明了韩非有关法治、术治、势治等方面的政治主张，是韩非政治思想的纲领。

全文分为八章：

第一章阐明了韩非政治思想中的人性论基础。社会是由人组成的，政治的对象就是人，所以"凡治天下，必因人情"。他认为，人有好利恶害的本性，所以"赏罚可用""禁令可立而治道具矣"。他在这里还着重论述了有关势治的问题，认为"势者，胜众之资也"，"君执柄以处势，故令行禁止"，所以，君主必须独揽大权，亲理政事。此外，他还提出了"行制也天""用人也鬼”的原则，这实是韩非势治、术治思想的灵魂。

第二章论述了“使人相用”的为君之道。因为君主“力不敌众，智不尽物”，所以不应该“尽己之能”，而应该“尽人之力”“尽人之智”。要“尽人之智”，则必须采取“一听而公会”“事发而验”“赏罚随之”等办法。这些也就是韩非经常论及的无为之术、听言之术、形名之术。

第三章剖析了产生祸乱的种种根源，提出了相应的防备措施。它实是防止奸术的纲领。其中“臣主”“异利”的观点是其治奸术的基础；而“审公私之分”“任吏责臣”“礼施异等”“分势不贰”“权籍不失”“下不一门”“禁赏必行”“官袭节而进”等政治措施，也都具有普遍的意义；至于搞暗杀来“除阴奸”的手段，虽然令人触目惊心，却也是君主们经常使用的。

第四章为君主设计了一套考察、检验臣下言行的手段，它是治臣术的纲领。

第五章论述了君主“周密而不见”的无为之术以及推行连坐以察奸进行赏罚的治奸之术。

第六章阐明了君主检验臣下言论的方法，其要点是“督其用，课其功”，不要受自己喜怒等情绪的影响，“臣不得两谏”以便“合其参”。

第七章论述了法治的一系列原则，其要点是“取于任，贤于官，赏于功”“赏誉同轨，非诛俱行”“赏必出乎公利，名必在乎为上”等。可见，韩非提倡法治，完全是为了君主。当然，他又指出，法治的推行，取决于君主，如果君主昏庸，那么法度就会衰亡。

第八章论述了君主威势被肢解、法制被毁坏的原因，这就是君主推崇“行义”、听信“慈仁”。所以，他主张君主应该以“法度”“赏罚”“诽誉”三者兼行并施，来达到使大臣“尊君”、百姓“利上”的目的。

原文

一、凡治天下，必因[1]人情。人情者，有好恶，故赏罚可用；赏

译文

一、凭借人之常情

凡要治理好天下，必须凭借人之常情。人之常情，有爱好也有厌恶，所以奖赏和刑罚就可以使用了；奖赏和刑罚可以使用，那么禁约法令就可以罚可用，则禁令可立而治道具矣。君执柄以处势，故令行禁止。柄者，杀生之制也；势者，胜众之资也。废置无度，则权渎；赏罚下共，则威分。是以明主不怀爱而听，不留说[2]而计。故[3]听言不参，则权分乎奸；智力不用，则君穷乎臣。故明主之行制也天，其用人也鬼。天，则不非；鬼，则不困。势行教[4]严，逆而不违；毁誉一行而不议。故赏贤罚暴，誉善之至者也；赏暴罚贤，举恶之至者也：是谓赏同罚异。赏莫如厚，使民利之；誉莫如美，使民荣之；诛莫如重，使民畏之；毁莫如恶，使民耻之。然后一行其法，禁诛于私家[5]，不害

建立起来而治国的办法也就完备了。君主掌握了权柄而拥有威势，所以命令一下达人们就立即行动，禁约一发布人们就停止不做。权柄，是控制臣民生死的一种法定职分；威势，是制服众人的一种凭借。罢免、任用官吏如果没有法度，那么君主的权力就不神圣了；赏罚大权如果和臣下共同掌握，那么君主的威势就分散了。因此英明的君主不会怀着对某人的喜爱去听取意见，不会带着过去的好感去谋划事情。君主听取臣下的意见如果不加以检验，那么权力就会分散到奸臣手中；君主对于政事如果不亲自费心操劳，那就会被臣下搞得走投无路。所以英明的君主行使法定的职权时像天一样公正无私，使用官吏时像鬼一样神秘莫测。像天一样公正无私，就不会遭到非议；像鬼一样神秘莫测，就不会陷入困境。君主的威势被运用，其命令又严厉，即使不顺人心，臣民也不敢违背；贬斥和赞誉统一按照法令来进行，臣民就不会议论纷纷。所以奖赏贤能的人，惩罚残暴的人，是推崇善行最好的办法；奖赏残暴的人，惩罚贤能的人，是推崇邪恶的极端做法：这些都可以说是奖赏合乎自己心意的人而惩罚不合自己心意的人。奖赏不如优厚一些，使民众贪图它；赞誉不如美好一些，使民众觉得它是一种光荣；处罚不如严厉一些，使民众害怕它；贬斥不如丑恶一些，使民众觉得它是一种耻辱。然后统一推行法制，禁止和谴责谋取私利的臣子，不

功罪。赏罚必知之，知之，道尽矣。

因情[6]

妨害对有功、有罪之人的赏罚。如何进行赏罚君主一定要知道，知道了这一点，治国的办法也就完备了。

注释

1 **因**：依顺，根据，凭借。

2 **说**：通“悦”。

3 **故**：犹“夫”。

4 **教**：诸侯的命令。

5 **禁诛于私家**：即“禁诛私家”，禁止与谴责私门。于，动宾结构中的助词。

6 **因情**：是这一节的标题。古代的标题往往置于文末，下同。

原文

二、力不敌众，智不尽物；与其用一人，不如用一国。故智力敌而群物胜，揣中则私劳，不中则有过。下君尽己之能，中君尽人之力，上君尽人之智。是以事至而结智，一听而公会。听不一，则后悖于前；后悖于前，则愚智不分。不公会，

译文

二、君主的统治方法

君主一个人的力量敌不过众人，一个人的智慧不能全部了解所有的事物；所以，与其使用自己一个人的智慧和力量，还不如利用全国人民的智慧和力量。所以，君主如果拿自己的智慧和力量去和众人、万物较量，那么众人、万物就会胜过君主；君主即使凭智力把事情猜测到了，自己也会劳累；如果猜不中，就会有过错。下等的君主只是竭尽自己的才能，中等的君主能充分发挥别人的力量，上等的君主能充分利用别人的智慧。因此，事情来了就应该集中众人的智慧，一一听取意见以后再把大家公开集合起来讨论。听取意见时如果不是先一个一个地分别进行而马上集中起来讨论，那么臣子在后来讲的话就会参照别人的观点而和他先前想讲的话相反；后来讲的话和原先想讲的话相反，那么臣子的愚蠢

则犹豫而不断；不断，则事留。自取一，则毋堕壑之累。故使之讽[1]，讽定而怒。是以言陈之曰[2]，必有策籍。结智者事发而验，结能者功见而谋成败[3]。成败有征，赏罚随之。事成，则君收其功；规败，则臣任其罪。君人者合符犹不亲，而况于力乎？事智犹不亲，而况于悬乎？故非。用人也不取同，同则君怒。使人相用，则君神；君神，则下尽；下尽，则臣上不因君，而主道毕矣。

主道

和聪明也就分不清了。如果逐一听取意见后不把大家公开集合起来讨论，那就会犹豫而不能决断；不能决断，那么事情也就拖下去了。君主对臣下的意见能独立自主地择取其中的一种，那就不会有掉入臣下所设的陷阱的祸害。所以，君主先让臣下提意见，等他们把意见确定之后再严厉地斥责他们。因此臣下的言论发表的时候，一定要有簿册加以记录。集中众人的智慧，等事情发生以后，再检验一下谁的计谋正确；集中众人的才能，等功效表现出来以后，再评议一下各人的成败得失。成功和失败有了证验，奖赏和惩罚就按照它来进行。事情办成了，那么君主就收取功劳；谋划失败了，那么臣下就承担罪责。君主对于核验符信这种重要而又不费力的事尚且不亲自去做，更何况是那些要用力去做的事呢？君主对于稍动脑筋的事尚且不亲自去做，更何况是那些要费尽心机凭空推测的事呢？所以君主对具体的事情不应该去费心尽力。君主任用官吏时，不应该录用彼此意见相同的人；如果臣下相互附和，那么君主就应该严厉地加以斥责。使臣下相互对立而为君主所利用，那么君主就神妙莫测了；君主神妙莫测，那么臣下就会尽心竭力地为君主效劳；臣下尽心竭力地为君主效劳，那么臣子就不会向上来利用君主，这样，君主统治臣下的方法也就完备了。

注释

1 **讽**：用含蓄的话暗示或劝告。

2 **曰**:当作“日”。
3 **见**:同“现”。 **谋**:审察,评议。

原文

三、知臣主之异利者王,以为同者劫,与共事者杀。故明主审公私之分,审利害之地,奸乃无所乘。乱之所生六也:主母,后姬,子姓,弟兄,大臣,显贤。任吏责臣,主母不放;礼施异等,后姬不疑[1];分势不贰[2],庶適[3]不争;权籍[4]不失,兄弟不侵;下不一门,大臣不拥[5];禁赏必行,显贤不乱。臣[6]有二因,谓外内也。外曰畏,内曰爱。所畏之求得,所爱之言听,此乱臣之所因也。外国之置诸吏者,结诛亲昵、重帑[7],则外不籍[8]矣;爵禄

译文

三、产生祸乱

君主懂得臣下和君主的利益是不同的,才能称王天下;认为君臣的利益是相同的,就要被臣下劫持;和臣下共同执政的,就会被臣下杀害。所以,英明的君主明白公和私的不同,清楚君臣之间各自的利害之所在,奸臣就无机可乘了。产生祸乱的根源有六种:太后,妻妾,子孙,弟兄,权臣,名声显赫的“贤士”。依照法律任用官吏,使用权术督责臣下,太后就不可能放荡;按照礼制来设置不同的等级名分,正妻和小妾就不可能地位相等;不把权势平等地分给儿子,庶子和嫡子就不可能争夺;权力和王位不丧失,兄弟就不可能来侵害;臣子不选自一条门路,权臣就不可能蒙蔽君主;禁止私行和奖赏有功的措施坚决贯彻执行,名声显赫的“贤士”就不可能犯上作乱。奸臣有两种可以凭借的力量,这就是国外的诸侯和国内的侍从。国外的诸侯是君主所害怕的,国内的侍从是君主所宠爱的。君主所害怕的人提出的要求总能获得满足,君主所宠爱的人说的话总会被听从,这两者就是奸臣所凭借的对象。对于从其他诸侯国来的建议安置各种官吏的那些人,君主追查并惩处了其中和奸臣关系亲密、因受了贿赂而拥有大量钱财的人,

循功，请者俱罪，则内不因矣。外不籍，内不因，则奸宄塞矣。官袭节[9]而进，以至大任，智也。其位至而任大者，以三节持之：曰"质"，曰"镇"，曰"固"。亲戚妻子，质也；爵禄厚而必，镇也；参伍贵帑[10]，固也。贤者止于"质"，贪饕化于"镇"，奸邪穷于"固"。忍不制，则下上；小不除，则大诛；而名实当，则径[11]之。生害事，死伤名，则行饮食；不然，而与其仇：此谓除阴奸也。医[12]曰诡，诡曰易[13]。见功而赏，见罪而罚，而诡乃止。是非不泄，说谏不通，而易乃不用。父兄贤良播出曰"游

那么国外的诸侯就不能再成为奸臣的凭借了；君主按照功劳授予爵位、俸禄，凡是为奸臣说情的侍从全都加以惩处，那么国内的侍从也就不能再成为奸臣的凭借了。国外的诸侯不能凭借，国内的侍从不能依靠，那么奸臣作乱的途径就被堵住了。官吏沿着级别来提拔，用这种方法直到把重大的职务委任给他们，这才是明智的。对于官位极高而职务重大的人，要用三种制约的办法来控制他们：第一种叫作"抵押"，第二种叫作"安抚"，第三种叫作"固定"。把他们的父母、亲戚、妻子、儿女收养起来作为人质，是"抵押"；给予他们的爵禄不但优厚而且一定兑现，是"安抚"；将他们的种种言行放在一起加以对照、检验而追究、怒斥他们的过错，是"固定"。贤能的人会由于"抵押"而停止活动，贪婪的人会由于"安抚"而打消野心，邪恶的人会由于"固定"而走投无路。对残忍的奸臣不加制裁，就会使君主成为臣下；小的奸邪不除掉，就会导致大的惩处；如果罪名和罪行相当，就直接杀掉他。让他活着会坏事，把他杀了又会损害自己的名声，那就使用饮食来毒死他；如果不想这样干，也可以交给他的仇敌把他杀死：这叫作除掉暗地里的奸臣。臣下蒙蔽君主就是欺诈，欺诈就是搬弄是非。君主见到功劳才奖赏，见到罪行就惩罚，那么欺诈就会被制止。君主不把对事情的肯定或否定泄漏出去，也不把臣下进说规劝的言论透露出去，那么搬弄是非的手段也就不会被使用了。君主让叔伯与兄弟以及贤能优秀的

祸”，其患邻敌多资。僇辱之人近习曰“狎贼”[14]，其患发忿疑辱之心生。藏怒持罪而不发曰“增乱”，其患徼幸妄举之人起。大臣两重提衡而不踦曰“卷祸”[15]，其患家隆劫杀之难作。脱易不自神曰“弹威”，其患贼夫酖毒之乱起。此五患者，人主之不知，则有劫杀之事。废置之事，生于内则治，生于外则乱。是以明主以功论之内，而以利资之外，故其国治而敌乱。即乱之道：臣憎，则起外若眩；臣爱，则起内[16]若药。

起乱

人才逃散出奔在外叫作“放走祸水”，它的祸患在于给相邻的敌国提供了很大的资助。君主和受过刑辱的人亲近叫作“亲近奸贼”，它的祸患在于这些人发泄怨恨、恐怕再受到侮辱的思想会激发他们作乱的念头。君主隐藏自己的愤怒而不发作、掌握了臣下的罪行而不揭露惩处叫作“增加祸乱”，它的祸患在于怀着侥幸心理而轻举妄动的有罪之人会起来作乱。有两个大臣同时被君主重用，两者势均力敌而不相上下叫作“卷入祸害”，它的祸患是大臣私人势力强大而劫持、杀害君主的灾难会发生。君主粗疏、轻率而不使自己神妙莫测叫作“丢掉威势”，它的祸患是皇后杀害丈夫、妃子用毒酒毒死君主的祸乱会出现。这五种祸患，君主如果不了解，就会发生被劫持和杀害的事情。罢免、任用官吏的事情，由国内的君主出谋划策，那么国家就安定；由外国的诸侯出主意，那么国家就危乱。因此英明的君主在国内按照功劳来论定自己的臣子，在国外根据自己的利益而资助敌国的奸臣，所以他的国家安定而敌国危乱。国家走向危乱的途径是：臣下被君主憎恶，就会发动外国诸侯来制造祸乱，使君主眼花似的晕头转向；臣下被君主宠爱，就会发动国内的侍从来制造祸乱，使君主像吃了毒药一样危在旦夕。

注释

1 **疑**(nǐ)：通“拟”，比拟，相似，匹敌。

2 **贰:**匹敌。

3 **適**(dí)**:**通“嫡”。

4 **籍:**通“阼”,势位。

5 **拥:**壅塞。

6 **臣:**当作“乱臣”。

7 **结:**当为“诘”。 **亲昵:**指与大臣关系亲密的外国人。 **重帑**(tǎng)**:**指收受了大臣的贿赂而拥有大量钱财的外国人。帑,钱财。

8 **籍:**通“借(藉)”,依靠,凭借。

9 **袭节:**逐级,沿着级别。

10 **参伍:**亦作“叁伍”。 **贵帑:**当为“责怒”之形误。

11 **径:**直。“径”下承上省“诛”字。

12 **医:**当作“翳”,蔽。

13 **易:**变换。

14 **僇:**施刑折磨,这里用作被动词,指受刑。 **近习:**亲近。

15 **提衡:**拿着秤称物,引申为保持平衡。提,持,拿着。**踦**(qī)**:**偏重,不平衡。**卷祸:**因大臣争斗而被卷入祸乱之中。

16 **内:**即上文“臣有二因,谓外内也”之“内”,指君主的左右亲信。

原文

四、叁伍之道:行叁以谋多,揆伍以责失。行叁必拆,揆伍必怒。不拆则渎上,不怒则相和。拆之征足以知多寡,怒之前不及其众。观听之势[1],

译文

四、设立多方面考察、检验的方法

所谓多方面考察、检验的方法就是:利用多方面的情况加以比照来谋求更多的功效,度量多方面的情况加以检验来追究过失。利用多方面的情况加以比照时一定要分析功效增多的原因,度量多方面的情况加以检验时一定要愤怒地斥责追查到的过失。不分析功效增多的原因,臣子就会轻慢君主;不愤怒地斥责追查到的过失,臣子就会互相勾结狼狈为奸。分析功效增多的原因所得到的证验足够

其征[2]：在[3]比周而赏异也，诛毋谒而罪同。言会众端，必揆之以地，谋之以天，验之以物，叁之以人。四征者符，乃可以观矣。参言以知其诚，易视以改其泽[4]，执见以得非常。一用以务近习[5]，重言以惧远使。举往以悉其前，即迩以知其内，疏置以知其外。握明以问所暗，诡使以绝黩泄[6]。倒言以尝所疑，论反以得阴奸。设谏以纲[7]独为，举错[8]以观奸动。明说以诱避过，卑适以观直谄。宣闻以通未见，作斗以散朋党。深一以警众心，

用来了解臣子立功的多少，在愤怒地斥责臣子的过失之前不要去接触他的手下。君主观察臣子行为与听取臣子意见的谋略，它的实际表现是：审察臣子紧密勾结的行为而奖赏那些和他们不合群的人，责罚不告发奸邪的人而惩处那些和他们抱成一团的人。对于臣子的言论，要汇合各方面的信息，而且一定要根据地利来衡量它，按照天时来计议它，凭借具体事物来检验它，根据人之常情来考察它。这四方面的证验都符合，这种言论就可以用它来观察臣子的行为了。用事实检验言论来了解臣子的忠诚，变换观察的角度来排除臣子表面的伪装，拿已经了解到的情况来发现臣子非同寻常的活动。君主要采取专职专任的办法来使亲近宠幸的臣子卖力工作，采用一再命令的方法来使出使远方的使者感到畏惧。让人列举臣子以往的事来详尽地了解他们的过去，派人靠近臣子的亲近之人来了解他们的内情，把臣子疏远地安置在外来了解他们的外在表现。拿已经了解清楚的情况来探问还不清楚的情况，用诡诈差遣的办法来消除臣子轻慢不敬的行为。说与本意相反的话来试探自己所怀疑的事，研究事情的反面来发现隐蔽的奸臣。设置谏官来约束大臣的专断独行，提拔、安置官吏来观察奸臣的动静。明白宣传法制来引导臣子避免过错，谦卑地迎合臣子来观察他们是正直还是谄媚。利用宣传以及听到的消息来了解还没有见到的事情，挑动奸党内部的争斗来瓦解他们的组织。深入地了解一件事情来使众人心中都有所戒惧，故意泄露不同

泄异以易其虑。似类则合其参，陈过则明其固。知罪辟[9]罪以止威，阴使时循[10]以省衷。渐更以离通比。下约以侵其上：相室，约其廷臣；廷臣，约其官属；兵士，约其军吏[11]；遣使，约其行介[12]；县令，约其辟吏[13]；郎中，约其左右；后姬，约其宫媛。此之谓条达[14]之道。言通事泄，则术不行。

立道

意见来改变奸臣的打算。对于类似的事情就把对它们的验证结果合在一起加以比较分析，列举臣子的过失就要指明他们对法令的固陋之处。知道臣子的罪恶后对他们的罪恶坚决处以刑罚，以便制止他们耀武扬威；暗中派人时时巡察各地官吏，来省察他们是否忠诚。逐步更换官吏来拆散串通一气、紧密勾结的奸党。君主应该和各级下属约定，让他们控告他们的上司：对于宰相，约他朝廷上的大臣告发；对于朝廷上的大臣，约他的部下告发；对于将军，约他的下属军官告发；对于派出的使者，约他随行的副使告发；对于县令，约他身旁的属吏告发；对于郎中，约他的侍从告发；对于皇后、姬妾，约其宫中的嫔妃告发。这就是上通下达的办法。但如果把这些下属的告密透露出去，把要办的事情泄漏出去，那么这种手段也就不能施行了。

注释

1 **势**：谋略。

2 **征**：证验。

3 **在**：观察。

4 **泽**：光泽，喻指臣下表面的做作。

5 **一用**：专任，不兼职。 **务**：致力，使动用法，表示“使……出力”。

6 **黩泄**：亵渎。黩，通“媟”。

7 **纲**：纲纪，用作动词，指用国家的纲纪来约束。

8 **错**：通“措”。

9 **辟**：刑。

10 **循**：通“巡”。

11 **兵士:**甲士,指将军。 **军吏:**指步卒中的小军官,是“兵士”的下属。
12 **介:**副使。
13 **辟:**通“僻”,偏。
14 **条达:**条理通达,喻指上通下达。

原文

五、明主,其务在周密。是以喜见则德偿[1],怒见则威分。故明主之言隔塞而不通,周密而不见。故以一得十者,下道也;以十得一者,上道也。明主兼行上下,故奸无所失。伍、官、连、县而邻[2],谒[3]过赏,失过诛。上之于下,下之于上,亦然。是故上下贵贱相畏以法,相诲以和[4]。民之性,有生之实[5],有生之名。为君者有贤知[6]之名,有赏罚之实。名实俱至[7],故福善必闻矣。

参言[8]

译文

五、按照类推的原则使用赏罚大权

英明的君主,他所致力的事情在于谨慎严密而不露声色。因此,君主对某人的喜爱表现了出来,那么他行赏的恩德也得赔上;君主对某人的愤怒表现了出来,那么他用刑的威势就会被分掉。所以英明君主的言论总是严加封锁而不泄漏,总是严加保密而不暴露。靠君主一个人来发现十个人的邪恶活动,是下等的办法;用臣民十个人来发现一个人的邪恶活动,是上等的办法。英明的君主同时使用上等、下等的办法,所以邪恶的人就没有遗漏的了。伍、闾、连、县等各级组织如果是相邻的,便实施告发坏人就奖赏、放走坏人就惩处的办法。上司对于下属,下属对于上司,也是这样。所以上级和下级、高贵的和卑贱的,都用放走坏人会受到惩处的法令来互相畏慑对方,都用告发坏人能得到奖赏的好处来互相劝导对方。人的本性,有的活着为了实权实利,有的活着为了美好的名声。做君主的既有了贤能智慧的名声,又有了赏罚的实权。名声和实权都得到了,所以他造福民众的功德、慈善贤明的美名一定会传诵于天下了。

注释

1 **见**:同“现”。 **偿**:赔偿。

2 **伍**:古代地方行政组织,五家为一伍。 **官**:“闾”字之误,“闾”即“里”,也是古代地方行政组织,二十五家为一闾。 **连**:古代地方行政组织。

3 **谒**:告发。

4 **和**:当作“利”。

5 **生之实**:生之于实,由于实惠而使自己生存。生,使动用法。

6 **知**:通“智”。

7 **至**:得到。

8 **参言**:当为下一章的章目。第七章的章目“类柄”才是本章的章目。

原文

六、听不参,则无以责下;言不督乎用,则邪说当[1]上。言之为物也,以多信,不然之物,十人云“疑”,百人“然乎”,千人不可解也。呐者言之疑,辩者言之信。奸之食[2]上也,取资乎众,籍[3]信乎辩,而以类饰其私。人主不餍忿而待合参[4],其

译文

六、检验言论

君主听取言论不加检验,就没有什么可以用来责求臣下了;对于臣下的言论不根据是否有用来考察,就会有狡诈的谬说来蒙蔽君主。言语作为一种东西,依靠多说来取得人们的信任。不可能存在的东西,十个人说有,人们还会说声“有点怀疑”;一百个人说有,人们就会说“可能是有的吧”;一千个人说有,那就不可能消除人们对它的信任了。言语迟钝的人说起话来使人怀疑,能说会道的人说起话来使人相信。奸臣侵蚀君主的时候,借助于人多,又依靠辩说来助成君主对他的信任,还用类似的事例来掩饰谋私的阴谋。君主如果对他们不是十分愤怒并依靠比较、验证的办法来检验,他的权势就会成为臣下的资助了。掌握了统治术的君主听取臣下的言论时,考察它的用处,考核它的功效,功效一经考核,那么赏罚的依据就由此产生了,所以没有用处的辩说

势资下也。有道之主听言，督其用，课其功，功课而赏罚 留朝。任事者知[5]不足以治职，则放官收[6]。说大而夸则穷端[7]，故奸得而怒。无故而不当为诬，诬而罪臣。言必有报，说必责用也，故朋党之言不上闻。凡听之道：人臣忠论以闻奸，博论以内[8]一。人主不智，则奸得资[9]。明主之道：已[10]喜，则求其所纳；已怒，则察其所构；论于已变之后[11]，以得毁誉公私之征。众谏以效智故[12]，使君自取一以避罪，故众之谏也败，君之取也。无副言于上[13]以设将然，今符言于后以知谩诚语[14]。明主之道：臣不得两谏，必任其一语；不得擅行[15]，必

不会留在朝廷上。担任职务的官吏，如果他的才智不够用来料理职事，就罢免他的官职，收回他的官印。对于说大话而浮夸的人，就追根究底，所以奸邪的人能够被发现而受到愤怒的斥责。没有什么其他的缘故而办事的功效和他事先说的不相符，这就是欺骗；臣下欺骗，就要惩处他。对臣下的言论一定要进行复核，对臣下的进说一定要责求它的效用，所以同党之间互相吹捧的话就不敢对君主说了。大凡听取言论的方法：对于臣下忠诚的议论，就根据它来了解奸邪的情况；对于臣下广博的议论，就根据它来采纳一种意见。君主如果在听取意见时不明智，那么奸邪的人就有机可乘了。英明君主听取言论的方法是：听了感到高兴，那就仔细探索自己所接受的意见为什么使自己高兴；听了感到愤怒，那就仔细考察造成自己愤怒的言论到底怎么样；在自己的情绪已经变化之后再细加研讨，用这种方法来获得言论是诋毁还是赞扬、是为公还是为私的证验。有些臣子用好多种说法规劝君主来施展他们的巧诈，让君主自己从中择取一种意见来逃避罪责，所以具有多种说法的规劝即使败坏了事情，责任也在于君主的择取。所以君主应该禁止臣下在事先进说时加上辅助性的意见来假设将来可能会如何，而应拿臣下的言论和以后的事实进行验证来了解它们是欺人之谈还是诚实之语。英明君主的原则是：臣子不准同时用两种说法来规劝君

合其参。故奸无道[16]进矣。

听法[17]

主，必须担保其中的一种说法；不得任意乱说，必须使进说符合它的结果。所以，奸臣就没有办法混到朝廷里来了。

注释

1 **当**：遮蔽。

2 **食**：通“蚀”。

3 **籍**：通“借(藉)”(jiè)，助。

4 **人主不餍忿而待合参**：犹言“人主不餍忿，不待合参”。餍忿，极怒。餍，足。待，依靠。

5 **知**：通“智”。

6 **放官**：免职。放，放黜。 **收**：当作“收玺”。

7 **端**：本，根源。

8 **内**(nà)：同“纳”。

9 **资**：凭借，依托。

10 **已**：已经。

11 **论**：考察，审查，研讨。 **已变之后**：即上文的“已喜”“已怒”。

12 **故**：巧，伪诈。

13 **上**：前。

14 **今**：犹“将”。 **符**：效验。

15 **行**：道，言。

16 **道**：由。

17 **听法**：当为下一章的章目，上一章的章目“参言”当为本章章目。听，任。

原文

七、官之重也，毋法也；法之息也，上暗也。上暗无度，则官擅为；官擅为，

译文

七、遵从法度

官吏的权势大，是因为国家没有法度；法度的衰亡，是因为君主昏庸愚昧。君主昏庸而没有法度，那么官吏就为所欲为了；官吏为所欲为，

故奉重无前[1]；奉重无前，则征[2]多；征多，故富。官之富重也，乱功[3]之所生也。明主之道：取于任[4]，贤[5]于官，赏于功。言程[6]，主喜，俱必利；不当，主怒，俱必害；则人不私父兄而进其仇雠。势足以行法，奉足以给事，而私无所生，故民劳苦而轻官。任事者毋重，使其宠[7]必在爵；处官者毋私，使其利必在禄：故民尊爵而重禄。爵禄，所以赏也；民重所以赏也，则国治。刑之烦也，名之缪也；[8]赏誉不当则民疑[9]，民之重名与其重赏也均。赏者有[10]诽焉，不足以劝；罚者有誉焉，不足以禁。明主之道：赏必出乎公利，名必在乎为上。赏

所以他们的俸禄也就多得没有什么能超过的了；官吏的俸禄多得无与伦比，那么赋税的征收就会增多；税收多了，所以官吏也就富了。官吏的富裕、贵重，是混乱的政事所造成的。英明君主的治国办法是：录用有才能的人，推崇忠于职守的人，奖赏有功劳的人。臣下推荐人才时所说的话合于法度，君主就高兴，推荐者和被推荐者一定都得到奖赏；如果不合法度，君主就发怒，推荐者和被推荐者一定都受到惩罚；这样的话，那么人们就不会偏袒自己的父兄而会推荐自己的仇敌。君主给臣下的权势足够使他们用来推行法制，给他们的俸禄足够用来供他们操办公事，因而谋取私利的行为就没有理由再发生，所以民众即使劳苦也不在乎做官。担任职务的人不要使他们的权力太大，要使他们的尊荣只表现在爵位上；处在官位上的人不准他们谋取私利，要使他们的利益只表现在俸禄上：所以人们尊重爵位而看重俸禄。爵位和俸禄，是用来奖赏善行的；臣民看重用来奖赏善行的爵位和俸禄，那么国家就能治理好了。刑罚的烦乱，是由于赞誉的错误；赏赐和赞誉两者不相称，那么臣民就会犹豫不决了，因为人们对赞誉的看重和他们对赏赐的看重是相同的。对受赏的人加以毁谤，那就不能够用奖赏来鼓励人们行善；对受罚的人加以赞誉，那就不能够用刑罚来禁止人们作恶。英明君主的治国原则是：进行奖赏，一定是由于对国家作出了有益的贡献；加以赞誉，一定是由于

誉同轨[11],非[12]诛俱行。然则民无荣于赏之内[13]。有重罚者必有恶名,故民畏。罚,所以禁也;民畏所以禁,则国治矣。

类柄[14]

为君主出了力。赏赐和赞誉一致,诋毁和处罚并用。这样的话,那么臣民就没有和奖赏不合的荣誉,而有和处罚相合的诋毁。受到重罚的人一定有坏名声,所以臣民害怕。刑罚,是用来禁止邪恶的;臣民害怕用来禁止邪恶的刑罚,那么国家就能治理好了。

注释

1 **奉:**通“俸”。 **无前:**没有什么东西可以冠于它的前面,即登峰造极之意。

2 **征:**赋税。当时官吏的俸禄取自封地的租税,所以“奉重无前,则征多”。

3 **功:**事。

4 **任:**能力,才能。

5 **贤:**意动用法,认为……贤能。

6 **程:**法度。“程”字上省动词“当”,下文“不当”下承此省“程”。

7 **宠:**荣。

8 **刑之烦也,名之缪(miù)也:**这两句和下面“罚者有誉焉,不足以禁”两句相应。“名之缪”即“罚者有誉”,它“不足以禁”,所以“刑烦”。名,美名,这里用作动词,表示赞誉。缪,通“谬”。

9 **赏誉不当则民疑:**这句与“赏者有诽焉,不足以劝”相应,“赏誉不当”即指“赏者有诽”,“民疑”则“不足以劝”。赏与誉不相当,那么臣民是根据所赏的准则来行动,还是根据所誉的准则来行动,就难以确定了,所以“疑”。疑,犹豫不决。

10 **有:**通“又”。

11 **同轨:**车辙宽窄相同,引申为同一。

12 **非:**通“诽”。

13 **然则民无荣于赏之内:**这句承“赏誉同轨,非诛俱行”而言,当作“然则民无荣于赏之外,有非于罚之内”,下文则承“有非于罚之内”而言。

14 **类柄:**此章目当在第五章之下,而上一章的章目应在此。

原文

八、行义示，则主威分；慈仁听，则法制毁。民以制畏上，而上以势卑下[1]，故下肆很触而荣于轻君之俗[2]，则[3]主威分。民以法难犯上，而上以法挠[4]慈仁，故下明爱施而务赇纹之政[5]，是以法令隳。尊私行以贰[6]主威，行赇纹以疑[7]法；听之则乱治，不听则谤主；故君轻乎位而法乱乎官：此之谓无常[8]之国。明主之道：臣不得以行义成荣，不得以家利为功；功名所生，必出于官法。法之所外，虽有难行，不以显焉，故民无以私名。设法度以齐民，信赏罚以尽民能，明诽誉以劝沮。名号、赏罚、法令三隅[9]，故

译文

八、君主的威势

私人的德行和道义受到表彰，那么君主的威势就会被肢解；慈惠仁爱的说教被听信，那么法令制度就会被毁坏。臣民因为君主法定的职权而害怕君主，如果君主拿自己的权势去谦卑地对待臣下，那么臣下就会放肆地触犯法令而以轻视君主的习俗为光荣，所以君主的威势就会被肢解。臣民因为法制而难以侵犯君主，如果君主拿法制去屈从于慈惠仁爱的说教，那么臣下就会公开地宣扬仁爱施舍而大搞行贿受贿的腐败政治，因此法令会被毁坏。推崇臣民谋取私利的行为来和君主的威势分庭抗礼，大搞行贿受贿的勾当来和法治抗衡；君主如果听凭这种现象泛滥，那么它就会扰乱法治，如果不放任它，那么臣民就会诽谤君主；所以君主处在君位上也被人看轻，而法制则在官府中被搞得混乱不堪：这叫作没有法度的国家。英明君主的治国原则是：臣下不能靠私人的德行和道义来形成自己的荣誉，不能拿为私家谋取利益的事情作为自己的功劳；产生功劳名誉的根据，一定来自国家的法度。国法所摒弃的，即使具有难以做到的德行，也不因此而显扬，所以臣民就没有因为私人的德行而得到名誉的。靠设置法律制度来统一臣民的言行，靠赏罚守信用来充分发挥臣民的才能，靠公开进行赞誉和毁谤来鼓励行善和阻止作恶。赞誉毁谤、奖赏惩罚、法律

原文	译文
大臣有行则[10]尊君，百姓有功则利上，此之谓有道之国也。 **主威**	命令三者结合起来使用，所以大臣有德行是因为他们尊敬君主，百姓有功劳是因为他们做了有益于君主的事，这才可以叫作有法度的国家啊。

注释

1 **而**:如果。 **卑**:谦下。

2 **故**:犹"则"。 **很**:通"狠",违逆。

3 **则**:犹"故"。

4 **挠**:屈。

5 **赇**(qiú):贿赂。 **纹**:为"纳"字之形误,"纳"指收受贿赂。

6 **贰**:匹敌。

7 **疑**:通"拟",比,匹敌。

8 **常**:法度。

9 **名号**:名声,指上文的"诽誉"。 **隅**:当作"偶",合。

10 **则**:以,因为。

五　蠹

导读

五蠹,即五种蛀虫,指学者(儒家)、言谈者(纵横家)、带剑者(游侠刺客)、患御者(逃避兵役的人)、商工之民(商人和手工业者)这五种破坏国家法治的五蠹之民。文章集中反映了韩非的历史发展观以及他的法治主张,是韩非最杰出的代表作。

韩非首先从历史事实中总结出了他的变法论与法治论:治国的方法必

须随着时代的变化而相应地进行变革,即“世异则事异”,“事异则备变”,“事因于世,而备适于事”,“是以圣人不期修古,不法常可,论世之事,因为之备”。由于“上古竞于道德,中世逐于智谋,当今争于气力”,“民固骄于爱,听于威”,“固服于势,寡能怀于义”,所以当今绝不可以采用儒家宣扬的仁政和礼治,而必须实行法治、势治。

韩非的法治主张是:“赏莫如厚而信,使民利之;罚莫如重而必,使民畏之;法莫如一而固,使民知之。”“施赏不迁,行诛无赦,誉辅其赏,毁随其罚。”“用其力,不听其言;赏其功,必禁无用。”在实行法治的时候,韩非特别强调了一切依法办事的原则,并主张用权势、财富和权术来辅助法的实施。他认为“明主之道,一法而不求智,固术而不慕信”,只要“人主处制人之势,有一国之厚,重赏严诛,得操其柄,以修明术之所烛”,就能使“群官无奸诈矣”。必须指出的是,韩非的法治主张是非常纯粹、十分极端的,除了国法和对君主有利的东西,他什么都排斥。他提出:“明主之国,无书简之文,以法为教;无先王之语,以吏为师;无私剑之捍,以斩首为勇。”这样,君主就能“超五帝侔三王”了。由此可见,使人民都成为君主称王天下的“王资”,这便是他提倡法治的最终目的和实质。

为了保证其法治主张的实现,韩非针对当时的社会现实,提出了清除危害国家利益的五蠹之民的主张。文章重点指责了君主尊重儒、侠以及听信纵横家的错误,认为这是国家祸乱四起、“不至于治强”的主要原因。他认为,“儒以文乱法”;“侠以武犯禁”;“言古(谈)者,为设诈称,借于外力,以成其私”;“患御者”“事私门”而“远战”;“商工之民,修治苦窳之器,聚弗靡之财,蓄积待时,而侔农夫之利”。这些人都是破坏法治、妨碍耕战、对国家有害的人。君主如果“不除此五蠹之民”,那么亡国灭身也就不足为怪了。

原文

上古之世,人民少而禽兽众,人民不胜禽兽虫蛇。有圣人作,构木为巢以避

译文

在远古时代,人口稀少而禽兽众多,人们敌不过禽兽虫蛇。这时有一位圣人出现了,他教人们架起木头搭成像鸟窝一样的住处来避免各种禽兽的伤害,因而民众爱戴他,让他统

群害，而民悦之，使王天下，号曰有巢氏。民食果蓏蜯蛤[1]，腥臊恶臭[2]而伤害腹胃，民多疾病。有圣人作，钻燧取火以化腥臊，而民说[3]之，使王天下，号之曰燧人氏。中古之世，天下大水，而鲧、禹决渎[4]。近古之世，桀、纣暴乱，而汤、武征伐。今有构木钻燧于夏后氏之世者，必为鲧、禹笑矣；有决渎于殷、周之世者，必为汤、武笑矣。然则今有美尧、舜、汤、武、禹之道于当今之世者，必为新圣笑矣。是以圣人不期修古，不法常可[5]，论世之事，因为之备。宋人有耕田者，田中有株，兔走触株，折颈而死，因释其耒而守株，冀复得兔。兔不可复得，而身为宋国笑。今欲以先王之政治当世之民，皆守株之类也。

治天下，称他为有巢氏。当时民众吃野生的瓜果和河蚌蛤蜊等水产动物，腥臭难闻而且伤害肠胃，所以人们经常生病。这时有一位圣人出现了，用钻木取火的方法取得火种来除去腥臭，因而民众爱戴他，让他统治天下，称他为燧人氏。在中古时代，天下洪水泛滥，因而鲧、禹疏通河道。在近古时代，夏桀、商纣王残暴昏乱，因而商汤、周武王起兵讨伐。假如在夏王朝统治的时代还有人架起木头搭成鸟窝似的住处来居住或者钻木来取火种，那就一定会被鲧、禹耻笑了；假如在商朝、周朝那个时代还有人整天去疏通河道，那就一定会被商汤、周武王耻笑了。这样的话，如果在当今这个时代还有人赞美尧、舜、商汤、周武王、夏禹的政治措施，那就一定要被新时代的圣人所耻笑了。因此圣人不指望学习照搬古代的做法，不墨守成规，而是考察、研究当今社会的情况，从而制定相应的措施。宋国有一个耕田的人，他的田里有一个树桩，一只兔子奔跑的时候撞在树桩上，折断脖子死了，他便放下自己手中的木锹而守在树桩旁边，希望再捡到兔子。兔子当然不可能再得到了，而自己却被宋国人所耻笑。现在假如想用古代帝王的政治措施来治理当代的民众，就都是些守株待兔之类的人了。

注释

1 **果**:草本植物的果实。 **蓏**(luǒ):瓜类植物的果实。 **蚌**:同"蚌"。

2 **臭**(xiù):气味。

3 **说**:通"悦",喜爱。

4 **鲧**(gǔn):禹的父亲。鲧并没有采取"决渎"的方法,此为连类而及之词,无实义。 **禹**:传说他奉舜的命令治理洪水,采取疏通河道的办法而获得成功。舜死后由他称帝,建立了夏王朝,以夏后为号。 **渎**:水道,这里指大河。古代把长江、淮河、黄河、济水称为四渎。

5 **法**:效法。 **可**:合适。

原文

古者丈夫[1]不耕,草木之实足食也;妇人不织,禽兽之皮足衣也。不事力而养足,人民少而财有余,故民不争。是以厚赏不行,重罚不用,而民自治。今人有五子不为多,子又有五子,大父未死而有二十五孙。是以人民众而货财寡,事力劳而供养薄,故民争,虽倍赏累罚而不免于乱。

尧之王天下也,茅茨不翦[2],采[3]椽不斫;粝粢之食[4],藜藿之羹[5];冬日

译文

古时候成年的男子不耕种,野草树木的果实也够吃;妇女不纺织,禽兽的皮也够穿。不从事耕种、纺织等体力劳动而给养充足,人口稀少而财物有余,所以人们不互相争夺。因此优厚的奖赏不必实行,严厉的刑罚不必使用,而人们自然安定无事。现在一个人有五个儿子不算多,而每个儿子又有五个儿子,祖父还没有死就有了二十五个孙子。因此人口众多而财物缺少,辛苦从事劳动而给养却很微薄,所以人们才互相争夺,即使加倍奖赏、屡次处罚而仍然不能避免祸乱的发生。

尧统治天下的时候,茅草盖的屋顶也不加修剪,栎木做的椽子也不加砍削;吃的是粗米、稻饼之类的粗粮和野苋菜豆叶之

麑裘，夏日葛衣：虽监门之服养，不亏于此矣。禹之王天下也，身执耒臿以为民先，股无胈，胫不生毛，虽臣虏之劳，不苦于此矣。以是言之，夫古之让天子者，是去监门之养，而离臣虏之劳也，古[6]传天下而不足多也。今之县令，一日身死，子孙累世絜驾[7]，故人重之。是以人之于让也，轻辞古之天子，难去今之县令者，薄厚之实异也。夫山居而谷汲者，𦢊腊而相遗以水[8]；泽居苦水者，买庸而决窦[9]。故饥岁之春，幼弟不饷；穰岁之秋，疏客必食[10]。非疏骨肉爱过客也，多少之实异也。是以古之易财，非仁也，财多也；今之争夺，

类熬煮的菜羹；冬天只穿小鹿皮做的皮衣，夏天只穿葛布做的粗布衣：就是现在看门人的衣食，也不会比这更少的了。禹统治天下的时候，亲自拿着木锹、铁铲把自己作为民众的带头人，累得大腿上都没有肥肉，小腿上都不长汗毛，即使是奴隶们的劳役，也不会比这更苦的了。根据这种情况来说，那么古代推让天子的职位，就不但是丢掉了看门人的给养，而且还摆脱了奴隶般的劳役，所以把统治天下的大权传给别人并不值得称赞。现在的县令，一旦自己死了，他的子孙接连几代都享受出门乘车的特殊待遇，所以人们才很看重这个官职。因此，人们对于辞让职位这件事，可以轻易地辞去古代的天子之位，却难以舍弃现在的县令，这是因为待遇上的微薄和优厚不一样啊。在山上居住而从山谷中取水的人们，每逢祭祀的节日就把水作为礼物互相馈赠；在洼地居住而被水涝害苦的人们，却要雇佣劳力来开沟排水。所以在荒年的春天，就是幼小的弟弟也不给他东西吃；而在丰年的秋天，即使是关系疏远的过客也一定要请他吃饭。这并不是要疏远自己的骨肉之亲而偏爱过路的客人，而是因为粮食富余或缺少的实际情况不一样啊。因此古代的人看轻财物，并不是因为心地仁慈，而是因为财物绰绰有余；现在的人争夺财物，并不是因为卑鄙无耻，而是因为财物太少了。古代的人轻易地辞去天子的高位，并不是因为品德高尚，而是因为

非鄙也，财寡也。轻辞天子，非高也，势薄也；争土橐[11]，非下也，权重也。故圣人议多少、论薄厚为之政。故罚薄不为慈，诛严不为戾，称俗而行也。故事因于世，而备适于事。

当时天子的权势很小；今天的人争着去做官或依附权势，并不是因为志趣低下，而是因为当官的权力很大。所以，圣人计议社会财富的多少、考查权势的轻重来制定相应的政治措施。所以处罚轻微并不是因为仁慈，惩办严厉也不是因为残暴，这都是适应社会的实际情况来办事罢了。所以社会情况总是随着时代的变化而变化，而政治措施就应该适应变化的社会情况。

注释

1 **丈夫**：指成年男子。

2 **翦**：修剪。

3 **采**：木名，栎树。

4 **粝**：粗米。 **粢**(cí)：稻饼。

5 **藜**：一种嫩时可食用的野菜，俗名红心灰藋，类似现在的红茎野苋菜。 **藿**：一种豆类植物，其嫩叶可食。

6 **古**：通“故”。

7 **絜**(xié)**驾**：把马套在车上，指出门时驾车。按照古代礼法，“絜驾”是指享受贵族特权，出门可乘车。

8 **膢**(lóu)：古代祭祀名，其祭祀的时间与对象因地而异。 **腊**：古代十二月举行的一种祭祀百神的节日。 **遗**(wèi)：赠送。

9 **庸**：后作“佣”，被雇用的人。 **窦**：“渎”的被通假字，沟渠，水道。

10 **食**(sì)：通“饲”，供给食物。

11 **土**：当作“士”，通“仕”。 **橐**：通“托”，指依附诸侯、大夫等贵族。

原文

古者文王处丰、镐之间[1]，地方百里，行仁义而怀西戎[2]，遂王天下。徐偃王[3]处汉东，地方五百里，行仁义，割地而朝者三十有[4]六国。荆文王[5]恐其害己也，举兵伐徐，遂灭之。故文王行仁义而王天下，偃王行仁义而丧其国，是仁义用于古不用于今也。故曰：世异则事异。当舜之时，有苗[6]不服，禹将伐之。舜曰："不可。上德不厚而行武，非道也。"乃修教三年，执干戚舞，有苗乃服。共工[7]之战，铁铦短者及乎敌，铠甲不坚者伤乎体。是干戚用于古不用于今也。故曰：事异则备变。上古[8]竞于道德，中世[9]逐于智谋，当今[10]争

译文

古时候周文王住在丰、镐之间，领土才方圆百里，他推行仁义之道而感化了西戎，结果便统治了天下。徐偃王统治着汉水以东的地区，领土有五百里见方，他也推行仁义之道，因此而把土地割让给他并向他朝拜称臣的有三十六个国家。楚文王怕他会危害到自己，所以起兵攻打徐国，便把它消灭了。所以周文王推行仁义之道而称王天下，徐偃王推行仁义之道却丢掉了自己的国家，这说明仁义之道适用于古代而不适用于今天。所以说：时代不同了，那么社会上的事情也就不一样了。在舜统治天下的时候，苗族不肯归顺，禹准备去讨伐他们。舜说："不行。君主的德行不深厚却使用武力，这不是正确的办法。"于是就用了三年时间推行教化，拿着盾牌、大斧等武器跳舞来进行精神感化，苗族便归顺了。到了共工打仗的时候，兵器短的就被敌人刺到了，铠甲不坚固的就伤了身体。这说明拿着盾牌、大斧等武器跳舞来进行精神感化的办法只适用于古代而不适用于现代。所以说：社会情况不同了，措施也就要跟着改变。上古时代人们主要是在道德上竞争高低，中古时代人们主要是在智谋上角逐优劣，如今人们主要在力量上较量强弱。齐国将要攻打鲁国的时候，鲁国派子贡去游说齐国人。齐国人说："您的话不是没有道理，但我们想要的是土地，而不

于气力。齐将攻鲁，鲁使子贡[11]。齐人曰："子言非不辩也，吾所欲者土地也，非斯言所谓也。"遂举兵伐鲁，去门十里以为界。故偃王仁义而徐亡，子贡辩智而鲁削。以是言之，夫仁义辩智，非所以持国也。去偃王之仁，息子贡之智，循徐、鲁之力使敌万乘，则齐、荆之欲不得行于二国矣。

是这些话中所讲的道理啊。"于是就起兵攻打鲁国，把距离鲁国国都城门十里的地方作为国界。所以徐偃王推行仁义之道而徐国被消灭了，子贡富有口才和智谋而鲁国被削减了领土。根据这些情况来说，推行仁义之道、运用口才智谋，都不是用来保全国家的办法。如果当初徐偃王抛弃仁义，鲁国不用子贡的智谋，依靠徐、鲁两国的力量让他们去抵抗拥有万辆兵车的强国，那么齐、楚两国的欲望也就不能够在徐、鲁两国得逞了。

注释

1 **文王**：指周文王姬昌。 **丰**：周文王之都，在今陕西西安西南沣河西岸、户县东。 **镐**(hào)：在今陕西西安长安西北丰镐村附近，周武王由丰邑迁都于镐，称镐京。这里的"镐"是连类而及之词，无实义。

2 **西戎**：我国古代西北地区的少数民族。

3 **徐偃王**：周穆王时徐国的君主。

4 **有**：通"又"。

5 **荆文王**：即楚文王，春秋时楚国的君主，上距周穆王已有二三百年。此文说楚文王伐灭徐偃王，可能只是一种民间传说。

6 **有苗**：尧、舜时代的一个部落。有，名词词头。

7 **共**(gōng)**工**：古代传说中的氏族部落，此指周代的共工氏。

8 **上古**：与第一节的"上古之世"所指不同，指尧、舜、禹、汤、周文王、周武王之时，因为其禅让或征伐都以道德为尚，所以说"竞于道德"。

9 **中世**：指春秋时期，当时诸侯虽然争霸，但还有礼义廉耻，要凭智慧来挟天子以令诸侯，所以说“逐于智谋”。

10 **当今：**指战国时期，当时各国攻战不断，一切取决于实力，所以说“争于气力”。

11 **子贡：**孔子的门徒，以能言善辩著称。

原文

夫古今异俗，新故异备。如欲以宽缓之政治急世之民，犹无辔策而御马，此不知[1]之患也。今儒、墨皆称先王兼爱天下，则视民如父母。何以明其然也？曰：“司寇[2]行刑，君为之不举乐；闻死刑之报，君为流涕。”此所举先王也。夫以君臣为如父子则必治，推是言之，是无乱父子也。人之情性，莫先于父母，父母皆见[3]爱而未必治也。虽厚爱矣，奚遽不乱？今先王之爱民，不过父母之爱子；子未必不乱也，则民奚遽治哉？且夫

译文

古代和现代的社会习俗不一样，所以新旧时代的政治措施也不一样。如果想用儒家所提倡的宽松和缓的政治措施去治理急剧变动时代的民众，就好像没有缰绳和马鞭去驾驭凶悍的烈马，这是不明智所造成的过错啊。现在儒家、墨家都称颂古代帝王同时爱天下的人，就像父母那样来对待民众。用什么来说明古代帝王是这样的呢？他们说：“司法大臣执行刑罚的时候，君主因此而不再演奏音乐；听到死刑的判决，君主为犯人流泪。”这就是他们所推崇的古代帝王啊。他们以为君臣关系像父子关系那样就一定会天下太平，由此推论，那就没有关系不和睦的父子了。人的感情，没有超过父母对待子女的，但父母都付出了对子女的爱而家庭却未必就能和睦。可见虽然爱得很深了，哪能就不发生纠纷了呢？古代帝王对民众的爱，不会超过父母对子女的爱；子女受到父母的爱，未必就不发生纠纷，那么提倡古代帝王对民众的爱，民众哪能会治理好呢？再说按照法令执行刑罚的时候，君主为犯人流泪，这不过是用它来表示仁爱罢了，而

以法行刑，而君为之流涕，此以效仁，非以为治也。夫垂泣不欲刑者，仁也；然而不可不刑者，法也。先王胜其法，不听其泣，则仁之不可以为治亦明矣。

并不是要把它作为治理国家的办法。挂着眼泪哭泣而不想用刑罚，是仁爱的表现；但是不能不用刑罚，是法治的需要。古代帝王治理国家时还是优先实行法治，而不顺从自己仁爱的哭泣去废除刑罚，那么仁爱不可以用来作为治国的办法也就很明白了。

注释

1 **知**：通"智"。

2 **司寇**：古代掌管刑狱的最高一级的官吏。

3 **见**(xiàn)：同"现"。

原文

且民者固服于势，寡能怀于义。仲尼，天下圣人也，修行明道以游海内，海内说[1]其仁、美其义而为服役者七十人。盖贵仁者寡，能义者难也。故以天下之大，而为服役者七十人，而为仁义者一人。鲁哀公[2]，下主也，南面君国，境内之

译文

况且民众本来就屈服于权势，很少能被仁义所感化。孔子，是天下的圣人，他修养德行、宣扬儒家学说而周游天下，可是天下喜欢他的仁爱思想、赞美他的道义而给他效劳的门徒只有七十个。可见崇尚仁爱的人很少，而能够实行道义的人也实在难得啊。所以即使凭借着天下的广大，给他效劳的也只有七十个人，而真正奉行仁义的只有孔子一个人。鲁哀公，是个才智低下的君主，他向南坐在朝廷上做国家的君主，国内的民众没有哪一个敢不称臣服从。民众本来就屈服于权势，而权势也确实容易用来制服人，所以孔子虽然是圣人，却反而做了臣子，而鲁哀公虽然低能，却反而做了君主。孔子并不是被鲁哀公的仁义

民莫敢不臣。民者固服于势，势诚易以服人，故仲尼反为臣而哀公顾为君。仲尼非怀其义，服其势也。故以义，则仲尼不服于哀公；乘势，则哀公臣仲尼。今学者之说人主也，不乘必胜之势，而务行仁义则可以王，是求人主之必及仲尼，而以世之凡民皆如列徒，此必不得之数也。

所感化了，而是屈服于他的权势啊。所以，根据仁义，那么孔子就不会屈服于鲁哀公；但是凭借权势，那么鲁哀公就可以使孔子称臣服从。现在的儒生去游说君主，不是劝君主去凭借必定可以制服人的权势，反而说致力于推行仁义之道就可以称王天下，这就是要求君主一定要及得上孔子，且以为世上的普通老百姓都会像孔丘的各个门徒那样，这肯定是不可能实现的道理啊。

注释

1 **说：**通“悦”。

2 **鲁哀公：**春秋末年与孔子同时代的鲁国君主。

原文

今有不才之子，父母怒之弗为改，乡人谯之弗为动[1]，师长教之弗为变。夫以父母之爱、乡人之行、师长之智三美加焉，而终不动，其胫毛不改。州部之吏操官兵、推公法而求索奸人，然后恐惧，

译文

现在有一个不成器的小子，父母愤怒地斥责他，他并不因此而悔改；乡大夫责备他，他也不因此而动心；老师教育他，他也并不因此而转变。拿父母的疼爱、乡大夫的品德、老师的智慧这三种美好的东西施加到他身上，但他始终无动于衷，连他小腿上的一根汗毛也没有改变。然而，当地方衙门中的差役拿着官府的武器、执行国家的法令而搜捕坏人的时候，他就恐惧了，既改变了他原来的习气，又改变了他原来的行为。所以父母的疼爱不能够用来教育好子

变其节，易其行矣。故父母之爱不足以教子，必待州部之严刑者，民固骄于爱，听于威矣。故十仞之城，楼季[2]弗能逾者，峭也；千仞之山，跛牂[3]易牧者，夷也。故明王峭其法而严其刑也。布帛寻常[4]，庸人不释；铄金百溢，盗跖不掇。不必害，则不释寻常；必害手，则不掇百溢。故明主必其诛也。是以赏莫如厚而信，使民利之；罚莫如重而必，使民畏之；法莫如一而固，使民知之。故主施赏不迁，行诛无赦，誉辅其赏，毁随其罚，则贤、不肖俱尽其力矣。

女，必须依靠衙门中的严厉刑罚才能使不成器的子女改邪归正，这是因为人们本来就是受到了宠爱便会骄横放纵，见到了威势便会俯首听从啊。所以七丈高的城墙，就是善于跳跃登高的楼季也不能越过，这是因为它险峻陡峭啊；上千丈高的大山，就是瘸了腿的母羊也容易被赶上去放牧，这是因为它坡度平缓啊。所以英明的帝王总是苛刻地制定他的法律而且严厉地执行他的刑罚。纺织品即使只有一两丈，平常的人也舍不得放弃；熔化的金子即使有几千两，贪婪的盗跖也不敢去拾取。不一定有害，那么就是一两丈的纺织品也不肯放弃；肯定会伤害手，那么就是几千两的黄金也不敢去捡。所以英明的君主一定严格地实施他的刑罚。因此，奖赏不如优厚而且讲信用，使人们贪图它；处罚不如严厉而且一定执行，使人们害怕它；法律不如统一而且固定，使人们能了解它。所以，君主如果施行奖赏不随意变动，执行刑罚没有赦免，再用称赞表扬来辅助他的奖赏，用毁坏名声来伴随他的处罚，那么德才好的人和德才不好的人就都会为君主竭尽自己的力量了。

注释

1 **乡人：**乡大夫，掌管乡中政教禁令的官。 **谯：**同“诮”（qiào）。

2 **楼季：**战国时魏文侯的弟弟，善于跳跃登高。

3 **牂**（zāng）**：**母羊。

4 **布**:棉麻织品。 **帛**:丝织品。

原文

今则不然。以其有功也爵之,而卑其士[1]官也;以其耕作也赏之,而少其家业也;以其不收也外之,而高其轻世也;以其犯禁也罪之,而多其有勇也。毁誉、赏罚之所加者相与悖缪[2]也,故法禁坏而民愈乱。今兄弟被侵必攻者,廉也;知友被辱随仇者,贞也。廉贞之行成,而君上之法犯矣。人主尊贞廉之行,而忘犯禁之罪,故民程于勇而吏不能胜也。不事力而衣食,则谓之能;不战功而尊,则谓之贤。贤能之行成,而[3]兵弱而地荒矣。人主说[4]贤能之行,而忘兵弱地荒之祸,则私行立而公利灭矣。

译文

现在却不是这样。因为他有功劳而授予他官爵,却又鄙视他做官;因为他努力耕作而奖赏他,却又看不起他创立家业;因为他不接受官爵而疏远他,却又推崇他轻视世俗名利;因为他触犯禁令而惩罚他,却又赞美他有勇气。诋毁和赞誉、奖赏和惩罚所施加的对象是如此的互相矛盾错乱,所以法律禁令被破坏而民众越来越混乱。现在兄弟遭到侵犯而一定帮助兄弟反击报复的,被认为是正直;知心朋友受到侮辱而给朋友报仇的,被认为是忠贞。这种正直和忠贞的德行养成了,那么君主的法令就被违犯了。君主尊重他们这种忠贞、正直的德行,而忘记了他们违犯禁令的罪行,所以人们就尽力显示自己的勇敢而官吏也就不能制服他们了。不从事耕织等体力劳动而有穿有吃的,就说他有本事;不作战立功而能取得高官厚禄的,就说他有德才。这种有德才和有本事的德行养成了,那么国家也就兵力衰弱而土地荒芜了。君主喜欢他们这种有德才和有本事的德行,而忘记了兵力衰弱和土地荒芜的祸害,那么臣下谋取私利的行为就形成了而国家的利益也就丧失了。

注释

1 **士**:通“仕”。

2 **缪**(miù):通“谬”。

3 **而**:犹“则”。

4 **说**:通“悦”。

原文

儒以文[1]乱法,侠以武犯禁,而人主兼礼之,此所以乱也。夫离法者罪,而诸先生以文学取;犯禁者诛,而群侠以私剑养。故法之所非,君之所取;吏之所诛,上之所养也。法、趣、上、下[2],四相反也,而无所定,虽有十黄帝不能治也。故行仁义者非所誉,誉之则害功;文学者非所用,用之则乱法。楚之有直躬[3],其父窃羊,而谒之吏。令尹[4]曰:“杀之!”以为直于君而曲[5]于父,报而罪之。以是观之,

译文

儒家用文献典籍来扰乱法治,侠客用武力来违犯禁令,然而君主对这两种人都以礼相待,这就是国家混乱的原因。违反法律的人应该加以治罪,但儒生们却靠研究文献经典而被录用了;触犯禁令的人应该加以惩处,但成群的侠客却依靠为臣下的私利去行刺而被供养。所以,法律所否定的,却是君主所录用的;官吏所惩处的,却是君主所供养的。法律所否定的和君主所录用的、君主所供养的和官吏所惩处的,这四种情况互相矛盾,而又没有一个确定的是非标准,那么即使有十个黄帝也不能把国家治理好啊。所以奉行仁义之道的人并不应当称赞,称赞了他们就会危害耕战;研究文献经典的人并不应当任用,任用了他们就会扰乱法治。楚国有个正直的人叫直躬,他的父亲偷了羊,他便把这件事报告给了官吏。令尹说:“把他杀了!”认为他对君主虽然正直忠诚,但对父亲却大逆不道,所以判了罪而把他惩处了。由此看来,君主的忠诚正直之臣,便是父亲的逆子啊。鲁国有个人跟随君主去打仗,三

夫君之直臣,父之暴子[6]也。鲁人从君战,三战三北。仲尼问其故,对曰:“吾有老父,身死莫之养也。”仲尼以为孝,举而上之。以是观之,夫父之孝子,君之背臣也。故令尹诛而楚奸不上闻,仲尼赏而鲁民易降北。上下之利,若是其异也,而人主兼举匹夫之行,而求致社稷之福,必不幾[7]矣。

次交战三次败退逃跑。孔子问他什么缘故,他回答说:“我家里还有年老的父亲,我死了就没有人去赡养他了。”孔子认为他是孝子,就推举他而让他升了官。由此看来,父亲的孝子,便是君主的叛臣啊。所以,令尹杀了告发父亲的直躬,楚国的坏人坏事就不再有人向上告发了;孔子奖励了逃兵,鲁国人打起仗来就容易投降敌人和临阵脱逃了。君主和臣民的利益,它们的不同就像这样,但君主却在推崇平民百姓一切为个人利益着想的品行时,又想求得土地神、谷神对自己的保佑,这肯定是没有指望的了。

注释

1 **文:**又称“文学”,指古代文献典籍,如《诗》《书》《礼》《乐》《春秋》之类。

2 **法:**指“法之所非”。 **趣:**通“取”,指“君之所取”。 **上:**指“上之所养”。**下:**指“吏之所诛”。

3 **直躬:**《论语》中提及的人物,字面意思为“正直”。

4 **令尹:**楚国掌握军政大权的最高官职。

5 **曲:**邪曲,指不道德,叛逆不孝。

6 **暴子:**损害父亲的儿子。暴,欺凌。

7 **幾:**通“冀”,希望。

原文

古者苍颉[1]之作书也,自环者谓之

译文

古时候苍颉创造文字,把自己围绕着自己转的字形“厶”叫作“私”,把与“厶”字相

"厶"[2],背厶谓之"公"[3]。公私之相背也,乃苍颉固以[4]知之矣。今以为同利者,不察之患也。然则为匹夫计者,莫如修行义而习文学。行义修则见信,见信则受事;文学习则为明师,为明师则显荣:此匹夫之美也。然则无功而受事,无爵而显荣,为[5]有政如此,则国必乱,主必危矣。故不相容之事,不可两立也。斩敌者受赏,而高慈惠之行;拔城者受爵禄,而信廉[6]爱之说;坚甲厉[7]兵以备难,而美荐绅[8]之饰;富国以农,距[9]敌恃卒,而贵文学之士;废敬上畏法之民,而养游侠私剑之属。举行如此,治强不可得也。国平养儒侠,难至用介[10]士。所利非所用,所用非所利。是故服事者简其业,而游学者

背的字形"公"称为"公"。可见公和私的相互对立,苍颉本来也已知道这个道理了。现在还认为公和私的利益相同,这是不加考察所造成的过错啊。这样的话,那么为平民百姓打算,就不如修养德行道义而学习文献经典。德行道义的修养搞好了,就会被君主所信任,被君主信任,就能得到官职;文献经典学好了,就可以成为高明的经学大师,成了高明的经学大师,就显赫荣耀了:这是平民百姓的好事啊。这样的话,那么没有功劳就能得到官职,没有爵位也可以显赫荣耀,如果出现这样的政治情况了出现,那么国家就一定会混乱,君主就一定会危险了。互不相容的事情,是不能并存的。勇猛杀敌的人给他奖赏,却又推崇仁爱的行为;攻克城池的人授予爵位和俸禄,却又信奉"兼爱""非攻"的学说;加固铠甲磨快兵器来防备战争,却又赞美儒生那种宽袍大带的服饰;使国家富裕要依靠农民,抵抗敌人要依靠战士,却又敬重研治文献经典的儒生;抛弃了那些尊敬君主、谨慎守法的人不用,却去收养游侠刺客之流。君主的行为像这样,那么国家的太平强盛是不可能得到的。国家太平的时候收养儒生和侠客,战争来了却使用身披铠甲的战士。得到利益的人不是被使用的人,被使用的人又不是得到利益的人。所以从事耕战等工作的人怠慢荒废了自己的事业,而

日众，是世之所以乱也。

游侠和儒生一天比一天多起来，这就是社会混乱的原因啊。

注释

1 **苍颉**(jié)**：**相传是黄帝时的史官，传说他创造了汉字。

2 **厶：**古文写成“[illegible]”，其笔画绕自己旋转而成，象征着专为自己盘算。

3 **公：**古文写作“[illegible]”，由“八”“厶”两字构成。“八”的本义是违背。“八厶”就是“背私”，所以说“背厶谓之公”。

4 **以：**通“已”。

5 **为：**如果。

6 **廉：**当作“兼”。

7 **厉：**“砺”的古字，磨。

8 **荐绅：**即“搢绅”，古代官吏上朝时把笏（朝见君主时拿的手板）插在衣带间，叫作搢绅，后来就把做官的称为“搢绅”。这里指穿着宽袍、束着大带而不从事耕战的儒生。荐，通“搢”(jìn)，插。绅，宽大的衣带。

9 **距：**通“拒”。

10 **介：**通“甲”。

原文

且世之所谓贤者，贞信之行也；所谓智者，微妙之言也。微妙之言，上智之所难知也。今为众人法，而以上智之所难知，则民无从识之矣。故糟糠不饱

译文

况且社会上所谓的贤能，是指做出忠贞诚实的行为；所谓的聪明，是指说出深奥玄妙的言辞。那些深奥玄妙的言辞，是最聪明的人也难以理解的。现在制定民众所遵守的法规，却使用这些最聪明的人都难以理解的言辞，那么民众就没有办法了解它了。那些连酒糟、稻糠都还吃不饱的人不会去追求米饭和鱼肉，连粗布衣服都还不完整的人不会去期待绣有花纹的华

者不务粱肉，短褐[1]不完者不待文绣。夫治世之事，急者不得，则缓者非所务也。今所治之政，民间之事，夫妇所明知者不用，而慕上知之论[2]，则其于治反矣。故微妙之言，非民务也。若夫贤良贞信之行者[3]，必将贵不欺之士；贵不欺之士者，亦无不欺之术也。布衣相与交，无富厚以相利[4]，无威势以相惧也，故求不欺之士。今人主处制人之势，有一国之厚，重赏严诛，得操其柄，以修明术之所烛，虽有田常、子罕之臣，不敢欺也，奚待于不欺之士？今贞信之士不盈于十，而境内之官以百数，必任贞信之士，则人不足官。人不足官，则治者寡而乱者众矣。故明主之道：

丽服装。同样，治理国家的政务，紧急的事情还没有能得到解决，那么不紧迫的事情就不是所要从事的了。现在治理国家的政治措施，对于民间的处事方法，一般男女都能明白理解的办法不去采用，却去追求那些最聪明的人都难以理解的言论，那么这对于治理国家来说就是在背道而驰了。所以，那些深奥玄妙的言论，并不是民众所追求的东西。至于把忠贞诚实的行为看成是贤能的君主，一定会尊重不从事欺骗的老实人；尊重老实人的君主，也实在是没有不被欺骗的手段啊。平民百姓互相结交，既没有财富来使对方追求自己，又没有权势来使对方害怕自己，所以要寻求不从事欺骗的老实人。现在君主占有了制服别人的权势，拥有了全国的财富，无论是优厚的奖赏还是严厉的处罚，都能掌握它们的行使权，可以用它们来整治高明的统治手段所洞察到的事情，因此即使有田常、子罕似的臣子，也不敢进行欺骗，哪里还要依靠不从事欺骗的老实人呢？现在忠贞诚实的人不满十个，而国内的官职却数以百计，如果一定要任用忠贞诚实的人，那么能做官的合格人才就不够用来应付官职的需要。能做官的合格人才不够用来应付官职的需要，那么能够把政事治理好的官吏就少了，而把政事搞乱的官吏就多了。所以英明君主的治国办法是：专一实行法治而不去访求那些搬弄玄妙之辞的所谓聪明人，牢固地掌握权术而不去

一法而不求智，固术而不慕信。故法不败，而群官无奸诈矣。

仰慕那些忠贞诚实的所谓老实人。所以法治不会被破坏，而官吏们也就没有邪恶欺诈的行为了。

注释

1 **短褐**：即"裋褐"，是制作粗糙的毛布衣服。短，"裋"字之形误。

2 **上知之论**：指"微妙之言"。知，通"智"。

3 **贤**：以……为贤。 **良**：衍文。

4 **厚**：财富。 **相**：偏指性副词，指代别人。 **利**：贪，用作使动词。

原文

今人主之于言也，说[1]其辩而不求其当焉；其用于行也，美其声而不责其功焉。是以天下之众，其谈言者务为辩而不周于用，故举先王言仁义者盈廷，而政不免于乱；行身者竞于为高而不合于功，故智士退处岩穴，归禄不受，而兵不免于弱。兵不免于弱，政不免于乱，此其故何也？民之所誉，上之所礼，乱

译文

现在君主对于臣下的言谈，只喜欢悦耳动听而不去责求是否与事实相符；君主用臣下去做事，只欣赏他的名声而不去责求他的功效。因此，天下的民众，其中游说的人都致力于说得动听而不切合实用，所以推崇古代帝王而大谈仁义的儒生挤满了朝廷，但国家的政局仍然不能免于混乱；修身积德的人都争着装作清高而没有实际的功效，所以聪明的人隐居在深山洞穴之中，归还君主给他们的俸禄而不愿意接受官爵，因而国家的兵力不能免于削弱。国家的兵力不能免于削弱，政局不能免于混乱，这里面的原因是什么呢？就是因为民众所赞誉的，君主所尊重的，都是些使国家混乱的办法。现在国境内的民众都在谈论治国的问题，家家都藏有商鞅、管仲的法学著作，但是国家却越来越穷，这是因为空谈耕作的人很多而拿着农具去

国之术也。今境内之民皆言治，藏商、管之法者家有之，而国愈贫，言耕者众、执耒者寡也；境内皆言兵，藏孙、吴之书者家有之[2]，而兵愈弱，言战者多、被[3]甲者少也。故明主用其力，不听其言；赏其功，必禁无用。故民尽死力以从其上。夫耕之用力也劳，而民为之者，曰：可得以富也。战之为事也危，而民为之者，曰：可得以贵也。今修文学，习言谈，则无耕之劳而有富之实，无战之危而有贵之尊，则人孰不为也？是以百人事智而一人用力。事智者众，则法败；用力者寡，则国贫。此世之所以乱也。

种地的人很少啊；现在国境内的民众都在谈论打仗的问题，家家都藏有孙子、吴起的军事著作，但是国家的兵力却越来越弱，这是因为空谈战争的人很多而披着铠甲去打仗的人很少啊。所以英明的君主使用臣民的力气，而不去听他们的空谈；奖赏他们的功劳，而坚决禁止没有实际效用的行为。所以民众都拼命尽力来侍奉他们的君主。种地要使用力气，是很劳苦的，而民众之所以去干这种事，是认为：可以靠它使自己富裕起来。打仗作为一种事业，是很危险的，而民众之所以去干这种事，是认为：可以靠它使自己显贵起来。现在研究文献典籍，学习谈论辩说，那就没有种地的劳苦便有了富裕的实利，没有打仗的危险便得到了显贵的高官，那么人们哪一个不愿干呢？因此很多人去从事研究文献典籍、学习谈论辩说等智力活动而只有百分之一的人去干种地、打仗等使用力气的事。从事智力活动的人多了，那么法治就会败坏；使用力气的人少了，那么国家就会贫穷。这就是社会混乱的原因啊。

注释

1 **说**：通“悦”。

2 **孙**：指孙武，春秋时著名的军事家。今传《孙子兵法》为我国现存最早最杰出的兵书。 **吴**：指吴起。《汉书·艺文志》著录“《吴起》四十八篇”，现存《吴子》六篇，是后世伪托之作。

3 **被**(pī)：通“披”。

原文

故明主之国，无书简之文，以法为教；无先王之语，以吏为师；无私剑之捍[1]，以斩首为勇。是境内之民，其言谈者必轨于法，动作者归之于功，为勇者尽之于军。是故无事则国富，有事则兵强，此之谓王资。既畜王资而承敌国之舋[2]，超五帝侔三王者[3]，必此法也。

译文

所以在英明君主所统治的国家里，废除书籍上的文献经典，而拿法令作为教育的内容；摒弃古代帝王的陈词滥调，而用执法的官吏做老师；制止私门豢养的刺客的强暴行径，而把上阵杀敌当作勇敢。这样，国境内的民众，其中游说的人一定会把自己的言论纳入到法令的轨道，做事的人一定会把自己的力量集中到有实际功效的农业生产上来，施展勇力的人一定会把自己的勇敢全部用在从军杀敌上。所以，如果没有战事，那么国家就富足；如果有战事，那么兵力就强大：这就是称王天下的资本。已经积蓄了称王天下的资本，再利用敌国的漏洞，要超过五帝、等同三王，一定得采用这种办法啊。

注释

1 **捍**：通“悍”，强悍。

2 **畜**：积蓄。 **承**：通“乘”，凭借，利用。 **舋**(xìn)：同“衅”，缝隙。

3 **五帝**：古代说法不一，一般是指黄帝、颛顼(zhuān xū)、帝喾(kù)、尧、舜。**三王**：古代说法不一，一说指夏禹、商汤、周文王；一说指三代开国之王，即夏代禹、商代汤、周代文王与武王。

原文

今则不然。士民纵恣于内，言谈者为势于外。外内称恶，以待强敌，不亦殆乎？故群臣之言外事者，非有分于从衡之党[1]，则有仇雠之患而借力于国也。从者，合众弱以攻一强也；而衡者，事一强以攻众弱也：皆非所以持国也。今人臣之言衡者皆曰："不事大，则遇敌受祸矣。"事大未必有实，则举图而委、效玺而请兵矣。献图则地削，效玺则名卑；地削则国削，名卑则政乱矣。事大为衡，未见其利也，而亡地乱政矣。人臣之言从者皆曰："不救小而伐大，则失天下；失天下，则国危；国危而主卑。"救小未必有实，则起兵

译文

现在却不是这样。儒生、游侠等人在国内放纵恣肆，为所欲为，游说君主的纵横家在国外造就自己的势力。他们内外作恶，君主靠这种条件来对付强大的敌人，不也是很危险了吗？所以群臣之中那些议论外交事务的人，不是和合纵或连横的朋党有关系，就是有仇敌的忧患而想借用国家的力量。所谓合纵，就是联合许多弱小的国家去攻打一个强大的国家；而所谓连横，就是侍奉一个强大的国家去攻打众多弱小的国家：它们都不是用来保全国家的办法。现在臣子中那些主张连横的都说："不侍奉大国，那么一碰上敌人就一定会遭殃了。"侍奉大国不一定有什么实际成果，却首先得拿自己的地图去交给大国、并献上君臣的印玺来请求军事援助。献上了地图，国家的领土就减少了；献上了印玺，国君的名声就低下了。国家的领土减少，国家就削弱了；国君的名声低下，国内的政事就混乱了。侍奉大国搞连横，还没有见到它的好处，却已经丧失了国土、搞乱了政事。臣子中那些主张合纵的都说："不去援救小国而攻打大国，就会失去诸侯各国的信任；失去诸侯各国的信任，那么国家就危险了；国家危若累卵，那么君主的地位就低下了。"援救小国不一定有什么实际效果，却首先得发动军队去和大国作战。援救小国不一定就能保存它，而和大国交战不一定就没有疏忽之处，有了疏忽

而敌大矣。救小未必能存，而交大未必不有疏，有疏，则为强国制矣。出兵则军败，退守则城拔。救小为从，未见其利，而亡地败军矣。是故事强，则以外权士[2]官于内；救小，则以内重[3]求利于外。国利未立，封土厚禄至矣；主上虽卑，人臣尊矣；国地虽削，私家富矣。事成，则以权长重；事败，则以富退处。人主之听说于其臣，事未成则爵禄已尊矣；事败而弗诛，则游说之士孰不为用矰缴[4]之说而徼幸其后？故破国亡主，以听言谈者之浮说。此其故何也？是人君不明乎公私之利，不察当否之言，而诛罚不必其后也。皆曰："外事，大可以王，小可以安。"夫王者，

之处，那就会被强大的国家控制了。如果出兵进攻，那么军队就会被打败；如果退兵防守，那么城池就会被攻克。援救小国搞合纵，还没有看到它的好处，却已经使国土沦丧、军队溃败了。所以，侍奉强国，就让那些主张连横的人依靠国外的权势在国内做了官；援救小国，就让那些主张合纵的人依靠国内的权势到国外去谋求私利。国家的利益还没有成就，搞合纵连横的人却得到了分封的领地和优厚的爵禄；君主即使地位降低，而臣下的地位却提高了；国家的领土虽然减少了，但臣下的家门却富足了。事情如果办成了，那么这些纵横家就会凭借取得的权势长期被重用；事情如果失败了，那么他们就依靠获得的财富隐居起来。君主听信这些主张合纵连横的臣子的说法，结果事情没有办成，而他们的爵位、俸禄就已经很高了；事情就是失败了，他们也不受惩处，那么游说的人哪一个不去利用这种有得无失的言论来碰运气呢？所以，使国家破灭，使君主死亡，都是因为听信了这些纵横家的空谈。造成这种状况的原因是什么呢？这是因为君主对公私之间的利益不能明辨，对得当与不得当的言论不能审察，而在事败之后又不能坚决地惩罚他们啊。君主们都说："搞外交活动，收效大可以称王天下，收效小可以保持国家的安全。"所谓称王天下，是指能进攻别人；而所谓安全，那就不可能被别人攻破。所谓强大，就

能攻人者也；而安，则不可攻也。强，则能攻人者也；治，则不可攻也。治强不可责于外，内政之有[5]也。今不行法术于内，而事智于外，则不至于治强矣。

是能进攻别人；所谓安定，那就不可能被别人攻破。国家的安定强大不能求助于外交活动，而只能从做好国内的政务中取得。现在不在国内实行法治、术治，却在外交上费心劳神，那就不可能达到国治兵强的地步了。

注释

1 **有分(fèn)于**：在……中占有一份，从属于。 **从(zòng)**：通“纵”，南北为纵，这里指合纵。战国时苏秦主张齐、楚、燕、韩、赵、魏六国结成联盟对抗秦国，由于六国在位置上成南北向，所以称“合纵”。 **衡**：通“横”，东西为横，这里指连横。秦国为了对付合纵，采纳张仪的主张，与六国分别结成联盟，以便各个击破。由于秦国在六国的西面，东西联合，所以称“连横”。

2 **士**：通“仕”。

3 **重**：权势。

4 **矰缴(zēng zhuó)**：带丝线的箭，射出后可以收回，即使射不到鸟，箭也不会丢失。这里用作比喻，指纵横家用来猎取功名富贵的虚言浮词，就像用来猎取鸟雀的矰缴一样，有得而无失。矰，射鸟用的短箭。缴，系在箭上的生丝线。

5 **有**：取得。

原文

鄙谚曰：“长袖善舞，多钱善贾。”此言多资之易为工也。故治强易为谋，弱乱难为计。故用于秦者，

译文

俗话说：“袖子长有利于跳舞，本钱多好做买卖。”这是说凭借的条件优裕，就容易把事情做好。所以安定强盛的国家容易给它出主意，衰弱混乱的国家就难以给它想办法。所以被强大的秦国所任用的人，情况即使多次发生了

十变而谋希[1]失；用于燕[2]者，一变而计希得。非用于秦者必智，用于燕者必愚也，盖治乱之资异也。故周[3]去秦为从，期年而举；卫离魏为衡，半岁而亡[4]。是周灭于从，卫亡于衡也。使周、卫缓其从衡之计，而急其境内之治；明其法禁，必其赏罚；尽其地力以多其积，致其民死以坚其城守。天下得其地，则其利少；攻其国，则其伤大：万乘之国莫敢自顿于坚城之下，而使强敌裁其弊也。此必不亡之术也。舍必不亡之术而道[5]必灭之事，治国者之过也。智困于内而政乱于外[6]，则亡不可振也。

变化而他的计谋也很少失败；被弱小的燕国所任用的人，情况即使只变化了一次而他的计谋也很少获得成功。这并不是被秦国任用的人一定聪明，而被燕国任用的人一定愚蠢，而是因为他们所凭借的条件有安定与混乱的区别啊。所以周国背离了秦国搞合纵，一年就被攻克了；卫国背离了魏国搞连横，半年就丧失了主权。这样看来，周国是由于合纵而亡了国，卫国是由于连横而亡了国。假如周国、卫国慢一点实施他们合纵、连横的计划，而加紧他们国内的治理；彰明他们的法律禁令，坚决地实行赏罚；充分发挥国内土地的生产能力来增加自己的积蓄，引导他们的民众甘愿拼死来加强城池的守卫。其他诸侯国如果要夺取他们的领土，那么得到的好处将会很少；如果要攻打他们的国家，那么遭到的伤亡将会很大：这样，即使是拥有万辆兵车的大国也不敢在这种坚固的城防之下把自己拖得困顿不堪，而让强大的敌人抓住自己疲乏的机会来制裁自己。这才是使自己的国家一定不会灭亡的办法啊。抛弃了这种一定不会亡国的办法而去干势必会亡国的事情，这是治国者的过错啊。在外交上无计可施而在国内又政局混乱，那么国家就会灭亡而不可挽救了。

注释

1 **希**：同“稀”，稀少。

2 **燕**:燕国,战国七雄之一,但在七国中力量较弱。

3 **周**:指战国时的小国西周。公元前256年,西周君背离秦国,和其他诸侯国合纵攻秦,被秦击败,西周君(西周武公)入秦,尽献其邑三十六。

4 **亡**:指君主无权,卫国成为附庸后,君主没有主权,所以说“亡”。

5 **道**:遵行。

6 这句当作“智困于外而政乱于内”。

原文

民之政[1]计,皆就安利如辟危穷[2]。今为之攻战,进则死于敌,退则死于诛,则危矣;弃私家之事而必汗马[3]之劳,家困而上弗论,则穷矣。穷危之所在也,民安得勿避?故事私门而完解舍[4],解舍完则远战,远战则安。行货赂而袭当涂[5]者,则求得;求得,则私安;私安,则利之所在,安得勿就?是以公民少而私人众矣。

夫明王治国之政,使其商工游食之民少而名卑,以寡趣本务而

译文

人们通常的盘算,都是追求安全和利益而避开危险和穷困。现在让他们去打仗,前进就会死在敌人手中,后退就会死于刑罚,那就够危险的了;丢掉了自己的家业而一定会遭到激战的劳苦,家中贫困而君主不加过问,那就够穷困的了。穷困、危险的地方,人们怎能不躲避?所以人们便侍奉在权贵大臣的门下而给他们修缮房屋;权贵大臣的官舍修好了,就可以不去打仗;不去打仗,就安全了。或者进行贿赂去追随当权者,对富贵利禄的要求就能得到满足;对官爵的要求能得到满足,那么个人就安逸了;个人安逸,就是有利的事情,人们哪能不去追求呢?因此为国家和君主出力的人少而为大臣权贵出力的人就多了。

英明君主治理国家的政策,是使自己国内的商人、工匠和不定居而到处混饭吃的人尽量减少而且名声低下,这是因为人们很少

趋末作[6]。今世近习之请行，则官爵可买；官爵可买，则商工不卑也矣。奸财货贾得用于市，则商人不少矣。聚敛倍农而致尊过耕战之士，则耿介之士寡而高价之民多矣。

愿意去从事农耕而都愿意去经营工商业。当今这个社会，君主的亲信受人贿赂、请托而向君主说情的事能行得通，所以官职、爵位就可以花钱买到；官职、爵位可以买到，那么商人、工匠的地位就不卑贱了。不义之财的投机行为能在市场上通行，那么商人的收入就不会少了。商人搜刮到的钱财比农民的收入要多一倍而得到的尊贵地位又超过了种地打仗的人，那么光明正大依法立功的耕战之士就会减少而抬高物价非法牟利的商人就会增多了。

注释

1 **政**：通“正”，正常。

2 **如**：而。 **辟**：通“避”。

3 **汗马**：使战马出汗，指艰苦的战斗。

4 **完**：使完好。 **解舍**：官舍。解，通“廨”(xiè)。

5 **涂**：通“途”。

6 **以**：因为。 **趣**(qū)：通“趋”，趋向。 **本务**：根本的事务，指农业。 **末作**：不重要的劳作，指工商业。

原文

是故乱国之俗：其学者，则称先王之道以籍[1]仁义，盛容服而饰辩说，以疑[2]当世之法，而贰人主之心。其言古者[3]，为设诈称[4]，借

译文

所以扰乱国家的风气是：那些学习研究文献典籍的儒生，便称颂古代帝王的政治措施而凭借仁义进行说教，讲究仪表服饰并修饰言辞高谈阔论，用这种方法来和当代的法治相抗衡，使君主的思想不能专一于法治上。那些到处游说的纵横家，捏造事实，

于外力，以成其私，而遗社稷之利。其带剑者，聚徒属，立节操，以显其名，而犯五官[5]之禁。其患御者，积于私门，尽货赂，而用重人之谒，退汗马之劳。其商工之民，修治苦窳之器，聚弗靡之财[6]，蓄积待时，而侔[7]农夫之利。此五者，邦之蠹也。人主不除此五蠹之民，不养耿介之士，则海内虽有破亡之国、削灭之朝，亦勿怪矣。

编造谎言，借助于外国的力量，来成就他们的私利，从而丢掉了国家的利益。那些佩带宝剑的侠客，纠合党徒部属，标榜气节操守，以此来显扬自己的名声，而肆意触犯国家各个部门颁发的禁令。那些担心去打仗的人，聚集在权贵门下，用尽财货进行贿赂，利用权贵大臣的说情请托，来逃避作战的劳苦。那些从事商业和手工业的人，制造粗劣的器物，搜罗供人挥霍浪费的货物，将它们囤积起来等待时机，以此来牟取农民的利益。这五种人，是国家的蛀虫。君主如果不除去这五种蛀虫似的人，不培养光明正大的耕战之士，那么天下即使有残破沦亡的国家、削弱覆灭的朝廷，也不必奇怪了。

注释

1 **籍：**通“借(藉)”，凭借。

2 **疑：**通“拟”，匹敌。

3 **言古者：**当作“言谈者”，指纵横家。

4 **为设：**虚构。为，通“伪”。 **诈称：**谎说。

5 **五官：**指司徒、司马、司空、司士、司寇五种重要官职，国家的大权由他们分职执掌。

6 **弗靡：**奢侈。 **财：**货物。

7 **侔：**通“牟”，谋取。

显 学

导读

显学，即显赫的学派，指当时的儒家和墨家两大学派。文章重点批判了当时最为显赫的儒、墨两大学派，阐明了作者的政治主张。

韩非首先回顾了儒、墨两大学派的历史发展，以“参验”论为武器，批判了儒、墨学说的虚伪性。他指出，儒、墨对尧、舜“取舍不同”而“皆自谓真尧、舜”，孔、墨后学对孔、墨的“取舍相反不同，而皆自谓真孔、墨”，实际上都不过是“无参验而必之”“弗能必而据之”的“愚诬之学”。接着，韩非又以矛盾律为武器，指出“孝、戾、侈、俭”“宽、廉、恕、暴”都不过是些“杂反之学”，“人主俱听之”只能导致国家的混乱。

其次，韩非从人性趋利避害的观点出发，指出儒家“与贫穷地以实无资”的主张，实际上是“夺力俭而与侈堕”，会妨碍人民“疾作而节用”的积极性。而杨朱一派的“义不入危城，不处军旅”，也必定会妨碍使人民“出死而重殉上事”的政策的推行。

再次，韩非从功利主义的观点出发，指出儒者脱离实际地去“语已治之功”“言先王之仁义”都不过像巫祝的祈祷那样，是些无用之辞，“无益于治”。

韩非批判显学的目的是要当代的君主抛弃这些“愚诬之学”“杂反之行”，从而实行自己的法治主张。所以，他在批判显学的同时也尖锐地批判了“世主”“兼听杂学、缪行、同异之辞”，“征敛于富人以布施于贫家”，“尊贵轻物重生之士”，“敬贤士”，“养儒侠”，“是而不用，非而不息”等一系列尊重显学的错误，认为这些都是不利于耕战、无益于治国的“乱亡之道”，必须彻底抛弃。

有破便有立，韩非在大破显学与世主之行的基础上提出了自己的政治主张。

首先，韩非主张用政治手段来干预思想学术的发展，即“若是其言，宜布之官而用其身；若非其言，宜去其身而息其端”，以免造成思想界的混乱，使“海内之士，言无定术，行无常议”，最后导致国家的败亡。可见，韩非是反对百家争鸣的，他写《显学》篇的目的，是想说服君主，用君主的权势去禁止儒、墨的学说。这是韩非的专制思想在思想统治领域中的具体体现。

其次，韩非提出了任用、选拔官吏的原则：一是必须量功录用，注意严格考核，即“试之官职，课其功伐”；二是必须逐级提拔，注重官吏的实际工作经验，即“宰相必起于州部，猛将必发于卒伍”；三是必须重赏厚禄，鼓励官吏进取，也就是使“爵禄厚”“官职大”。

最后，韩非提出了注重实力、强调功利、推行强权政治的法治主张，即“明君务力”，“举实事，去无用”，“不恃人之为吾善也，而用其不得为非也”，“不务德而务法”，不“求贤智”，不“期适民”，“明吾法度，必吾赏罚”。这些都是韩非法治思想的基本观点。他崇尚实力、强调功利，无疑是当时以攻战为务的社会现实在意识形态上的反映。

原文

世之显学，儒、墨也。儒之所至，孔丘[1]也。墨之所至，墨翟[2]也。自孔子之死也，有子张[3]之儒，有子思[4]之儒，有颜氏[5]之儒，有孟氏[6]之儒，有漆雕氏[7]之儒，有仲梁氏[8]之儒，有孙氏[9]之儒，

译文

当代名声显赫的学派，是儒家、墨家。儒家造诣最高的，是孔丘。墨家造诣最高的，是墨翟。自从孔子死了以后，有子张一派的儒家，有子思一派的儒家，有颜回一派的儒家，有孟轲一派的儒家，有漆雕启一派的儒家，有仲梁子一派的儒家，有公孙尼子一派的儒家，有乐正子春一派的儒家。自从墨子死了以后，有相里勤一派的墨家，有相夫子一派的墨家，有邓陵子一派的墨家。所以孔子、墨子死了以后，儒家分成八派，墨家分为三派，他们采取的和舍弃的主张互相

有乐正氏[10]之儒。自墨子之死也，有相里氏[11]之墨，有相夫氏[12]之墨，有邓陵氏[13]之墨。故孔、墨之后，儒分为八，墨离为三，取舍相反不同，而皆自谓真孔、墨，孔、墨不可复生，将谁使定世之学乎？孔子、墨子俱道尧、舜，而取舍不同，皆自谓真尧、舜，尧、舜不复生，将谁使定儒、墨之诚乎？殷、周七百余岁[14]，虞、夏二千余岁[15]，而不能定儒、墨之真，今乃欲审尧、舜之道于三千岁之前，意者其不可必乎！无参验而必之者，愚也；弗能必而据之者，诬也。故明据先王，必定尧、舜者，非愚则诬也。愚诬之学[16]，杂反之行[17]，明主弗受也。

对立，各不相同，但都说自己的主张是真正的孔子、墨子的思想，孔子、墨子不可能再活过来，那将让谁来判定当代的这些学派是不是得到了孔、墨的真传呢？孔子、墨子都称道尧、舜，但他们所采取的和舍弃的主张也不同，却也都说自己的主张是真正的尧、舜的思想，尧、舜不可能再活过来，那将让谁来确定儒家、墨家究竟哪一家的说法是真的呢？从儒家所崇尚的商、周之际到现在七百多年了，从墨家所向往的虞、夏之际到现在两千多年了，尚且不能断定儒家所宣扬的周道、墨家所称说的夏道在当时的真相，现在却想弄清三千年之前的尧、舜之道，想必那是不可能确定的吧！不用事实加以验证就对事物作出决断，是愚蠢；不能确定事物的真假就把它作为依据，是欺骗。所以，那种宣扬并依据古代帝王之道，肯定尧、舜事迹的行为，不是愚蠢就是骗人。愚蠢骗人的学说，杂乱矛盾的行为，英明的君主是不会接受的啊。

注释

1 **孔丘**（前 551—前 479）：字仲尼，鲁国陬（zōu）邑（今山东曲阜）人，是春秋末期著名的思想家和教育家，儒家学派的创始人。他崇尚尧、舜之道，主张恢复周礼，倡导以仁爱为基础的孝、悌、忠、信的道德礼教以及“君君、臣臣、父父、子子”的等级秩序。

2 **墨翟**(dí)(约前 468—约前 376):宋国人,一说鲁国人,是春秋战国之际的思想家,墨家学派的创始人。他主张兼爱、非攻、尚贤、节用、节葬、非乐等,在一定程度上反映了人民的要求和愿望,因而使墨家在战国时代成为一个显赫的学派。

3 **子张**:即颛(zhuān)孙师,子张是他的字,春秋时陈国人,孔子弟子。

4 **子思**:孔子的孙子,名伋(jí),字子思,战国时鲁国人,曾为鲁穆公之师。

5 **颜氏**:指颜回(前 521—前 490),春秋末鲁国人,名回,字子渊,孔子弟子,安贫乐道,以德行著称。

6 **孟氏**:指孟子(约前 372—前 289),名轲,字子舆,战国时邹(在今山东邹城东南)人。他主张"行仁政"以"王天下",是孔子以后儒家学派中最有权威的代表人物。

7 **漆雕氏**:名启,字子开,孔子弟子。

8 **仲梁氏**:指战国时鲁国的仲梁子。他继承了曾参、子夏的学说。

9 **孙氏**:指公孙尼子,是孔子的再传弟子。

10 **乐正氏**:指乐正子春,曾参的弟子,以孝闻名。

11 **相里氏**:名勤,墨家学派的代表人物之一,继承了墨家勤俭力行的作风。

12 **相夫氏**:墨家学派的代表人物之一。

13 **邓陵氏**:即邓陵子,楚国人,墨家学派的代表人物之一,他较多地继承了墨家的理论学说。

14 **殷、周七百余岁**:指从商、周之际到韩非的时候七百多年。儒家学派主张恢复周礼,宣称自己的学说发源于商末周初的周公旦,所以韩非从那时算起。殷,即商,商朝的时代约在公元前 17 世纪初至公元前 11 世纪。

15 **虞、夏二千余岁**:指从虞、夏之际到韩非的时候两千多年。墨家学派主张恢复夏道,假托自己的学说源于虞、夏之际的夏禹,所以韩非从那时算起。虞,虞代,即舜在位的时代,约在公元前 22 世纪。夏,夏代,是禹建立的王朝,约在公元前 22 世纪末至公元前 17 世纪初。

16 **愚诬之学**:针对"孔子、墨子俱道尧、舜"而言。

17 **杂反之行**:针对儒、墨后学而言。儒、墨各派取舍不同,所以称之为"杂";

各派取舍相反，所以称之为“反”。

原文

墨者之葬也，冬日冬服，夏日夏服，桐棺三寸，服丧三月，世主以为俭而礼之。儒者破家而葬，服丧三年，大毁[1]扶杖，世主以为孝而礼之。夫是墨子之俭，将非孔子之侈也；是孔子之孝，将非墨子之戾[2]也。今孝、戾、侈、俭俱在儒、墨，而上兼礼之。漆雕之议，不色挠，不目逃，行曲则违于臧获[3]，行直则怒于诸侯，世主以为廉而礼之。宋荣子之议[4]，设[5]不斗争，取不随仇，不羞囹圄，见侮不辱，世主以为宽而礼之。夫是漆雕之廉，将非宋荣之

译文

墨家的丧葬主张是，人死在冬天就穿着冬季的衣服下葬，死在夏天就穿着夏季的衣服下葬，用梧桐木做的棺材只需三寸厚；为父母守丧只要三个月，当代的君主认为他们节俭而敬重他们。儒家不惜倾家荡产来进行丧葬，为父母守丧要三年，而且要哀痛得极大地毁坏自己的身体，以致要别人搀扶才能站起来，拄着拐杖才能走路，当代的君主认为他们孝顺父母而敬重他们。如果肯定墨子的节约俭朴，就必定要否定孔子的奢侈浪费；如果赞成孔子的孝顺父母，就必定要反对墨子违背人情。现在孝顺、无情、奢侈、节俭都包含在儒家、墨家的主张之中，而君主却同时敬重他们。漆雕子的主张是，面对威胁不在脸色上露出屈服的表情；不在眼睛里显出逃避的神色；如果自己行为不端正，那么对于地位低下的奴仆都回避退让；如果自己行为正直，那么对于地位高贵的诸侯也敢严厉斥责；当代的君主认为他方正刚直而敬重他。宋荣子的主张是，所宣扬的言论是不和别人争斗，所采取的态度是不追逐仇人加以报复，不把坐牢当作羞耻，被欺侮也不以为耻辱，当代的君主认为他宽宏大量而敬重他。如果肯定漆雕子的刚正，就必定要否定宋荣子的宽恕；如果赞成宋荣子的大度，就必定要反对漆雕子的凶暴。现在大度、刚正、宽恕、凶暴都

恕也；是宋荣之宽，将非漆雕之暴也。今宽、廉、恕、暴俱在二子，人主兼而礼之。自愚诬之学、杂反之辞争，而人主俱听之，故海内之士，言无定术，行无常议。夫冰炭不同器而久，寒暑不兼时而至，杂反之学不两立而治。今兼听杂学、缪行、同异之辞[6]，安得无乱乎？听行如此，其于治人又必然矣。

包含在他们二人的主张之中，君主却同时去敬重他们。自从愚蠢骗人的学说、杂乱矛盾的说法互相争辩以来，君主对它们全都听从，所以天下的文人，说话没有确定的思想原则，做事没有固定的道德准则。冰块和炭火放在同一个容器里不可能持久，严寒和炎热不可能在同一个季节中到来，杂乱矛盾的学说不可能同时并存而将国家治理好。现在君主同时接受这些杂乱的学说、乱七八糟的行为、互相矛盾的言论，国家哪能不混乱呢？君主听取言论、做起事来像这个样子，那么他在治理民众方面也必定是这样的了。

注释

1 **毁：**守丧时因哀伤过度、无心饮食而毁坏身体。

2 **戾**(lì)**：**违背。

3 **臧获：**奴婢。

4 **宋荣子：**战国时宋国人，他反对战争，与墨子的非攻主张相似。 **议：**通“义”，学说，主张，道德准则。下一“议”字同。

5 **设：**设言，提倡。

6 **杂学：**指“言无定术”。 **缪**(miù)**行：**指“行无常议”。缪，通“谬”。 **同异：**指取舍不同、相互矛盾的主张。

原文

今世之学士语治者多曰：“与贫穷地以实无资。”今夫与人相

译文

当代的学者中谈论治国的人多半说：“把土地赐给贫穷的人，以便使这些没有资财的人充实富足起来。”现在那些和别人条

若也，无丰年旁入之利而独以完给者[1]，非力则俭也。与人相若也，无饥馑、疾疚、祸罪之殃独以贫穷者，非侈则惰也。侈而惰者贫，而力而俭者富。今上征敛于富人以布施于贫家，是夺力俭而与侈堕[2]也，而欲索民之疾作而节用，不可得也。

件相似，没有丰收的年成和额外收入的利益而唯独能自给自足的人，不是因为勤劳就是因为节俭。那些和别人条件相似，没有遭到荒年、久病、灾祸、刑罚的残害而偏偏贫穷的人，不是因为奢侈就是因为懒惰。奢侈而懒惰的人贫穷，勤劳而节俭的人富裕。现在君主向富人征收财物来施舍给贫穷的人家，这是在掠夺勤劳、节俭的人而赏赐奢侈、懒惰的人，这样的话，想求得民众勤快耕作和省吃俭用，是不可能的啊。

注释

1 **完**：完好，保全。 **给**(jǐ)：丰足，给养充足。

2 **堕**：通“惰”。

原文

今有人于此，义不入危城，不处军旅，不以天下大利易其胫一毛[1]，世主必从而礼之，贵其智而高其行，以为轻物重生之士也。夫上所以陈良田大宅、设爵禄，所以易民死命也。今上尊贵轻物重生之士，而索民之出死而重殉上事[2]，

译文

现在有人在这里，主张不进入有战争危险的城池，不待在军队之中，不拿天下的大利来换取自己小腿上的一根汗毛，当代的君主一定因此而敬重他，珍视他的见识而推崇他的品行，把他看作是轻视物质利益、珍重自己生命的人。君主之所以拿出肥沃的土地和宽敞的住宅、设置官爵和俸禄，是为了用它们来换取民众为自己卖命。现在君主尊重轻视物质利益而珍重自己生命的人，那么要求民众豁出生命、看重君主

不可得也。藏书策[3]，习谈论，聚徒役，服[4]文学而议说，世主必从而礼之，曰："敬贤士，先王之道也。"夫吏之所税，耕者也；而上之所养，学士也。耕者则重税，学士则多赏，而索民之疾作而少言谈，不可得也。立节参[5]民，执操不侵，怨言过于耳，必随之以剑，世主必从而礼之，以为自好之士。夫斩首之劳不赏，而家斗之勇尊显，而索民之疾战、距敌而无私斗[6]，不可得也。国平则养儒侠，难至则用介[7]士。所养者非所用，所用者非所养，此所以乱也。且夫人主于听学也，若是其言，宜布之官而用其身；若非其言，宜去其身而息其端。今以为是也，而弗布于官；以为非也，而不息其端。是而不

的事业并愿意为它献身，是不可能的啊。现在有人收藏图书典籍，练习言谈辩论，收揽门徒，熟读文献典籍来高谈阔论、进行游说，当代的君主一定因此而敬重他，还说："尊敬贤能的人，是古代圣明帝王的原则。"官吏征税的对象，是种地的农民；而君主供养的人，却是学者。对种地的人从重收税，对学者却多加奖赏，像这样，要求民众勤快地耕作而少去从事议论辩说，是不可能的啊。现在有人标榜气节而与民抗衡，坚守节操而不容侵犯，怨恨他的话一传到耳朵里，他一定会拿着剑去追杀怨恨他的人，当代的君主一定因此而敬重他，把他看作是爱惜自己声誉的人。那为国杀敌的功劳得不到奖赏，而为私家争斗的所谓勇士却尊贵显赫，像这样，想要民众奋勇作战、抵抗敌人而不为私家争斗，是不可能的啊。国家太平的时候供养儒生和侠客，战祸来了却使用身穿铠甲的战士。所供养的人不是所使用的人，所使用的人不是所供养的人，这是产生祸乱的原因。再说，君主在听取各种学说的时候，如果认为那些言论是对的，就应该在官府中公布这些言论并任用发表这些言论的人；如果认为那些言论是不对的，就应该除去发表这些言论的人而消灭这些言论的根源。现在君主认为是对的，也不在官府中加以公布；认为不对，也不消灭它的根源。认为对而不加采用，认为错而不加消灭，这是使

用，非而不息，乱亡之道也。

国家混乱灭亡的做法啊。

注释

1 **不以天下大利易其胫一毛：**指拔掉自己小腿上的一根毫毛能够使天下人得利，他也不愿干。这是战国时期杨朱学派的基本思想。

2 **重殉上事：**即“重上事而殉上事”。

3 **策：**通“册”。

4 **服：**从事，指诵读。

5 **参：**并立，匹敌。

6 **疾：**急切地从事。 **距：**通“拒”。

7 **介：**通“甲”。

原文

澹台子羽[1]，君子之容也，仲尼幾[2]而取之，与处久而行不称其貌。宰予[3]之辞，雅而文也，仲尼幾而取之，与处久而智不充其辩。故孔子曰：“以容取人乎，失之子羽；以言取人乎，失之宰予。”故以仲尼之智而有失实之声。今之新辩滥乎宰予，而世主之听眩乎仲尼，为悦其言，因任其身，则焉

译文

澹台子羽，有君子的仪表，孔子察看了他的容貌就收他为弟子，和他相处久了发现他的行为和他的仪表并不相称。宰予的措辞，高雅纯正而有文采，孔子考察了他的言辞就收他为弟子，和他相处久了就发现他的智慧不及他的口才。所以孔子说：“凭仪表来取人嘛，我在子羽身上出了差错；凭言辞来取人嘛，我在宰予身上有了过失。”所以凭孔子这样的聪明才智也还有考察结果不能符合实际的感叹之声。现在新出现的辩说比宰予的措辞更加浮夸动听，而当代的君主听起话来却比孔子还要糊涂，因为喜欢他们的言论，就去任用他们本人，那怎么能没有过失呢？因此，魏国因为孟卯能说会道而任用了他，结果就造成了华阳城下的灾难；赵国因为马服君赵括能说会道而任用了他，结果就

得无失乎？是以魏任孟卯之辩而有华下之患[4]，赵任马服之辩而有长平之祸[5]。此二者，任辩之失也。夫视锻锡而察青黄，区冶[6]不能以必剑；水击鹄雁，陆断驹马，则臧获不疑钝利。发齿吻形容，伯乐不能以必马；授车就驾而观其末涂[7]，则臧获不疑驽良。观容服，听辞言，仲尼不能以必士；试之官职，课其功伐，则庸人不疑于愚智。故明主之吏，宰相必起于州部，猛将必发于卒伍[8]。夫有功者必赏，则爵禄厚而愈劝；迁官袭级[9]，则官职大而愈治。夫爵禄大而官职治，王之道也。

造成了长平的灾祸。这两件事，都是根据辩才来任用人的过失啊。细看冶炼时掺入多少锡以及观察铸剑时火色是青是黄，就是善于铸剑的区冶也不能凭此来断定剑的利钝；在水面上砍杀天鹅和大雁，在陆地上斩杀大小马匹，就是奴仆也分得清剑的利钝。察看马的牙齿嘴唇、形体容貌，就是善于相马的伯乐也不能凭此来断定马的优劣；拿车子给马套上，让马去拉着车跑，然后看它所能到达的终点，就是奴仆也分得清是劣马还是好马。观察容貌服装，听取辞说言谈，就是孔子也不能凭此来确定士人是否贤能；用官职来试验他，考核他的工作成绩，即使是平常的人也分得清他们是愚蠢还是聪明。所以英明的君主统治的官吏，宰相一定是从州部那样的基层衙署中提拔上来的，勇猛的将军一定是从士兵队伍中选拔出来的。有功劳的人一定给予奖赏，那么赏赐的爵位越高、俸禄越多就越能使受赏的人得到鼓励；按照官阶等级逐渐提升官职，那么授予的官位越高、职务越大就越能使任职的人治理好政事。用高爵厚禄、大官要职来促使官吏把政事办好，这是称王天下的办法啊。

注释

1 **澹(tán)台子羽：**澹台氏，名灭明，字子羽，春秋时鲁国武城（今山东平邑）人，孔子弟子。

2 **窥(jī):**通“讥”,察看。

3 **宰予:**字子我,春秋时鲁国人,孔子弟子,以善辩著称。

4 **孟卯:**即芒卯,战国时齐国人,因善辩而被魏国任用为将。 **华下之患:**公元前273年,魏国任用孟卯攻打韩国,秦将白起救韩,在华阳大破魏军,孟卯逃走,魏军十五万被歼,魏国被迫献南阳求和。华,华邑,又作华阳邑,在今河南新郑西北。

5 **马服:**战国时赵地,在今河北邯郸西北。战国时赵国名将赵奢因有战功被封为马服君。这里指赵奢的儿子赵括。赵括熟读兵书,喜欢纸上谈兵,但毫无实战经验。 **长平之祸:**公元前260年,秦将白起攻赵,与赵军战于长平(今山西高平西北),赵王中了秦国的反间计,任用赵括为大将以代廉颇,结果赵军四十余万被全歼,赵括被箭射死。

6 **区(ōu)冶:**春秋时越国人,善于铸剑。

7 **授车:**指授车于马。 **就驾:**将马套上车辕出行。 **涂:**通“途”。

8 **卒伍:**古代军队编制,百人为“卒”,五人为“伍”。

9 **迁:**升。 **袭:**因袭,沿着。

原文

磐石千里,不可谓富;象人百万,不可谓强。石非不大,数非不众也,而不可谓富强者,磐不生粟,象人不可使距[1]敌也。今商官[2]、技艺之士亦不垦而食,是地不垦与磐石一贯也。儒侠毋[3]军劳,显而荣者,则民不使与象人同

译文

拥有千里见方的大石头,不可以称为富裕;拥有上百万的木偶陶俑,不可以称为强大。石头不是不大,木偶陶俑的数量不是不多,却不可以称为富强,是因为大石头不能生产粮食,木偶陶俑不可以派他们去抵抗敌人。现在那些经商、从事手工业的人也都不种地而混饭吃,这样,土地就得不到开垦而和大石头一样了。儒生和侠客没有战功,却显贵而荣耀,那么民众就会不听使唤而和木偶陶俑具有同样的使用价值了。只知道把不能生产粮食的大石头和不能抵抗敌人的木偶陶俑看作祸害,却

事[4]也。夫祸知[5]磐石象人，而不知祸商官儒侠为不垦之地、不使之民，不知事类者也。

故敌国之君王虽说[6]吾义，吾弗入贡而臣；关内之侯虽非吾行，吾必使执禽而朝。是故力多，则人朝；力寡，则朝于人：故明君务力。夫严家无悍虏，而慈母有败子。吾以此知威势之可以禁暴，而德厚之不足以止乱也。

不知道那些商人、儒生、侠客等在制造不开垦的土地和不听使唤的民众也同样是祸害，这是不懂得同类之事的人啊。

和自己势均力敌的国家的君主，即使喜爱我的道德准则，我也不能使他们进献贡品而向我称臣；边关以内的封侯，即使反对我的德行，我也一定能使他们拿着禽类的礼物来朝拜。所以力量强大，别人就会来朝拜；力量弱小，就要向别人朝拜：所以英明的君主致力于壮大自己的力量。在管教严厉的家庭中没有强横凶狠的奴仆，而在慈母的溺爱下反会出败家子。我因此知道威严的权势可以用来禁止暴行，而德行的深厚不能够用来制止祸乱。

注释

1 **距**：通“拒”。

2 **商官**：当为“商贾”之误，指商人。下同。

3 **毋**：通“无”。

4 **事**：使用。

5 **祸知**：当作“知祸”。祸：意动用法，把……当作祸害。

6 **说**：通“悦”。

原文

夫圣人之治国，不恃人之为吾善也，而用其不得为非也。恃人

译文

圣明的君主治理国家，不依靠人们自觉地为我做好事，而要使他们不得为非作歹。依靠人们自觉地为我做好事，那么做好事的

之为吾善也，境内不什数[1]；用人不得为非，一国可使齐。为治者用众而舍寡，故不务德而务法。夫必恃自直之箭[2]，百世无矢；恃自圜之木[3]，千世无轮矣。自直之箭，自圜之木，百世无有一，然而世皆乘车射禽者何也？隐栝之道用也。虽有不恃隐栝而有自直之箭、自圜之木，良工弗贵也。何则？乘者非一人，射者非一发也。不恃赏罚而恃自善之民，明主弗贵也。何则？国法不可失，而所治非一人也。故有术之君，不随适然之善，而行必然之道。

人在国内就数不满十个；使人们不得为非作歹，那就可以使全国的人行动一致。治理国家的人采用对多数人有效的统治办法而舍弃只对少数人有效的政治措施，所以不致力于德化而致力于法治。一定要靠生来就笔直的竹竿去做箭，那么等上千年也不会有箭；一定要靠生来就很圆的树木去做车轮，那么等上万年也不会有车轮。生来就笔直的竹竿，生来就很圆的树木，上千年也没有一棵，但是人们世世代代都能乘车子、射鸟兽，这原因是什么呢？是因为矫正邪曲使竹、木平直或成形的办法被使用了。即使有不依靠矫正、加工而存在着生来就笔直的竹竿、生来就很圆的树木，手艺高超的工匠也是不会看重的。为什么呢？因为乘车的并不只是一个人，射箭的并不只射一支箭。不依靠赏罚而依靠生来就善良的人，这种主张英明的君主是不会推崇的。为什么呢？因为国家的法制不可以丢掉，而所要治理的并不只是一个人。所以掌握了统治方法的君主，不追求偶然的善行，而采用一定可以生效的办法。

注释

1 **不什数**：不能用十为单位来计数，即不到十个。什，以十为一个单位。

2 **箭**：造箭用的小竹。

3 **圜**(yuán)：圆形。 **木**：树。

原文

今或谓人曰:“使子必智而寿。”则世必以为狂[1]。夫智,性也;寿,命也。性命者,非所学于人也。而以人之所不能为说[2]人,此世之所以谓之为狂也。谓之不能,然则是谕也。夫谕,性也。以仁义教人,是以“智与寿”说也,有度之主弗受也。故善毛啬、西施之美[3],无益吾面;用脂泽粉黛,则倍其初。言先王之仁义,无益于治;明吾法度,必吾赏罚者,亦国之脂泽粉黛也。故明主急其助而缓其颂,故不道仁义。

译文

如果现在有人对别人说:“我一定使您既聪明又长寿。”那么人们一定会认为他是在骗人。因为聪明,是一种天性;寿限,是一种命运。天性和命运,不是从别人那里所能学得到的。现在拿人力不可能做到的事情去讨好人家,这就是人们认为他是在骗人的原因。认为这种使别人聪明、长寿的事情是不可能的,这样才算是明白了。所谓明白,就在于懂得了人的天性。用仁义道德来教导别人,这就是在用“使人聪明和长寿”的鬼话来劝说,掌握了法度的君主是不会接受的。所以赞美毛啬、西施的美丽,对自己的容貌毫无益处;使用胭脂、发油、白粉、青黛来化妆一下,就能使自己的容貌比原来加倍美丽。空谈古代帝王的仁义,对于治理国家毫无好处;彰明自己的法度,坚决执行自己的赏罚,这也就是国家的胭脂、发油、白粉、青黛啊。所以英明的君主加紧实行那些对治国有实际帮助的法度和赏罚而怠慢那对古代帝王的称颂,所以不去空谈仁义。

注释

1 **狂:**通“诳”。

2 **说:**通“悦”。

3 **毛啬:**即毛嫱,春秋时美女,越王勾践所宠爱的妾。 **西施:**我国古代四大美女之一。

原文

今巫祝之祝人曰[1]："使若千秋万岁。""千秋万岁"之声聒耳，而一日之寿无征于人，此人所以简巫祝也。今世儒者之说人主，不善今之所以为治，而语已治之功；不审官法之事，不察奸邪之情，而皆道上古之传誉、先王之成功。儒者饰辞曰："听吾言，则可以霸王。"此说者之巫祝，有度之主不受也。故明主举实事，去无用，不道仁义者[2]故，不听学者之言。

译文

现在巫师和祝告人祝福大家说："使你们长生千岁、延寿万年。"这种千岁万年的声音虽然喧闹震耳，但在人们中连延长一天寿命的应验也没有，这就是人们轻视巫师和祝告人的原因。现在世上的儒生去游说君主，不赞美现在可以用来治理好国家的办法，却谈论一些古代已经取得的政治业绩；不去弄清楚官府法令方面的事情，不去考察奸诈邪恶的情况，却都去称道远古的传说美谈和古代帝王的成就功绩。儒生们还花言巧语地说："听了我们的话，就可以称霸称王。"这是游说者中的巫师和祝告人，掌握了法度的君主是不会接受他们那一套的。所以英明的君主做有实际效果的事情，抛弃没有实际效用的空谈，不谈论仁义的事，不听信学者的话。

注释

1 **巫**：自称能用舞蹈降神并为人祈祷的人。**祝**：自称能为人求神祝福的人。

2 **者**：通"诸"，之。

原文

今不知治者必曰："得民之心。"欲得民之心而可以为治，则是伊尹、管仲无所用也，

译文

现在不懂得治国方法的儒生总是说："要得民心。"一心想着得民心就可以拿来作为治国的方法，那么伊尹、管仲之类的人才就没有用处了，而只要听任民众就是了。民众的

将听民而已矣。民智[1]之不可用，犹婴儿之心也。夫婴儿不剔首则腹[2]痛，不揊痤则浸益[3]。剔首、揊痤，必一人抱之，慈母治之，然犹啼呼不止，婴儿子不知犯其所小苦致其所大利也[4]。今上急耕田垦草以厚民产也，而以上为酷；修刑重罚以为禁邪也，而以上为严；征赋钱粟以实仓库，且以救饥馑、备军旅也，而以上为贪；境内必知介而无私解[5]，并力疾斗，所以禽[6]虏也，而以上为暴。此四者，所以治安也，而民不知悦也。夫求圣通之士者，为民知之不足师用。昔禹决江浚河，而民聚瓦石；子产[7]开亩树桑，郑人谤訾[8]。禹利天下，子产存郑人，皆以受谤，夫民智之不足用亦明矣。故举士而求贤智，为政

见解不可以采用，就像婴儿的想法不可以采用一样。对于婴儿，如果不剔除他头上的病灶就会更加疼痛，不割治他身上的疖子就会使病情逐渐加重。但给婴儿剔除头上的病灶、割治身上的疖子的时候，一定要一个人抱住他，由仁慈的母亲给他医治，但他还是哭喊不停，这是因为婴儿不懂得使他受一些小小的痛苦能使他得到很大的好处。现在君主加紧督促民众耕地开荒来增加民众的家产，而民众却把君主看作残酷；君主整治刑法、加重惩罚用来禁止邪恶，而民众却把君主看作严厉；君主征收赋税钱粮来充实粮仓国库，将用它来救济灾荒、准备战争，而民众却把君主看作贪婪；君主要求国内的民众必须懂得如何披上铠甲上阵杀敌而不准投靠私门贵族来免除兵役，必须同心协力奋勇作战，这是为了擒获俘虏，而民众却把君主看作暴虐。这四种措施，是用来使国家长治久安的，但民众却不懂得喜欢它们。君主所以要寻觅圣明通达的人才，是因为民众的见解不值得顺从和采用。从前夏禹疏通长江黄河，而民众却堆积了瓦片石块去打他；子产提倡开垦田地种桑养蚕，而郑国人却咒骂他。夏禹使天下的人都得利，子产体恤郑国人，但都因此而遭到诽谤，民众的见解不值得采用也是很明白的了。所以君主选拔人才的时候去访求贤能智慧的儒生，处理政事

而期适民，皆乱之端，未可与为治也。	的时候指望迎合民众，都是祸乱的根源，是不可以用来治国的。

注释

1 **智**：通“知”。

2 **腹**：为“复(復)”字之误，重复，更加。

3 **揊**(pì)：“副”(pì)的俗字，下句“揊”是“揊”的异体字，割破，剖开。 **浸**：逐渐。 **益**：增加，指病情加重。

4 **子**：是“之”字的音误。 **犯**：触犯，冒犯。

5 **介**：通“甲”，指披铠甲上阵。 **解**：指免除兵役。当时往往有人通过给私门贵族服劳役的方法来逃避兵役。

6 **禽**：通“擒”。

7 **子产**：春秋时郑国政治家，他于公元前554年任郑国的卿，实行改革。

8 **訾**(zǐ)：诋毁，非议。

忠　孝

导读

忠孝，就是忠于君主孝顺父亲。文章主要阐明了臣子必须“守法”“事君”、儿子必须“养亲”“事父”的忠孝观，批判了儒家所宣扬的有违于忠孝之行的尧、舜、汤、武之道以及古今“烈士”不忠不孝的“乱术”。

韩非认为，忠孝之道，虽已为天下人所尊崇，但人们所尊崇的贤臣明君，却有许多不忠不孝的行为。于是他从坚决维护有利于君主统治的忠孝观出发，别具慧眼地揭示并批判了尧、舜、汤、武“反君臣之义、乱后世之教”的不忠不孝的行径，强调了“臣事君，子事父，妻事夫”这一“天下之常道”，并提出了“上法而不上贤”的主张。他认为，“人生必事君、养亲”，而作为“忠臣”“贤臣”，必须“能明法辟、治官职以戴其君”，“尽力守法，专心于事主”，而不能“竞取君之国”；作为“孝子”“贤子”，就必须“为父”，“家贫则富之，父苦则乐之”，而不能“竞取父之家”。这就是韩非的忠孝观。由此可见，韩非的忠孝观是以君主、父亲的利益为旨归的，它是一种极端严格的名分等级观念，所以他对汤武革命都加以否定，认为是一种不忠的行为。

为了贯彻他的忠孝思想，他反对并批判了“古之‘烈士’”那种“进不臣君，退不为家”的道德准则以及今之“烈士”的“恬淡之学”和“恍惚之言”，认为这些都是有害于君主统治的“乱术”“惑术”，必须彻底抛弃。同时，他认为“今民儇诇智慧，欲自用，不听上”，所以必须实行赏罚，才可以使他们尽忠于君主，为君主效劳。此外，篇末还对纵横家作了批判，指出要成就霸王大业，只有“治内以裁外”。

原文

天下皆以孝悌忠顺之道为是也[1]，而莫知察孝悌忠顺之道而审行之，是以天下乱；皆以尧、舜之道为是而法之，是以有弑君，有曲于父[2]。尧、舜、汤、武，或反君臣之义、乱后世之教者也。尧为人君而君其臣，舜为人臣而臣其君，汤、武为人臣而弑其主、刑其尸[3]，而

译文

天下的人都认为孝顺父母、敬爱兄长、忠于君主、服从丈夫的道德准则是正确的，却没有人懂得去仔细考察它们然后再慎重地去实行它们，因此天下就混乱了；天下的人都认为尧、舜的做法是正确的而去效法，因此有杀死君主的，有背叛父亲的。唐尧、虞舜、商汤、周武王，或许就是违反了君臣之间的道德准则而扰乱了后世教化的罪魁祸首。尧当君主，却把自己的臣子舜奉为君主；舜当臣子，却把自己的君主尧当作臣子；商汤、周武王作为臣子，却杀害自己的君主、斩割君主的尸体：然而天下的人却赞誉他们，

天下誉之，此天下所以至今不治者也。夫所谓明君者，能畜其臣者也；所谓贤臣者，能明法辟[4]、治官职以戴其君者也。今尧自以为明而不能以畜舜，舜自以为贤而不能以戴尧，汤、武自以为义而弑其君长，此明君且常与而贤臣且常取也。故至今为人子者有取其父之家、为人臣者有取其君之国者矣。父而让子，君而让臣，此非所以定位一教之道也。

这就是天下直到现在都不太平的原因啊。所谓英明的君主，是能够驯服自己臣子的人；所谓贤能的臣子，是能够彰明法度、忠实履行自己的职守来拥戴自己君主的人。现在尧自以为英明而不能用这种英明来驯服舜，舜自以为贤能而不能用这种贤能来拥戴尧，商汤、周武王自以为有道义而杀害了自己的君主，这就是一方面那些自以为英明的君主常常交出权力而另一方面那些自以为贤能的臣子常常夺取权力的情况。所以直到现在，做儿子的有夺取父亲家业的，做臣子的有夺取君主政权的。父亲把家业让给儿子，君主把政权让给臣子，这绝不是用来确定名位、统一教化的办法啊。

注释

1 **孝：**孝顺父母，指子女尽心奉养和绝对服从父母。 **悌**（tì）**：**敬爱兄长，指弟弟绝对服从兄长。 **忠：**忠于君主，指臣子尽心竭力为君主效劳和绝对服从君主。 **顺：**顺从丈夫，指妻子尽心侍候和绝对服从丈夫。

2 **曲于父：**指下文所说的"瞽瞍为舜父而舜放之"。曲，不直，邪曲，指不道德，叛逆不孝。于，助词。

3 **刑其尸：**指周武王斩纣尸之头。刑，刭，斩。

4 **辟**（bì）**：**法。

原文

臣之所闻曰："臣事君，子事父，妻事

译文

我所听到的说法是："臣子侍奉君主，儿子侍奉父亲，妻子侍奉丈夫。顺从了这三种

夫。三者顺，则天下治；三者逆，则天下乱。”此天下之常道也，明王贤臣而弗易也。则人主虽不肖，臣不敢侵也。今夫上[1]贤、任智、无常，逆道也，而天下常以为治。是故田氏夺吕氏于齐，戴氏夺子氏于宋。此皆贤且智也，岂愚且不肖乎？是废常上贤则乱，舍法任智则危。故曰：上法而不上贤。

秩序，那么天下就太平了；违背了这三种秩序，那么天下就混乱了。”这是治理天下的永恒法则，就是英明的帝王、贤能的臣子也不能加以改变的。遵循了这永恒的政治法则，那么君主即使没有德才，臣下也不敢侵害他。现在尊崇贤人、任用智者而不遵循这永恒的政治法则，实是倒行逆施的措施，而天下的君主却常常将此作为治国的方法。所以田氏在齐国夺取了吕氏的政权，戴氏在宋国夺取了子氏的政权。这些臣子都贤能而且有智慧，难道是愚蠢而又无能的么？这样看来，废弃那永恒的政治原则而尊崇贤人，国家就混乱；抛掉了法度而任用智者，君主就危险。所以说：要尊奉法度而不要崇尚贤能。

注释

1 上：通“尚”。

原文

记曰：“舜见瞽瞍，其容造焉[1]。孔子曰：‘当是时也，危哉，天下岌岌！有道者，父固不得而子，君固不得而臣也。’”[2]臣曰：孔子本未知孝悌忠顺之

译文

书籍上记载说：“舜见到父亲瞽瞍来朝见他，他的表情惊恐不安。孔子说：‘在这个时候，天下岌岌可危啊！像舜这样有道德的人，他的父亲本来就不能够把他当作儿子来看待，他的君主本来就不能够把他当作臣子来看待。’”我说：孔子根本就不懂得孝顺父母、敬爱兄长、忠于君主、服从丈夫的道德准则。照他这种说法，那么有道德的人，上朝就可以不做君主的臣子、

道也。然[3]则有道者，进不为臣主[4]、退不为父子耶？父之所以欲有贤子者，家贫则富之，父苦则乐之；君之所以欲有贤臣者，国乱则治之，主卑则尊之。今有贤子而不为父，则父之处家也苦；有贤臣而不为君，则君之处位也危。然则父有贤子，君有贤臣，适[5]足以为害耳，岂得利焉[6]哉？所谓忠臣，不危其君；孝子，不非[7]其亲。今舜以贤取君之国，而汤、武以义放弑其君，此皆以贤而危主者也，而天下贤之。

回家就可以不做父亲的儿子了吗？父亲之所以希望自己有贤能的儿子，是因为家里贫穷时就可以靠他们使家庭富裕起来，父亲痛苦时就可以靠他们使父亲高兴起来；君主之所以希望自己有贤能的臣子，是因为国家混乱时就可以靠他们把国家治理好，君主卑微时就可以靠他们使君主尊贵起来。现在有了贤能的儿子而不帮助父亲，那么父亲住在家里就很痛苦；有了贤能的臣子而不辅佐君主，那么君主处在君位上就很危险。这样的话，那么父亲有了贤能的儿子，君主有了贤能的臣子，就只能够用他们来造成祸害罢了，哪里能从他们身上得到什么好处呢？所谓忠臣，应该不危害自己的君主；所谓孝子，应该不违拗自己的父母。现在舜靠了贤能夺取了君主的大权，而商汤、周武王凭着道义流放、杀害了自己的君主，这些都是凭借贤能来危害君主的人啊，而天下的人却认为他们贤能。

注释

1 **造焉：**即“慥然”。

2 据《孟子·万章上》的记载，“有道者”至“不得而臣也”是咸丘蒙所称引的俗语，但韩非此文则把它作为孔子的言论来批判。父，指瞽瞍。君固不得而臣，指尧不得以舜为臣。

3 **然：**这样，指代上述孔子的说法。

4 **臣主：**当作“主臣”。

5 **适：**通“啻”，只。

6 **焉：**于之，其中的“之”指代“贤子”“贤臣”。

7 **非：**违。

原文

古之“烈士”，进不臣君，退不为家，是进则非其君、退则非其亲者也。且夫进不臣君，退不为家，乱世绝嗣之道也。是故贤尧、舜、汤、武而是“烈士”，天下之乱术[1]也。瞽瞍为舜父而舜放之，象为舜弟而杀之[2]。放父杀弟，不可谓仁；妻帝二女[3]而取天下，不可谓义。仁义无有，不可谓明。《诗》云：“普天之下，莫非王土；率土之滨，莫非王臣。”信若《诗》之言也，是舜出则臣其君，入则臣其父、妾其母、妻其主女也[4]。故“烈士”内不为家，乱世绝嗣；而外矫于君，朽骨烂肉施于土地、流于川谷，不

译文

古代所谓的“贞节之士”，上朝不臣服于君主，回家不为家庭出力，这是在朝廷上背叛自己的君主、在家里背叛自己父母的人啊。况且，在朝廷上不向君主称臣，在家中不为家庭出力，是扰乱社会秩序、断绝子孙后代的做法。所以称颂唐尧、虞舜、商汤、周武王而肯定“贞节之士”，是社会上扰乱人心的学说啊。瞽瞍是舜的父亲而舜把他流放了，象是舜的弟弟而舜把他杀了。舜流放父亲、杀害弟弟，不可以称为仁；娶了尧的两个女儿而夺取了尧的君位，不可以称为义。没有仁义，不可以称为贤明。《诗经·小雅·北山》说：“普天之下，都是天子的土地；四海之内，都是天子的臣民。”果真像《诗经》上所说的那样，那么舜来到朝廷就应该把他的君主当作臣子了，回到家中就应该把自己的父亲当作臣仆、把自己的母亲当作奴婢、把他君主的女儿当作妻子了。所以“贞节之士”在家中不为家庭出力，扰乱社会秩序而断绝子孙后代；而走出家门来到社会上就和君主作对，不避赴汤蹈火，不怕自己腐烂的尸骨被抛撒在野地、漂流在

避蹈水火。[5]使天下从而效之，是天下遍死而愿夭也。此皆释世而不治是[6]也。

河川峡谷。如果让天下的人都跟着效法他们，那么天下到处会有死人而大家都愿意早死了。这些都是置社会于不顾而不努力整治社会的人啊。

注释

1 **术：**学说，主张。下文"天下之惑术"之"术"与此同。

2 **象为舜弟而杀之：**据《孟子·万章上》及《史记·五帝本纪》，舜的母亲死后，瞽瞍又娶妻生了象，瞽瞍与象多次谋杀舜，但舜不失孝悌之道。舜当了天子后，还去朝拜父亲，封象为诸侯。韩非此言，显然与儒家之说不同。

3 **帝二女：**尧的两个女儿，其长女名娥皇，次女名女英。

4 **臣、妾：**奴婢，男的称"臣"，女的称"妾"。这里是使动用法，使……为奴婢。

5 **娇：**违背。 **朽骨烂肉施于土地、流于川谷，不避蹈水火：**当作"不避蹈水火，朽骨烂肉施于土地、流于川谷"。"蹈水火""朽骨烂肉施于土地、流于川谷"是"不避"的两个并列宾语。

6 **是：**犹"者"。

原文

世之所为[1]"烈士"者，虽[2]众独行，取异于人，为恬淡之学而理恍惚之言[3]。臣以为：恬淡，无用之教也；恍惚，无法之言也。言出于无法、教出于无用者，天下谓之察。臣以为：人生必事君、养亲，事

译文

现在社会上所谓的"贞节之士"，脱离民众而自行其是，标新立异而与众不同，搞那种清静淡泊的学问而研究那种隐约模糊的言论。我认为：清静淡泊，是毫无用处的说教；隐约模糊，是没有法度的言论。言论发表出来属于没有法度、说教宣扬出来属于没有用处的人，社会上却说他们明察。我认为：人生活在社会上一定要侍奉君主、赡养父母，而侍奉君主、赡养父母就不可以清静

君、养亲不可以恬淡；之[4]人必以言论忠信法术，言论忠信法术不可以恍惚。恍惚之言，恬淡之学，天下之惑术也。孝子之事父也，非竞取父之家也；忠臣之事君也，非竞取君之国也。夫为人子而常誉他人之亲，曰："某子之亲，夜寝早起，强力生财以养子孙臣妾。"是诽谤其亲者也。为人臣常誉先王之德厚而愿之，是诽谤其君者也。非其亲者，知谓之不孝；而非其君者，天下贤之：此所以乱也。故人臣毋称尧舜之贤、毋誉汤武之伐、毋言"烈士"之高，尽力守法，专心于事主者为忠臣。

淡泊；治理民众一定要依靠忠实于法术的言论，而忠实于法术的言论就不可以模糊不清。隐约模糊的言论，清静淡泊的学问，是社会上蛊惑人心的学说啊。孝子侍奉父亲，不是为了争夺父亲的家产；忠臣侍奉君主，不是为了夺取君主的政权。做儿子的如果常常称赞别人的父亲，说："某人的父亲，很晚睡觉很早起床，努力创造财富来抚养子孙奴婢。"这就是诽谤自己父亲的儿子。做臣子的如果常常赞誉古代帝王的德行深厚而仰慕他们，这就是诽谤自己君主的臣子。非议自己父亲的人，人们知道把他们称作不孝；而非议自己君主的人，天下的人却认为他们贤能：这就是社会混乱的原因啊。所以臣子中那些不称颂尧舜的贤能、不赞誉商汤周武王的征伐、不宣扬"贞节之士"的清高，竭尽全力遵纪守法，一心一意侍奉君主的人才是忠臣。

注释

1 **为：**通"谓"。

2 **虽：**繁体字作"雖"，为"离（離）"字之误。

3 **恍惚之言：**指道家学派中魏牟、庄周等人的学说。

4 **之：**当作"治"。

原文

古者黔首悗密[1]蠢愚，故可以虚名取也。今民儇诇智慧[2]，欲自用，不听上。上必且劝之以赏，然后可进；又且畏之以罚，然后不敢退。而世皆曰："许由[3]让天下，赏不足以劝；盗跖犯刑赴难，罚不足以禁。"臣曰：未有天下而无以天下为[4]者，许由是也；已有天下而无以天下为者，尧、舜是也。毁廉求财，犯刑趋利，忘身之死者，盗跖是也。此二者，殆物也。治国用民之道也，不以此二者为量。治也者，治常者也；道也者，道[5]常者也。殆物妙言，治之害也。天下太上之士，不可以赏劝也；天下太下之士，不可以刑禁也。然为太上士不设赏，

译文

古代的老百姓刻苦耐劳而又蠢笨愚昧，所以可以用毫无实际利益的空洞名声去争取他们。现在的民众机灵精明而又足智多谋，一心为自己着想，不听从君主。君主一定要用奖赏去鼓励他们，然后才能使他们前进；又要用刑罚来畏慑他们，然后才能使他们不敢后退。但是社会上的人却都说："许由推辞统治天下的大权，可见奖赏并不能够用来激励人；盗跖触犯刑律而不避危难，可见刑罚也不能够用来制约人。"我说：没有掌握天下的统治权而不是着眼于天下的统治权去做事的，许由就是如此；已经掌握了天下的统治权而又不是着眼于天下的统治权去做事的，尧、舜就是这样。败坏廉洁的道德准则去谋求财富，触犯刑律去追求私利，把自己的死亡置之度外的，盗跖就是如此。许由、盗跖这两个人的情况，都是危险的事情。治理国家、使用民众的方法，不能拿这两种极端的情况来进行衡量。所谓治理，是指治理通常的民众而言；所谓方法，也是指治理通常情况的方法。危险极端的事情和玄妙莫测的言论，都是治国的祸害。天下最上等的清高之士，不能够用奖赏来激励他们；天下最下等的贪婪之徒，不能够用刑罚来禁止他们。但是因为有了这些最上等的人而不设置奖赏，因为有了这些最下等的人而不设置刑罚，那么治

为太下士不设刑，则治国用民之道失矣。

理国家和使用民众的方法也就被丢掉了。

注释

1 **悗(mèn)密：**即“黾勉”，勤奋努力、刻苦耐劳的样子。悗，通“勉”。

2 **儇(xuān)：**机灵聪慧。 **诇(xiòng)：**本义为刺探隐情以告密，引申为精明。

3 **许由：**相传为上古的廉洁之士。据说尧要把帝位让给他，他以为可耻，便逃到颍水之阳、箕山(又名许由山，在今河南登封东南)之下隐居，农耕而食。

4 **无以天下为：**不为了天下而做。

5 **道：**方法。这里用作动词。

原文

故[1]世人多不言国法而言从横。诸侯言从者曰：“从成必霸。”而言横者曰：“横成必王。”山东之言从横未尝一日而止也，然而功名不成，霸王不立者，虚言非所以成治也。王者，独行谓之“王”。是以三王不务离合而正，五霸不待从横而察[2]，治内以裁外而已矣。

译文

现在社会上很多人不谈国家的法治而大谈合纵连横。诸侯各国主张合纵的人说：“合纵成功就一定能称霸天下。”而主张连横的人说：“连横成功就一定能称王天下。”崤山以东齐、楚、燕、赵、韩、魏等六国谈论合纵连横一天也没有停止过，但是功业名望并没有成就，称霸称王的大业并没有建立，这是因为空谈并不是使治国取得成效的办法啊。“王”这个称号，能够独立自主地做事才可以称他为“王”。因此，三王不去搞纵横捭阖就能匡正天下，五霸不依靠纵横捭阖就能使天下政治清明，用治理好国内的办法来制裁天下就是了。

注释

1 **故**:今。

2 **五霸**:春秋时先后称霸的五个诸侯,具体所指在古代有异说。战国时人所谓五霸,指齐桓公、晋文公、楚庄王、吴王阖庐(hé lú)、越王勾践。若究其实,则春秋五霸当为齐桓公、晋文公、楚庄王、吴王夫差、越王勾践,因为阖庐未称霸中原而会合诸侯,只有夫差才会诸侯于黄池,取得了霸主的地位。 **察**:明,使动用法。

人 主

导读

人主,就是君主。文章主要论述了当君主必须注意的基本问题:不能使大臣、左右"得威""擅势",而必须任用法术贤智之士。

韩非认为,君主之所以能"有国","制天下而征诸侯者,以其威势也",君主如果失其威势于大臣、左右,就会"身死国亡",所以君主必须牢牢掌握大权,绝不可使"大臣""左右""操国柄""擅权势"。接着,韩非分析了"法术之士"与"当途之臣"势不两立的政治现实,指出"世之所以不治",是由于"当途之臣得势擅事"而法术之士不得进用,在于君主"听愚不肖之臣"而不肯用"贤智之士"。所以,他劝君主"退大臣之议""背左右之讼""推功而爵禄,称能而官事",真正任用贤智法术之士,以避免"身危国亡"的祸患。

原文

人主之所以身危国

译文

君主之所以生命有危险、国家政权会

亡者，大臣太贵、左右太威也。所谓贵者，无法而擅行，操国柄而便[1]私者也。所谓威者，擅权势而轻重者也。此二者，不可不察也。夫马之所以能任重引车致远道者，以筋力也。万乘之主、千乘之君所以制天下而征诸侯者，以其威势也。威势者，人主之筋力也。今大臣得威，左右擅势，是人主失力；人主失力而能有国者，千无一人。虎、豹之所以能胜人、执百兽者，以其爪牙也；当使[2]虎、豹失其爪牙，则人必制之矣。今势重者，人主之爪牙也；君人而失其爪牙，虎、豹之类也。宋君失其爪牙于子罕，简公失其爪牙于田常，而不蚤[3]夺之，故身死国亡。今无术之主皆明知宋、简之过也，而不悟其失[4]，不察其事类者也。

丧失，是因为大臣太尊贵、左右侍从太威风。我这里所说的尊贵，是指不遵守法令而独断专行，掌握了国家大权来谋取私利。我这里所说的威风，是指独揽权势而能左右一切，对事情的处理要轻就轻、要重就重。这两种情况，不可以不加审察啊。马之所以能负重拉车走很远的路，是靠了筋力。拥有万辆兵车的大国君主和千辆兵车的小国君主之所以能制服天下而征伐诸侯，是靠了他们的威力和权势。威力和权势，就是君主的筋力。现在大臣取得了威力，侍从独揽了权势，那么君主就丧失了力量；君主丧失了力量而能拥有国家政权的，一千个人之中也没有一个。虎、豹之所以能胜过人而擒住各种野兽，是靠了它们的脚爪和牙齿；假如虎、豹丧失了它们的脚爪和牙齿，那么人们就一定能制服它们了。现在权势这种东西，就是君主的爪牙；统治民众的君主如果失去了自己的爪牙，那就成了失去爪牙的虎、豹之类了。宋桓侯把自己的爪牙丢给了子罕，齐简公把自己的爪牙丢给了田常，而不及早夺回它们，所以自己被杀死而国家政权也丧失了。现在没有掌握统治术的君主都明确地知道宋桓侯、齐简公的过错，却不明白自己的过失，这实在是不明白自己的政事与宋桓侯、齐简公之事相似啊。

注释

1 **便:**使有利。

2 **当使:**倘使。

3 **蚤:**通“早”。

4 **其失:**指“今”之“无术之主”所犯的使“大臣得威,左右擅势”这种类似宋桓侯、齐简公所犯的错误。

原文

且法术之士与当途之臣,不相容也。何以明之?主有术士,则大臣不得制断,近习不敢卖重;大臣、左右权势息,则人主之道明矣。今则不然,其当途之臣得势擅事以环其私[1],左右近习朋党比周以制疏远,则法术之士奚时得进用?人主奚时得论裁?故有术不必用,而势不两立,法术之士焉得无危?故君人者非能退大臣之议而背左右之讼、独合[2]乎道言也,则法术之士安能蒙死亡之危而进说乎?此世之所以不治也。

译文

况且法术之士和掌权的大臣,是互不相容的。用什么来说明它呢?君主有了法术之士,那么大臣就不能专制独断,君主身边的亲信就不敢卖弄权势;大臣、侍从的权势没有了,那么君主的治国原则就能明确地贯彻下去了。现在却不是这样,那些掌权的大臣获得了权势而擅自处理政事来谋求私利,君主身边的侍从亲信拉帮结派紧密勾结来整那些关系疏远的法术之士,那么法术之士什么时候能得到选拔任用?君主什么时候能论断裁决?所以法术之士即使掌握了统治术也不一定被任用,而又和当权的大臣势不两立,那么法术之士哪能没有危险呢?所以当君主的如果不能摒除大臣的议论,不理睬左右侍从的告状,独立地和那些符合治国原则的法术之言保持相同的主张,那么法术之士哪能冒着死亡的危险来向君主进献自己的学说呢?这就是社会不能治理好的原因啊。

注释

1 **环其私:**绕着自己的私利转,即谋求私利。

2 **合:**同,保持一致。

原文

明主者,推功而爵禄,称能而官事,所举者必有贤,所用者必有能,贤能之士进,则私门之请止矣。夫有功者受重禄,有能者处大官,则私剑之士安得无离于私勇而疾距[1]敌?游宦之士焉得无挠[2]于私门而务于清洁矣?此所以聚贤能之士而散私门之属也。今近习者不必智,人主之于人也或有所智[3]而听之,入因与近习论其言,听近习而不计其智,是与愚论智也;其当途者不必贤,人主之于人或有所贤而礼之,入因与当途者论其行,听其言而不用

译文

英明的君主,根据功劳来授予爵位、俸禄,衡量才能来授予官职政事,被提拔的人一定有很好的德才,被任用的人一定有很强的能力。有德才和能力的法术之士得到进用,那么权贵之家的请托就被遏止了。有功劳的人得到高薪厚禄,有能力的人身居高官要职,那么为权贵私家行刺的侠客怎么能不抛弃私斗之勇而奋力抗击敌人?靠游说去谋求官职的说客又怎么能不离开权贵之门而致力于廉洁奉公呢?这就是聚集贤能之士而驱散豪门之徒的办法。现在君主身边的亲信不一定聪明,而君主在人们中间有时发现了自己认为是有智慧的人而听取了他们的意见,但回来后却又和亲信评论他们的意见,听从亲信的话而不再考虑那些聪明人的意见,这便是和愚蠢的人来评论聪明的人了;那些当权的人不一定贤能,而君主在人们中间有时发现了自己认为是贤能的人而礼遇敬重他们,但回来后却又和当权的人评论他们的德行,听从当权者的话而不再任用那些贤能的人,这便是和没有德才的人来评论有德才的人了。所以有智慧的人要由愚蠢的人

贤，是与不肖论贤也。故智者决策于愚人，贤士程行于不肖，则贤智之士奚时得用？而人主之明塞矣。昔关龙逄[4]说桀而伤其四肢，王子比干谏纣而剖其心，子胥忠直夫差而诛于属镂[5]。此三子者，为人臣非不忠，而说非不当也，然不免于死亡之患者，主不察贤智之言而蔽于愚不肖之患也。今人主非肯用法术之士，听愚不肖之臣，则贤智之士孰敢当三子之危而进其智能者乎？此世之所以乱也。

来裁决自己的计谋，有德才的人要由无能之辈来评定自己的德行，那么有德才、有智慧的人什么时候才能得到任用？而君主的明智也就被堵塞了。从前关龙逄劝说夏桀而伤害了自己的四肢，王子比干劝说商纣王而被剖开了自己的心脏，伍子胥对夫差忠诚正直而死于属镂宝剑。这三位先生，做臣子并不是不忠，而说的话并不是不当，但却不能避免死亡的灾难，这是君主不能明察贤能聪明者的言论而被愚蠢无能的臣子所蒙蔽而造成的祸患啊。现在君主不肯任用法术之士，而听从愚蠢无能的臣子，那么贤能聪明的法术之士有哪一个敢冒关龙逄、比干、伍子胥那样的危险来进献自己的智慧和才能呢？这就是社会混乱的原因啊。

注释

1 **距**：通“拒”。

2 **挠**：曲，引申为叛逆。

3 **智**：用作意动词。

4 **关龙逄**(páng)：夏桀的大臣。桀为酒池，他竭力劝谏而不离朝，桀因而杀之。

5 **属**(zhǔ)**镂**：剑名。吴王夫差赐伍子胥属镂之剑而令其自杀。

饬令

导读

饬令，就是端正命令。它是取篇首两个字作为篇题。文章论述了一系列有关法治的问题，突出地反映了韩非对商鞅法治思想的继承。

篇中所反映出来的法治思想大致可概括为以下两个方面：

一、强调了法治的原则。即：(一)君主必须“饬令”，使自己的命令合乎法律制度，以保持法治的稳定性。(二)法律的执行必须公正不阿，以保持法治的严肃性。(三)“不以善言售法”，以保持法治的权威性。(四)“任功”不“任善”，以保证法治的功利性。(五)提倡“曲断”，以追求法治的普及性。(六)主张“利出一空”，以保证法治的君主独裁性。(七)主张重刑，以使“轻者不至，重者不来”。这种明确宣称“以刑去刑”的重刑思想，绝不是一种惩办主义，而是在强调法治的惩戒性。

二、阐明了法治的内容及其目的。这就是通过“以功授官与爵”“重刑少赏”“大制使人”等办法来劝“农”抑“末”，从而达到国富兵强的目的。

原文

饬[1]令，则法不迁；法平，则吏无奸。法已定矣，不以善言售[2]法。任功，则民少言；任善，则民多言。行

译文

君主使自己的命令公正不偏而合于法制，那么法律就不会随意变动而游移不定；法制公正不阿，那么官吏就没有邪恶的行为。法度已经确立了，君主就不拿那些仁义道德之类的好话来和法度相对立。任用有功劳的人，那么民众就少说空话；任用空谈仁义道德等好话的人，那么民众就

法曲断，以五里断者王，以九里断者强，宿治者削。[3]

多说空话。实行了法治就可以在乡村中断案，在五个村内便可以断案的国家就能称王天下，在九个村内可以断案的国家就能强盛，事情拖拉而不能及时解决的国家就会削弱。

注释

1 **饬**(chì)：正。

2 **雠**：正体作“雔”，对。

3 **曲**：乡曲，乡里。**里**：古代地方行政组织，其制不一。 **宿**：久留。这几句的大旨是：国家的强弱，取决于法治的普及程度。法治如果普及了，那么在乡里之中即可决断是非；民众能像这样统一于国法之中，国家就会强大。法治不普及，民众无法决断是非，就会出现悬案不决的“宿治”现象；而悬案不决，民众争讼不止，国家就会削弱。

原文

以刑治，以赏战，厚禄以[1]用术。行都之过，则都无奸市。物多末众，农弛奸胜，则国必削。民有余食，使以粟出爵[2]，必以其力，则农不怠。三寸之管毋当，不可满也。授官爵出利禄不以功，是无当也。国以功授官与爵，此谓以成智谋，以威[3]勇战，其国无敌。

译文

用刑罚来治理国家，用奖赏来鼓励作战，使俸禄优厚，而且使用权术。巡察都市中的违法行为，那么都市中就没有奸诈违法的买卖。如果供人浪费的货物很多，从事工商业的人很多，农业放松了，非法牟利的邪恶活动占了上风，那么国家必然削弱。民众有了余粮，就让他们用粮食来捐取官爵，取得官爵必须依靠自己的力量，那么农民就不会懈怠了。三寸长的竹管如果没有底，就不可能装满。授予官职爵位、下发奖赏俸禄如果不按照功劳，这就等于竹管没了底。国家按照功劳授予官职、给予爵位，这叫作用官职、爵位

国以功授官与爵，则治见[4]者省，言有塞，此谓以治去治、以言去言[5]。以功与爵者也，故国多力，而天下莫之能侵也。兵出，必取；取，必能有之；案兵不攻，必富[6]。朝廷之吏，小[7]者不毁，效功取官爵，廷虽有辟[8]言，不得以相干也，是谓以数治。以力攻者，出一取十；以言攻者，出十丧百。国好力，此谓以难攻；国好言，此谓以易攻。

来成就智谋，用官职、爵位来使勇敢作战得到尊重，这样的国家是无敌的。国家根据功劳来授予官职、给予爵位，那么处理做官的问题就省事了，而空话也就被杜绝了，这叫作用政治措施去消除政治措施、用言论去消除言论。按照功劳来授予官爵，所以国家实力雄厚，而天下没有谁能够侵犯它。它的军队如果出征，就一定能取得别国的土地；夺取了土地，就一定能占有它；如果按兵不动，不去攻打别国，国家就一定会富足。朝廷上的小吏，即使是被人瞧不起的，也不受到毁谤，他们作出了贡献，照样可以取得官爵，朝廷上即使有人说坏话，也不能干扰这种按功劳取得官爵的做法，这叫作用法度来治国。国家靠实力去进攻别国的，使出一份力量可以取得十份的成果；凭空话去进攻别国的，使出十份的力量将会造成百份的损失。国家崇尚实力，这叫作拿难以得到的东西去进攻；国家爱好空谈，这叫作拿容易得到的东西去进攻。

注释

1 **以**：而。

2 **出爵**：使爵出，即捐取官爵。

3 **威**：尊严，使动用法。

4 **见**(xiàn)：同“现”，指出仕。

5 **以治去治、以言去言**：指用以功授官的政治措施使政治措施减省了，采取以功授官的主张使各种空谈减少了。

6 **必富**：不出兵打仗，就在国内大搞农业，所以“必富”。

7 **小**:意动用法,小看。

8 **辟**:通“僻”,邪僻。

原文

其能,胜其害,轻其任,而道坏余力于心,莫负乘官之责于君。内无伏怨。使明者不相干,故莫讼;使士不兼官,故技长;使人不同功,故莫争。[1]言此谓易攻[2]。

重刑少赏,上爱民,民死赏;多赏轻刑,上不爱民,民不死赏。利出一空[3]者,其国无敌;利出二空者,其兵半用;利出十空者,民不守。重刑明民,大制使人,则上利。行刑,重其轻者,轻者不至,重者不来,此谓以刑去刑。罪重而刑轻,刑轻则事生,

译文

臣下都能够处在适宜的岗位上得心应手地发挥自己的才能,胜任自己的官职,觉得自己的负担很轻松,而又没有谁在心里想留下一点力量,也没有谁对君主负有兼任其他职务的责任。在国内,臣民没有潜藏在心底的怨恨。英明的君主使臣子的职事互不相干,所以没有人再会争辩诉讼;使臣子不兼任其他的职务,所以各人的本领就能长进;使人们不去建立同样的功劳,所以没有人再会竞争抢夺。

加重刑罚,不滥加奖赏,这是君主爱护民众,民众就会拼命去争取奖赏;滥加奖赏,减轻刑罚,这是君主不爱护民众,民众也就不会拼命争取奖赏。奖赏出于国君一个口子的,这个国家就无敌;奖赏出于国君、大臣两个口子的,这个国家的军队就只有一半听国君使用;奖赏出于十个口子的,民众就保不住而不会听从君主的使唤了。用严厉的刑罚来使民众明确什么事不可以做,用重大的法律制度来指使人们去干应该干的事,那么君主就有利了。执行刑罚,对那些犯轻罪的人使用重刑,那么,犯轻罪的人也就不会产生,而犯重罪的人就更不会出现了,这叫作用刑罚来消除刑罚。如果犯的罪很重而所施加的刑罚很轻,刑罚用得轻了,那么犯罪的事

此谓以刑致刑，其国必削。	就会发生，这叫作用刑罚来招致刑罚，这个国家必然会削弱。

注释

1 **“其能”至“故莫争”：**是《用人》篇的错简，其中有脱误，请参见《用人》原文。

2 **言此谓易攻：**衍文。

3 **空：**同“孔”。

心　度

导读

心度，就是民心和法度。文章着重论述了民心和法度之间的关系，强调要用法度来制服民心。它是一篇宣扬法治的短论。

韩非认为，“民之性”，“喜其乱而不亲其法”，“恶劳而乐佚”，所以君主治理民众，绝不能去迎合民众的欲望，而必须考虑民众的根本利益，采取“明赏”“严刑”“务先”“举公”“赏告”“明法”等方法来统一民心，鼓励耕战立功，制止邪恶。韩非在文中重点论述了利用法制来治理民众的问题。他认为：“法者，王之本也。”但是，这“法”并不是一成不变的“法”，“法”必须随着民众“朴”“知(智)”的不同而有所变革，这就是他所强调的“法与时移而禁与能变”的法治原则。最后，韩非主张君主必须“事力”，要把民众的力量调动到耕战中去，从而使自己国富兵强，这样，称王天下的大业就可以成就了。

原文

圣人之治民，度于本，不从其欲，期于利民而已。故其与之刑，非所以恶民，爱之本也。[1] 刑胜而民静，赏繁而奸生。故治民者，刑胜，治之首也；赏繁，乱之本也。夫民之性，喜其乱而不亲其法。故明主之治国也，明赏，则民劝功；严刑，则民亲法。劝功，则公事不犯；亲法，则奸无所萌。故治民者，禁奸于未萌；而用兵者，服战于民心。禁，先其本者治；兵，战其心者胜。圣人之治民也，先治者强，先战者胜。夫国事，务先而一民心，专举公而私不从，赏告而奸不生，明法而治不烦。能用四者强，不能用四者弱。夫国之所以强者，政也；主之所以尊者，

译文

圣人治理民众，考虑民众的根本利益，而不去顺从他们的欲望，只期望有利于民众罢了。所以，圣人给民众设置刑罚，并不是因为憎恨民众，而是出于爱护民众的根本考虑。刑罚占了优势，民众就会安宁；奖赏乱施滥用，奸邪就会滋生。所以治理民众，刑罚占优势，是使国家安定的开端；奖赏繁乱滥用，是使国家混乱的祸根。民众的本性，喜欢国家混乱而不爱国家的刑法。所以英明的君主治理国家，明确地实施奖赏，那么民众就受到鼓励而去立功；严厉地使用刑罚，那么民众就依从国法。民众受到鼓励去立功，那么国家的政事就不会受到侵扰；民众依从国法，那么奸邪就无从发生。所以治理民众，要把奸邪禁止在尚未发生之时；用兵打仗，要使民众的思想适应战争。禁止奸邪，在奸邪的本源还没有产生之时进行禁止，就能治理好；用兵打仗，利用民众的自觉思想来作战，就会胜利。圣人治理民众，抢先治理奸邪之心，所以能强大；战前做好思想动员，所以会胜利。治理国家的大事，要努力贯彻这种抢先的原则来统一民众的思想认识，专门推崇公家的利益而不顺从私利，奖赏告发奸邪的人来使奸邪不发生，彰明法度来使国家的治理不烦乱。能够采用这四种办法，国家就强盛；不能使用这四种办法，国家就衰弱。国家之所以强大，是靠政策；君主之所以尊贵，是靠权力。英明的君主有权力有政

权也。故明君有权有政，乱君亦有权有政，积[2]而不同，其所以立异也。故明君操权而上重，一政而国治。故法者，王之本也；刑者，爱之自[3]也。

策，昏乱的君主也有权力有政策，但成绩却不同，这是因为他们确立的原则不一样啊。所以英明的君主掌握住权力，自己就得到尊重；专一地实行法治的策略，国家就安定太平。所以，法治，是称王天下的基础；用刑，是爱护民众的开始。

注释

1 **非所以恶民，爱之本也：**设置刑罚，并不是为了惩办民众，而是为了使他们有所戒惧而不犯罪，这样就无刑罚之祸，所以设刑不是因为“恶民”，而是为了“爱民”。

2 **积：**通“绩”，功绩。

3 **自：**古“鼻”字，表示开始。

原文

夫民之性，恶劳而乐佚。佚则荒，荒则不治，不治则乱，而赏刑不行于天下者必塞。故欲举大功而难致而力[1]者，大功不可幾[2]而举也；欲治其法而难变其故者，民乱不可幾而治也。故治民无常，唯治为法。法与时转则治，治与世宜则有功。故民朴，而

译文

民众的本性，厌恶劳苦而喜欢安逸。喜欢安逸，事业就要荒废；事业荒废了，政事就不能治理好；政事不能治理好，国家就会混乱；而赏罚不能在全国实行，君主就一定会被蒙蔽。所以想要建立丰功伟绩而难以取得民众力量的，丰功伟绩就不可能指望被建立起来；想要搞好自己的法治而又难以改变陈规旧章的，民众必然混乱而不可能指望把他们治理好。所以治理民众没有永恒不变的常规，只要能治理好国家的就是合宜的法度。法度能随着时代的发展而进行变革，国家就能治理好；治理的措施和社会情况相适合，治理就会见功效。所以民众质朴，只要用好名声或坏名声来制约他们，就能把他

禁之以名，则治；世知[3]，维之以刑，则从。时移而治不易者乱，能治[4]众而禁不变者削。故圣人之治民也，法与时移而禁与能变。

们治理好；社会上的人智巧奸诈，就要用刑罚来约束他们，才能使他们服从。时代发展了而治理的措施不改变的国家就会混乱，能人增多而禁令不改变的国家就会削弱。所以圣人治理民众，法制随着时代的发展而进行变革，禁令随着智能的发展而加以改变。

注释

1 **而力**：犹“其力”。

2 **幾**：通“冀”，希望。

3 **知**：通“智”。

4 **治**：衍文。

原文

能越[1]力于地者富，能起力于敌者强，强不塞[2]者王。故王道，在所开[3]，在所塞，塞其奸者必王。故王术，不恃外之不乱也，恃其不可乱也。恃外不乱而治立[4]者削，恃其不可乱而行法者兴。故贤君之治国也，适[5]于不乱之术。贵爵，则上重，故赏功爵任

译文

能够在农耕上发挥民众力量的国家就富裕，能够在对敌作战中发动民众力量的国家就强大，强大得不能被阻挡的国家就能称王天下。所以称王天下的途径，就在于开发民力，但也在于禁止奸邪，能够禁止国内奸邪的国家一定能称王天下。所以称王天下的策略，不是依靠外国不来捣乱，而是依靠自己不可能被捣乱。依靠外国不捣乱来确立治国方法的国家就会削弱，依靠自己不可能被捣乱而推行法治的国家就能兴盛。所以贤明的君主治理国家，遵奉不可能被人捣乱的策略。人们看重爵位，那么君主就会被尊重，所以奖赏有功劳的人、把爵位封给有能力的人而邪恶的人就没有什么地方可插足了。崇尚使用民力的国家，它的爵位就被人看重；爵位被人看重，那

而邪无所关[6]。好力者，其爵贵；爵贵，则上尊；上尊，则必王。[7]国不事力而恃私学者，其爵贱；爵贱，则上卑；上卑者必削。故立国用民之道也，能闭外塞私而上[8]自恃者，王可致也。

么君主就受到尊敬；君主受到尊敬，就一定能称王天下。国家不致力于使用民力进行耕战而依靠那些私自从事学术的人，它的爵位就被人看轻；爵位被人看轻，那么君主就卑贱了；君主卑贱的国家就一定会削弱。所以维持国家、使用民众的办法，如果能够杜绝外国的捣乱、禁止从事私人学术而着重依靠自己力量，那么称王天下的功业就可以取得了。

注释

1 **越**：扬。

2 **塞**：阻止，禁止。

3 **所开**：被开发的东西，指上文“越力于地”“起力于敌”。

4 **治立**：当作“立治”。

5 **适**：顺从，迎合。

6 **爵**：用作动词。 **任**：能力，才能，此指有能力的人。 **关**：措置。

7 **好力者，其爵贵**：崇尚使用民力的国家，民众必须努力耕战才能取得爵位，爵位来之不易，所以“爵贵”。

8 **上**：通“尚”，崇尚。

制　分

导读

制，就是控制、掌握。分，是指确定的界限。制分，就是掌握赏罚时要有确定的界限。它是一篇有关法治的短论，旨在强调治国“宜务分刑赏为急”，而反对“制刑赏不分”，所以题为“制分”。

韩非认为，君主地位的尊贵，取决于“法重”，而“法重”的主要内容就是根据民众的“好恶”来施行“刑赏”。但是，“治国者莫不有法，然而有存有亡”，这亡国的原因，就在于掌握刑赏时没有确定的界限。所以他认为，治国必须以确定刑赏的界限为当务之急。而这种界限，必须以独一的法度为准。如果做到了这一点，那么“不待刑赏而民从事矣”。

文章接着进一步指出，为了确定刑赏的界限，使刑赏不至于失误，还必须在施行刑赏之前，认真鉴别功罪。其鉴别的办法，在于用“告过者免罪受赏，失奸者必诛连刑”的连坐之法使民众“相规其情”“发奸之密”，而特别重要的是，要“任数不任人”，不能只依靠自己的智慧按照通常的情理来推断。如果“释法而任慧”，那么刑赏的界限就不能正确地加以确定，赏罚必然会混乱，而法治必然会失误，所以关键还是在“任法”。

总之，“制分”是为了更好地“任法”，而“任法”要避免失误，就得“制分”，这就是全篇的大要。

原文

夫凡国博君尊者，未尝非法重而可以至乎令行禁止于天下者也。是以君人者分爵制禄，则法必严以重之[1]。夫国治则民安，事乱则邦危。法重者得人情，禁轻者失事实。且夫死力者，民之所有者也，人情莫不出其死

译文

凡是国土广大、君主尊贵的，从来没有不是法制严厉因而可以达到在天下一下达命令人们就立即行动、一发布禁约人们就停止不做的。因此，君主分别爵位等级、制定俸禄标准，就一定要使法制严格而且厉害。国家太平，那么民众就安定；政事混乱，那么国家就危险。法制严厉是适合人之常情的，法禁松弛会失去政事的实际功效。况且那种拼命用力的行为，是民众所具有的，人之常情无非是想付出自己的生命和气力去取得他们想要得到的东西；而民众的爱好和厌恶，是君主能够加以控制的，

力以致其所欲；而好恶者，上之所制也，民者好利禄而恶刑罚，上掌好恶以御民力，事实不宜失矣。然而禁轻事失者，刑赏失也。其治民不秉法、为善也如是，则是无法也。

故治乱之理[2]，宜务分[3]刑赏为急。治国者莫不有法，然而有存有亡；亡者，其制刑赏不分也。治国者，其刑赏莫不有分。有持以异为分，不可谓分。至于察君之分，独分也，是以其民重法而畏禁，愿毋抵罪而不敢胥赏[4]。故曰：不待刑赏而民从事矣。

民众喜欢利禄而厌恶刑罚，君主掌握住这种喜欢和厌恶的心理来使用民力，政事的实际功效就不应该丧失了。这样去做了而还是法禁松弛、政事没有取得成效的，是因为赏罚有了失误。君主治理民众时不掌握法度而像这样去行善，那就等于没有法制了。

所以治理国家的办法，应把致力于确定刑罚和奖赏的界限作为最迫切的任务。治理国家的君主，没有谁没有法度，但是国家却有存有亡；那亡国的原因，是因为他掌握刑罚和奖赏时没有确定的界限。治理国家的君主，他的刑罚和奖赏无不有一定的界限。有的君主所坚持的是拿不同的标准作为界限，这不能说是什么界限。至于明察的君主所确定的界限，是以独一的法度作为界限，因此他统治下的民众尊重法度而不敢触犯禁令，希望不要犯法判罪而不敢期待非分的奖赏。所以说：不等到使用刑罚和奖赏而民众就已经卖力做事了。

注释

1 **法必严以重之：**犹说“必严以重法”。“严”“重”用作使动词。以，而。之，复指“法”。

2 **治乱：**偏义复词，指“治”。 **理：**道。

3 **分：**本篇“分”或用作动词、形容词，或用作名词。用作动词时表示“分辨”“确定界限”，用作形容词时表示“分明”“界限确定”，用作名词时表示“确定的界限”。

4 **抵罪:**抵偿罪责而接受应有的惩处。 **胥:**通“须”,等待。

原文

是故夫至治之国,善以止奸为务。是何也?其法通乎人情,关乎治理也。然则去微奸之道奈何?其务令之相规[1]其情者也。则使相窥奈何?曰:盖里相坐而已[2]。禁尚[3]有连于己者,理不得相窥[4],惟恐不得免。有奸心者不令得忘[5],窥者多也。如此,则慎己而窥彼,发奸之密。告过者免罪受赏,失奸者必诛连刑。如此,则奸类发矣。奸不容细,私告任[6]坐使然也。

译文

因此那种治理得最好的国家,善于把禁止奸邪作为自己的首要任务。这是为什么呢?是因为禁奸的方法和人之常情相通,关系到治国的道理。既然这样,那么除去那些隐微难察的奸邪行为的办法又是什么呢?那就是务必使民众互相监视彼此的隐情。那么使民众互相监视的办法又是什么呢?那就是:同村的人互相担保、株连受罚而已。禁令倘有牵连到自己的,按照法律不得不互相监视,只怕别人犯罪而使自己不能免受惩处。有阴谋的人不会让他得逞,这是因为监视的人很多。像这样,那么民众不但自己会小心谨慎,而且会监督好别人,会揭发坏人的秘密。告发奸邪的人免罪受赏,让奸邪漏网的人一定连带受到惩罚。像这样,那么凡属于奸邪一类的人就都被揭发出来了。奸邪的事,就连极微小的也不容存在,这是私人告发和担保连坐造成的啊。

注释

1 **规:**通“窥”。

2 **盖里:**合里,覆盖全里。盖,通“阖”,合。 **坐:**判罪受罚,这里指“连坐”,即联保组织中有一人犯罪,其他的人如果不告发,就连带一同受罚。

3 **尚:**犹“倘”。

4 **理:**法。**不得:**当作“不得不”。

5 **忘:**“志”字之误。

6 **任:**担保。

原文

夫治法之至明者,任数不任人。是以有术之国,不用誉,则毋适[1],境内必治,任数也;亡国,使兵公行乎其地,而弗能圉[2]禁者,任人而无数也。自攻者人也,攻人者数也。故有术之国,去言而任法。

译文

最高明的治国方法是利用法度而不依靠个人的智慧。因此掌握了统治方法的国家,不任用享有盛誉的贤人,就能无敌于天下,国内也一定治理得很好,这是因为利用了法度啊;而丧失了主权的国家,让敌兵在自己的领土上公然横行霸道,却不能防御和制止,这是因为只依靠个人的智慧而没有利用法度啊。自取灭亡,是因为只依靠个人的智慧;能攻打别国,是因为利用了法度。所以掌握了统治方法的国家,摒除空谈而利用法度。

注释

1 **毋:**通“无”。 **適:**通“敌”。

2 **圉:**抵御。

原文

凡畸功之循约者难知,过刑之于言者难见也[1],是以刑赏惑乎贰[2]。所谓循约难知者,奸功也;臣过之难见者,失根也。循

译文

大凡那些符合立功条例的不正当的功劳,是难以识别的;那些在言论中的罪过,是难以发现的。因此,刑罚、奖赏的实施往往会被这种表里不一的情况所惑乱。所谓符合立功条例而难以识别的不正当的功劳,是奸邪的功劳;臣下那些难以发现的过错,是造成刑赏失

理不见虚功，度情诡乎奸根，则二者安得无两失也？[3]是以虚士立名于内，而谈者为略于外，故愚、怯、勇、慧相连而以虚道属俗而容乎世[4]。故其法不用，而刑罚不加乎僇人。如此，则刑赏安得不容其二？实故有所至[5]，而理失其量，量之失，非法使然也，法定而任慧也。释法而任慧者，则受事者安得其务？务不与事相得，则法安得无失，而刑安得无烦？是以赏罚扰乱，邦道差误，刑赏之不分白也。

误的祸根。根据通常的事理来观察就不能发现虚假的功劳，按照通常的情理来衡量就会被奸邪的祸根所欺骗，这样的话，那么奖赏和刑罚两个方面怎么能不双双失误呢？因此，立有虚假功劳的人在国内树立了名声，而游说之士在国外进行谋划，所以，不懂政治的书呆子、逃避战争的胆小鬼、勇于私斗的暴徒、聪明善谈的辩士互相勾结而凭借空洞无用的道德说教以及对世俗的迎合来取容于社会。所以，这些国家的法制不能推行，而刑罚不能施加于罪人。像这样，那么在刑罚和奖赏的执行过程中怎么会不包容那种不一致的情况呢？刑赏的实际功效本来应该有所成就，但按照常理来考察却失去了应有的度量，度量的失误，并不是法制造成的，而是因为法制虽已制定却又用了智慧的缘故。放弃法治而依靠智慧，那么接受职事的官吏怎么能够知道自己应该怎么做？官吏的做法不和职事相当，那么法治哪能没有失误？而刑罚又怎么能不烦乱？因此赏罚混乱，治国之道错误，这是因为刑罚和奖赏的实施界限没有分辨明白的缘故啊。

注释

1 **过刑之于言者难见也**：行事中的罪过可用事情的成败来衡量，而言论中的罪过却往往没有客观具体的衡量标准，所以“难见”。过刑，犹“罪过”。

2 **刑赏惑**：对罪过应加处罚，但言论中的罪过因为“难见”而免受惩罚；对功劳应加奖赏，但不应该受赏的“畸功”因为“难知”而受到奖赏：所以说“刑赏惑”。 **贰:**不一致。

3 **诡:**欺骗。以上几句旨在强调,赏罚的失误,还在于按通常的情理去衡量臣子的功罪。所以,君主只知道使用赏罚还不行,还必须认真识别功罪的真伪。

4 **愚:**指被韩非斥为“愚学”的文学之士。 **怯:**指怕死而逃避战争的贵生之士。 **勇:**指勇于私斗的侠士。 **慧:**指聪明的辩士。 **虚道:**空谈,针对“愚”“慧”而言。 **属俗:**合俗,针对“怯”“勇”而言。

5 **故:**通“固”。 **至:**成。

古典名著普及文库